KUNST DER WELT

IHRE GESCHICHTLICHEN, SOZIOLOGISCHEN
UND RELIGIÖSEN GRUNDLAGEN

›DIE KULTUREN DES ABENDLANDES‹

WERDENDES ABENDLAND

VON

PAOLO VERZONE

HOLLE VERLAG · BADEN-BADEN

AUS DEM ITALIENISCHEN ÜBERSETZT VON ERDMUTHE HAFNER

DIE ABBILDUNG DER TITELSEITE ZEIGT:
San Apollinare in Classe, Ravenna. Apside. Mosaik. 6. Jh.
Vgl. Seite 76

Zuerst veröffentlicht 1967
Paperback-Ausgabe 1979 (Unveränderter Nachdruck)
ISBN 3-87355-194-2

Printed in Spain, Emograph, S. A. - Barcelona

VORWORT

In den von mir vor Jahren veröffentlichten Studien über die in Europa zwischen der spätrömischen Epoche und dem Jahr 1000 aufgeblühten Kunst ist auf das Problem der Beziehungen zwischen dem Westen und Byzanz noch nicht näher eingegangen worden, und ich kann heute diese Vorsicht nur gutheißen, weil damals meine Kenntnisse der Kunst des Nahen Orients fast ausschließlich auf der Literatur beruhten. Die Umstände erlaubten es mir dann, jahrelang in der alten Hauptstadt des Byzantinischen Reiches zu leben, ausgedehnte Reisen in Anatolien zu unternehmen und verschiedene Grabungskampagnen in Hierapolis, Phrygien, durchzuführen. Ich habe auf diese Weise in die Denkmäler der christlichen Kunst des alten Konstantinopel, Kleinasiens und in die der klassischen Zeit tief eindringen können, so daß mir schließlich ihre edlen Formen vertraut waren, die, in der einen oder anderen Weise, immer noch einen Rest von hellenistischer Anmut haben.
So ist es mir möglich, die Bauten und hochmittelalterlichen Kunstwerke im Westen heute von einem besonderen Gesichtspunkt aus zu beurteilen: Sie nicht nur als für sich selbst bestehend, im Rahmen der schrittweisen Entwicklung zu betrachten, sondern auch in den Beziehungen zur byzantinischen Welt.
Das Ergebnis dieser Untersuchung bildet den wesentlichen Inhalt dieser Arbeit; in ihr sind die Stadien der überaus hartnäckigen Unternehmungen des Ostreiches zwischen 425 und 800 dargelegt, gnadenlose Kämpfe, in denen es energisch und Schritt für Schritt seine europäischen Stellungen zuerst den vordrängenden germanischen Stämmen und dann, nach deren Verschmelzung mit den örtlichen Bewohnern, den neuen europäischen Völkern streitig machte. Wir werden sehen, daß im Verlauf dieser zähen Verteidigung zuerst die entfernteren Provinzen aufgegeben wurden, nämlich Gallien und Spanien, und daß sich dann der Kampf verlagerte und Italien zum Schwerpunkt der Verteidigung wurde, weil es seiner wirtschaftlichen Bedeutung und vor allem seiner geographischen Lage wegen wichtig war. Die Geschichte lehrt uns, daß dann nach dem unvorhergesehenen und siegreichen Vordringen des Islam im östlichen Mittelmeerbecken die Lage für das Reich so bedrohlich wurde, daß es darauf verzichten mußte, auch die Halbinsel zu verteidigen; es hielt dort nur noch wenige Stützpunkte, die später größtenteils durch Karl den Großen und die Päpste beseitigt wurden.

Die folgenden Seiten sollen zeigen, daß die kulturelle Ausstrahlung von Byzanz immer Hand in Hand ging mit den Unternehmungen der Soldaten, Seeleute und Politiker und daß sie noch für einige Zeit auch in den aufgegebenen Territorien lebendig blieb durch die Religion und die Kunstwerke, welche anerkannte und von allen Machthabern erstrebte Vorbilder der Prachtentfaltung und Schönheit waren; aber auch, daß diese Überlegenheit im 8. Jahrhundert abnahm, als neue geistige Kräfte, die sich vorher auf den Britischen Inseln, in Deutschland und in Gallien herausgebildet hatten, ihren Einfluß bis ins Mittelmeerbecken ausdehnten; sie stürzten alle ästhetischen und künstlerischen Grundsätze um, jedoch blieben das technische Geschick sowie die mittelmeerische Tradition für die Praxis von entscheidender Bedeutung.

Die einzelnen Abschnitte im Kampf der jungen Völker Mittel- und Nordeuropas mit den überkultivierten und dekadenten Erben Griechenlands und Roms nehmen die letzten Seiten des Werkes ein, und ich hoffe, sie mögen ausreichen, die tiefe Veränderung aufzuzeigen, die sich im Denken und Stil des Westens in der Heiligen Nacht des Jahres 800 vollzog durch die Geburt eines grundsätzlich neuen politischen Organismus, nämlich das Reich Karls des Großen, und die gleichzeitig in die Loslösung der europäischen Kunst von Byzanz und dem klassischen Erbe einmündete.

DAS WESTREICH UNTER DEM WIRKUNGSVOLLEN SCHUTZ DER THEODOSIANISCHEN HERRSCHER VON KONSTANTINOPEL (425–455)

Das Römische Reich unterlag im 3. Jahrhundert als Folge der Bürgerkriege tiefen Veränderungen auch auf sozialem Gebiet: In einer Atmosphäre von Unordnung, die auf die inneren Kämpfe folgte, vergrößerten viele Familien ihre Besitztümer unmäßig auf Kosten der wehrlosen Bevölkerung und bildeten darüber hinaus eine allmächtige Oligarchie.

Soziale Verhältnisse der späten Kaiserzeit

Diese »Potentiores«, die sich in ihrer Zusammensetzung wenig von den großen Lehnsherren des Mittelalters unterschieden, teilten sich nicht nur die ertragsreichsten Güter, sondern auch die bürgerlichen und religiösen Ämter: Heiden der Tradition und der Kultur nach, bekehrten sie sich nur allmählich zum Christentum, aber wenn sie Christen geworden waren, erhielten sie oft wichtige religiöse Ämter.

Kunst der späten Kaiserzeit

Von dieser verfeinerten Gesellschaft ist die Kunst der späten Kaiserzeit ein treuer Spiegel, und die Bauten, die Marmorkunstwerke, die Mosaiken und die Malereien sind Zeugen ihres Wesens.

Die sogenannte Villa von Piazza Armerina, deren Pracht immer als Beispiel eines aristokratischen Wohnsitzes erwähnt wird, liegt außerhalb unseres Themas: Die religiösen Kunstwerke dagegen stehen in unmittelbarem Zusammenhang mit unserer Aufgabe und wir müssen ihren Geist um so mehr erforschen, als die allgemeine künstlerische Richtung sich grundsätzlich erst spät änderte, nämlich im 8. Jahrhundert.

Die »Potentiores« lebten nicht nur im Luxus, sondern sie suchten auch den Prunk des Hofes nachzuahmen und das nicht nur, weil das »Palatium« des Kaisers an sich schon ein »Nonplusultra« auf diesem Gebiet war, sondern weil diese Nachahmung auch für ihr lokales Prestige notwendig schien. Am Hof wendete sich alles zum »Erhabenen«, sei es um den »beinah göttlichen« Charakter des Kaisers zu betonen, sei es, um in Erstaunen zu versetzen und zu beeindrucken: Nicht nur die kaiserlichen Insignien, Diademe, Waffen, Thron, Baldachin und sogar der Sarkophag für die Ausstellung der kaiserlichen Leiche (Konstantin) waren aus Gold, sondern auch die private Ausstattung: Auf einem Bett aus Edelmetall saß die Kaiserin Eudoxia, Gemahlin des Arcadius, als sie den Bischof Porphyrius in Audienz empfing.

Die gleiche Sucht nach äußerstem Luxus findet sich allgemein in der

Baukunst: Marmor und Porphyr breiten sich aus auf Wänden und Fußböden der Repräsentationsgemächer in den öffentlichen und privaten Häusern oder in den wichtigsten Kirchen, während Möbel, Türen und Einrichtungsgegenstände mit Silber und Elfenbein verkleidet waren. Diesem Aufwand an reichem Material entspricht eine Abwertung der klassischen Formenprinzipien: Die Proportionsgesetze werden zunächst mit weniger Strenge befolgt und mit der Zeit ganz aufgegeben; die Individualität der Gestalten, die sich ausdrückt in den natürlichen Gesichtszügen, in der Haltung und im Ausdruck der einzelnen Gefühle, hat kein Interesse mehr. Umgekehrt wird bei den Gestalten das innere Wesen, das Geistesleben, gesucht.

Neue Kunstbegriffe

»Ein Körper«, sagt Plotin, »ist nur schön, wenn er von der Seele her erleuchtet ist« und als Folge dessen wurde das Auge als deren Spiegel das wichtigste Element jeder Figur. Wir erkennen vom 4. bis zum 6. Jahrhundert eine besondere Lebhaftigkeit des Blickes in den Miniaturen, Mosaiken und Fresken: Das Auge der Dargestellten ist durch einen weißen Punkt hervorgehoben und belebt, und dieses Aufleuchten verleiht ihrer Handlung einen Abglanz innerer Erhebung.

Die Suche nach den abstrakten Geisteswerten war daraufhin wesentlich für die Darstellung von feierlichen Szenen, von Opfern, kaiserlichen Spenden und himmlischen Versammlungen.

In diesen hieratischen Bildern hatte jede Gestalt ihre Stellung, die ihren Rang festlegte, entsprechend einer sozialen Ordnung, die in sehr verschiedene Klassen streng geteilt war; die übergroße Gewalt fand ihren Ausdruck auch in überlebensgroßen Bildern.

Größeres Interesse für die Geistes-, als für die wirkliche Welt

Das hohe geistige Niveau wurde durch den festen Blick nach vorn und nach oben ausgedrückt, der eine Zwiesprache mit der Welt des Geistes oder mit den himmlischen Wesen oberhalb jener greifbaren Wirklichkeit andeutete, welche als Ausdruck des niedrigsten Daseins betrachtet wurde.

Absichtliche Unbewegtheit zeigt geistige Überlegenheit an

In den Prozessionen war die Unbewegtheit des Kaisers die Regel, um die Gleichmut seines übermenschlichen Geistes zu zeigen. »Konstans II.«, sagt Ammianus Marcellinus (16, 10, 9) anläßlich dessen ersten Einzugs in Rom, »erschien angesichts der ihm zujubelnden Menge genauso unbewegt wie in seinen Provinzen und bewies damit, daß er nur das Sinnbild eines Menschen war.« Der typische Gleichmut der erhabensten Geister wurde auch von den Heiligen angenommen: Gregor von Nazianz erwähnt verwundert, daß St. Basilius in einem Fall, wo man Bewegung hätte erwarten sollen, »ohne eine Bewegung des Körpers, der Augen, des Gedankens blieb ... aufrecht wie eine Stele zu Ehren Gottes«. (Rede auf Basilius, 52, 2).

Und es ist auch natürlich, daß sich in einer von diesen Anschauungen beherrschten Welt die Symbole, mit denen die abstrakten Begriffe besser ausgedrückt werden konnten, schnell eingebürgert und dann die herkömmlichen realistischen Darstellungen ersetzt haben.

Die christliche Architektur am Ende des 4. Jahrhunderts

Der Siegeszug der neuen Religion vollzog sich mit den Edikten des Theodosius von 391, welche die heidnischen Kulthandlungen verboten. So bildeten sich in allen Provinzen des Kaiserreiches unzählige religiöse Mittelpunkte, die überall für den neuen Kult geeignete Gebäude errichteten.

Bischofssitze

Der Bischofssitz, der in jeder Stadt gegründet wurde, besaß in der Regel im Abendland eine Gruppe von zwei Kirchen (eine für den Bischof und die andere für die normalen Gottesdienste) und ein Baptisterium.

Kirchen außerhalb der Mauern

In den Stadtvierteln waren kleinere Kirchen, außerhalb der Mauern lagen weitere, Friedhofskirchen (manchmal den Aposteln geweiht), und »Märtyrerkirchen«.

Die Märtyrerkirchen

Der Märtyrerkult war gegen Ende des 4. Jahrhunderts erst in den Anfängen, und die Bauten, die den Körper oder die Reliquien dieser Glaubenszeugen aufbewahrten, sahen aus wie große Grabstätten. Es scheint, daß in ihnen ursprünglich kein gewöhnlicher Gottesdienst gefeiert wurde, sondern daß man besondere kirchliche Handlungen mit Prozessionen und Panegyrika veranstaltete. Diese Kultzentren wurden ständig von gläubigen Pilgern besucht, denen man in Säulengängen oder anderen Räumen angemessene Ruheplätze zur Verfügung stellte; der Zustrom der Gläubigen, einheimischen wie auswärtigen, nahm an den jährlichen Gedenktagen gewaltige Ausmaße an.

Wertvolle Hinweise über die Märtyrerkirchen, über ihren Betrieb, die Ikonographie und die christliche Symbolik besitzen wir in den berühmten Werken des Paulinus, eines Mannes, der aus einer Familie von »Potentiores« aus Aquitanien stammte und nach einer glanzvollen Jugend im Alter von 43 Jahren (396) nach Cimitile bei Nola kam. Hier, wo er große Latifundien hatte, gab er sich ganz der Verehrung von St. Felix hin, einem lokal verehrten Priester aus dem Osten.

Paulinus von Nola

Paulinus (der wegen seiner Vertrautheit mit der spanischen, aquitanischen, römischen und campanischen Adelswelt als hervorragender Vertreter der ganzen Mittelmeerwelt angesehen werden muß) errichtete in den Jahren 401–404 eine Kirche zu Ehren von St. Felix und beschrieb sie (Ep. 32). Im einzelnen teilt er mit, daß sie außen mit Säulen in zwei Reihen versehen war und daß sich seitlich vom Schiff vier Räume (cubiculi) für diejenigen befanden, die »für sich beteten

Kirche von Cimitile

oder über die Gesetze Gottes meditierten, und für das Begräbnis der Geistlichen und ihrer Angehörigen«. Paulinus gibt nicht nur die metrischen Inschriften wieder, die reichlich am Bauwerk verbreitet waren (interessant ist die Inschrift der »Tribuna«, die das Mysterium der Dreieinigkeit erwähnt, weil die Ausgrabungen ergeben haben, daß die größte Apsis von Cimitile dreigeteilt war, d. h. sie hatte zwei kleine, in den größeren Halbkreis eingefügte Apsidiolen), sondern er läßt uns auch wissen, daß Christus dargestellt war als Lamm auf einem Felsen, aus welchem vier Quellen, die »lebenden Flüsse der Evangelisten« entspringen, und die Taube des Heiligen Geistes. Außerdem war ein Kreuz in einer leuchtenden Kugel enthalten, die wieder von einem Kranz von zwölf Tauben, den Aposteln, umgeben war.

Symbolische Malereien

Grab des St. Felix

Andere wertvolle Nachrichten haben wir im Gedicht 27: Der Kirche war ein Atrium vorgelagert, in dem (so scheint es) das Grab des Felix war; hier strömten dichte Schwärme zusammen, die Asyl fanden in Zellen *(habitacula)*, aus deren Fenstern man die Reliquien der Apostel und das Grab des Felix sehen konnte.

Malereien

Die neue Kirche wurde von ihm mit Malereien von alttestamentlichen Szenen geschmückt: »Es ist ein seltener Brauch, Kirchen zu bemalen (informiert uns Paulinus), aber in diesem besonderen Fall, wo die Gläubigen allgemein ungebildete Bauern sind, gewöhnt, den Göttern Ehre ›mit dem Bauch‹ zu erweisen, müssen die Malereien sie ablenken, so daß die Zeit damit verbracht wird, sie zu entziffern und zu bewundern, statt unmäßig zu trinken.«

Wenn man diese Sätze ihres dichterischen und rhetorischen Gewandes entkleidet und den Abstand in Rechnung setzt, welcher den Gebildeten von der Unwissenheit der ländlichen Gläubigen, seiner Untergebenen, trennt, ergibt sich:

Schlußfolgerungen

1. In der Säulenvorhalle der Märtyrerkirche war die Unterkunft für die Pilger.
2. In der Begräbniskirche gab es vier Seitenräume für die Andächtigen und als Grabkammern.
3. Im Schiff befanden sich Malereien mit Episoden des Alten Testamentes.
4. In der Apsis war das Kreuz in einem leuchtenden Kreis dargestellt, umgeben von zwölf Tauben, den Aposteln, ferner das Lamm, uraltes Symbol des göttlichen Opfers, auf einem Felsen, aus dem vier Flüsse, die Evangelisten, entsprangen.

Geschenke des Kaisers

Die Kirchen und die wichtigsten Märtyrerkirchen waren oft mit Spenden des Kaisers errichtet. Meist stellte dieser Marmorsäulen für das von ihm geförderte Bauwerk zur Verfügung (viele Marmorbrüche

Geschenke aus Marmor

waren in staatlichem Besitz), aber manchmal sandte er auch einen von Hofarchitekten angefertigten Entwurf der Kirche. Markus Diakonus erzählt uns, daß zur Zeit des Arkadius Bischof Porphyrius auf Fürsprache der Eudoxia den kaiserlichen Befehl erhielt, das gehaßte Marneion, ein heidnisches Heiligtum von Gaza, niederzureißen, und daß die Kaiserin danach ihrem Schützling auf einem Schiff 32 Säulen aus grünem Marmor für die Kirche, die in der Gegend des Marneion errichtet werden sollte, herbeischaffen ließ und außer dem Marmor auch den Entwurf der Kirche sandte. Diese wurde dann unter der Bauleitung eines Architekten aus Antiochia, Rufinon (75-84), errichtet. Die Zusammenballung von Reichtum und Macht in den Händen weniger war der Nährboden für eine sehr verfeinerte Kultur und Kunst; aber sie wurde unheilvoll für den Zusammenhalt des Kaiserreiches.

Vom Hof gesandte Entwürfe

Unwillen und Verstimmung in der Volksmenge

Die Not der Armut und die Furcht der überwiegenden Mehrheit riefen Unwillen und Mißtrauen in den Volksmassen und sogar in der Adelsschicht selbst hervor. Hochgestellte Persönlichkeiten, die sich zum Christentum bekannt hatten, nahmen oft die Partei der Armen: Salvianus, ein Priester aus Marseille, der aus einer adligen Familie stammte, schrieb gegen 440 eine glühende Kampfschrift gegen die Korruption und die anmaßende Willkür der Beamten und schloß, daß manche Römer »es vorzögen, arm aber frei im Land der Barbaren, statt versklavt im eigenen zu leben«.

Und letztlich ist es auch dieser geistigen Einstellung, dieser Geringschätzung und diesem Unbehagen zuzuschreiben, daß die »Barbaren« sowohl im Osten als auch im Westen ihren Druck verstärken konnten.

Stämme der »Barbaren«

Diese »Barbaren« waren von germanischer Rasse: Die erste, die östliche Gruppe wurde von den Goten, Vandalen, Burgundern, Gepiden und Langobarden gebildet. Die zweite, jene der Westgermanen, umfaßte Franken, Sachsen, Friesen und Thüringer. Die dritte wurde von den Skandinaviern gebildet, die lange in den Heimatländern blieben und sich erst im 7. Jahrhundert an der Grenze des westlichen Europa zeigten.

Die Goten

Die Goten, die sich vom 3. Jahrhundert an in den Donauländern niederließen, hatten dort zwei Gruppen gebildet: Die der Ostgoten im Bereich des Don und der Krim, die der Westgoten zwischen Dnjester und Donau; sie lebten von Viehzucht und Ackerbau und bildeten wegen ihrer Armut einen Herd der Unruhe. Im 3. Jahrhundert setzten sie sich, von den Hunnen gedrängt, in Richtung auf die Provinzen des Kaiserreiches in Bewegung und drangen in sie ein; die Kaiser suchten diese ausgehungerten Völker zu befriedigen, indem sie ihnen

Land aufteilten, aber der Eintritt der Goten in das Heer offenbarte sich als gefährlich.

Endlich wanderten die Westgoten bewaffnet unter der Führung von Alarich nach Westen, wodurch sie Konstantinopel von der Bedrohung durch sie befreiten, dafür aber das Westreich in Gefahr brachten.

Die Westgoten in Italien

Die ersten Invasionen in italienisches Territorium fanden in den Jahren 400 und 402 statt, hatten jedoch keinen Erfolg. Stilicho besiegte sie bei Pollentia, aber indem man mühsam Truppen zusammenzog, um die Halbinsel zu verteidigen, beraubte man die Rheingrenze ihres Schutzes und ließ Franken, Vandalen, Burgundern, Schwaben und Alanen den Zugang nach Gallien offen, so daß diese ernste Einbrüche vollbringen und weite Territorien verwüsten konnten.

Nach dem Tod des Stilicho (408) war für Alarich der Zutritt auf die Halbinsel frei und er konnte 410 Rom selbst plündern. Diese sensationelle Eroberung löste jedoch die lebenswichtigen Probleme der Westgoten nicht, die der Nahrung mehr als der Kunst bedurften. Die Küstenblockade der byzantinischen Flotte hatte in Mittel- und Unteritalien schon lange jede wirtschaftliche Entfaltung zum Erliegen gebracht, so daß die Goten sich dort nicht festsetzen konnten. Sie mußten ihre Wanderung weiter fortsetzen, um Sizilien zu durchqueren und das fruchtbare Afrika zu erreichen. Diese Übersiedlung wurde jedoch nicht mehr möglich; nachdem Alarich in Kalabrien gestorben war, zogen die Westgoten, unter Führung von Ataulf, den gleichen Weg wieder zurück, den sie gekommen waren. Da es sinnlos war, nach Illyrien zurückzukehren, das von anderen, noch elenderen Barbaren besetzt war, erzwangen sie den Eingang in die Provence und nach

Westgoten in Aquitanien

Aquitanien, wo sie sich mit Zustimmung von Honorius niederließen; Ataulf, der in Rom Galla Placidia, die Schwester des Honorius gefangengenommen hatte, heiratete sie mit römischem Pomp und großem Aufwand an Schmuck in Narbona, und versuchte, durch diese Verwandtschaft sein Reich zu legitimieren und mit der Zeit sein Volk in die römische Kultur einzufügen.

Wunsch nach Eingliederung in die römische Kultur

Bezeichnend ist die Ansicht, die der Führer der Westgoten zur Zeit seiner Hochzeit vertreten, und die Orosius überliefert hat: »Einstmals hatte er die Absicht, den römischen Staat durch einen gotischen zu ersetzen und den Kaiser durch sich selbst, aber danach hatte er die Unmöglichkeit erkannt, einen geordneten Staat nur mit gotischer Macht zu schaffen. Deshalb beschloß er, das alte römische Reich in seiner Größe mit Hilfe der Goten wiederherzustellen.«

Arianer und Katholiken

Leider ließ sich die Vereinigung zwischen Goten und Römern lange Zeit wegen des Religionsunterschiedes nicht verwirklichen. Die Westgoten waren zwar Christen, aber Arianer: Überzeugte Anhänger ihrer Religion und geführt von einer eigenen Geistlichkeit, blieben sie isoliert und darüber hinaus im Gegensatz zu der örtlichen Bevölkerung, die katholisch war.

Zerstörung der Rheinprovinzen

In diesen ersten Jahren des 5. Jahrhunderts waren die Rheinprovinzen noch immer nicht endgültig im Besitz der Germanen, aber vollständig verwüstet und zur Unfruchtbarkeit verurteilt; die Ausgrabungen haben gezeigt, daß die römischen Villen in der Rheinzone, in Mungersdorf, Braunsfeld bei Köln, Nennig, Otrang bei Trier und Mayen zu Beginn des 5. Jahrhunderts in Schutt und Asche fielen, zum Teil, weil sie durch Feuer zerstört, aber zum Teil auch, weil sie von ihren Besitzern verlassen wurden.

Der byzantinische Einfluß in Italien im zweiten Viertel des 5. Jahrhunderts

Nach dem Tod des Kaisers Honorius wurde das Mittelmeerbecken zum letzten Male für einige Monate von einem einzigen Souverän beherrscht, aber sehr bald (423) machte sich der »Primicerius notariorum« Johannes zum Kaiser des Abendlandes. Galla Placidia floh nach Konstantinopel und bat um Hilfe.

»Usurpator« Johannes in Italien

Die Reaktion von Theodosius II. war schnell und wirksam: Zwei Armeen wurden von Osten ausgesandt: Die zweite, die aus Dalmatien unter der Führung von Aspar kam, versammelte sich in Aquileia und nahm von dort Ravenna ein; Johannes wurde nach Aquileia geschickt und in schmachvoller Weise hingerichtet (425).

Theodosianische Restauration

Der Hof von Konstantinopel setzte nach dem Sieg Valentinian III. mit Unterstützung seiner einflußreichen und energischen Mutter Galla Placidia auf den Thron. So begann ein Zeitabschnitt wahrer und wirklicher Abhängigkeit des Westreiches von Konstantinopel, der bis 455 dauerte, und in diesen dreißig Jahren bestand in Europa und besonders in Italien noch ein verhältnismäßig normales Leben.

Ravenna

Seit der Zeit des Honorius war der offizielle Sitz des Hofes Ravenna, der von der byzantinischen Flotte verteidigte und unterhaltene Adriahafen, der Schlüssel zu den Straßen der Po-Ebene und der »linea gotica«. Diese kleine Stadt löste, nachdem sie Hauptstadt geworden war, sofort Classe als Bischofssitz ab und wurde mit Kirchen und öffentlichen Gebäuden bereichert; von denen, die die Kaiserin und ihr Sohn errichtet hatten, sind S. Giovanni Evangelista und das sogenannte Mausoleum der Galla Placidia erhalten geblieben. Andere noch großartigere Denkmäler wurden in der gleichen Zeit in Mailand und Rom, gleichfalls durch die Freigebigkeit des theodosianischen Kaiserhauses erbaut; alle bezeugen den byzantinischen Einfluß.

Theodosianische Denkmäler

Beziehungen zu Konstantinopel

Es ist außer Zweifel, daß Galla Placidia in ständiger Beziehung zu Theodosius II., ihrem Neffen, stand. Überdies mußte sie oft in Konstantinopel residieren, wo sie – nach der Notitia Urbis Constantinopolitanae – zwei Paläste hatte: einen in der ersten Region, d.h. im Gebiet des Kaisersitzes (»domus Placidiae Augustae«), und einen in der zehnten, der ehemaligen Vorstadt. Andererseits sind die Fahrten zur See zwischen Ravenna und Konstantinopel durch den Sturm bezeugt, in den die kaiserliche Familie geriet und der Veranlassung zur Errichtung von S. Giovanni in Ravenna gab.

B.A. II

S. Giovanni Evangelista in Ravenna

Diese Kirche war ein sichtbarer Beweis für die Verehrung, welche die theodosianische Familie jenem hochverehrten Apostel entgegenbrachte, der sich in Kleinasien religiösen Ruhm erworben hatte. Seine Märtyrerkirche, genau am Ende des 6. Jahrhunderts auf dem Hügel von Ephesos errichtet, stand über dem bedeutendsten heidnischen Heiligtum Kleinasiens, dem der Artemis, und war eine Herausforderung sowie eine triumphale Bestätigung des Christentums.

Zum Beweis der Verehrung der theodosianischen Familie für Johannes Theologos dienten die noch verschwundenen Mosaiken. In der Apsis war in der Mitte S. Petrus Chrysologos dargestellt, der Bischof, der die Basilika geweiht hatte, rechts davon Theodosius II. mit Athenais Eudokia, links Arcadius mit Eudoxia. Die Szene war also eine Verherrlichung der Familie der Ostkaiser. Der Platz für die Mitglieder des westlichen Kaiserhofes war der Triumphbogen: Christus war in der Mitte dargestellt, wie er Johannes das Evangelium übergibt, seitlich Galla Placidia, Justa Grata Honoria und Valentinian III., beide geführt von Johannes.

Der Bau hat drei Schiffe. Die Säulen aus Bigio-Marmor stehen in gleichem Abstand und sind durch breite Bögen verbunden, so daß das Schiff weit und geräumig wirkt. Die korinthischen Spolienkapitelle sind von verschiedener Form und von schlanken, mit Kreuzen und Blattwerk geschmückten Kämpfern überhöht, die eigens angefertigt wurden; der ursprüngliche Raumeindruck muß, als der Fußboden erheblich tiefer war als der heutige, überaus vornehm gewesen sein.

Der Ostteil mit der außen polygonalen Apsis, die zwischen zwei rechteckige Räume eingezwängt ist, und die Lichtgalerie (eine Anordnung, welche eine Entsprechung in der Kirche der Acheiropoietos in Saloniki findet), deuten auf östlichen Einfluß hin. Dagegen sind die Blendbögen in den seitlichen Mauern der Seitenschiffe, die keine Matroneen haben, und die wohl flache Eindeckung der Apsis (wie in manchen Mailänder Kirchen) typisch westliche Kennzeichen.

Vor der Kirche muß ein Narthex gewesen sein, der von den Schiffen durch eine Mauer mit drei Türen getrennt war, die man in den Ausgrabungen von 1949 wiedergefunden hat; dieser Narthex war, wie es scheint, seitlich mit zwei vorspringenden Räumen versehen. Beweise

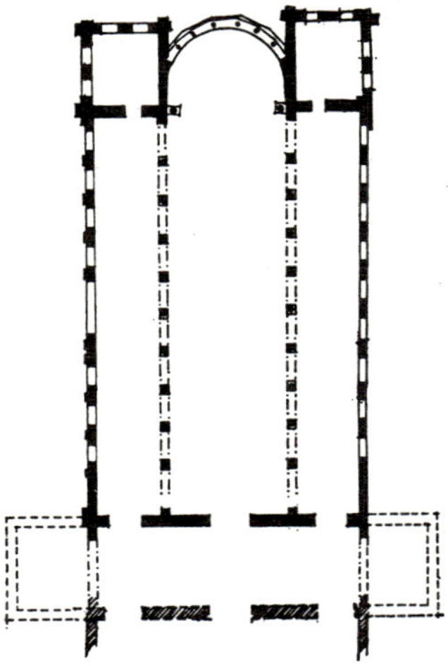

Fig. 1 – Ravenna, S. Giovanni

Fig. 2 – Ravenna, S. Croce ▶

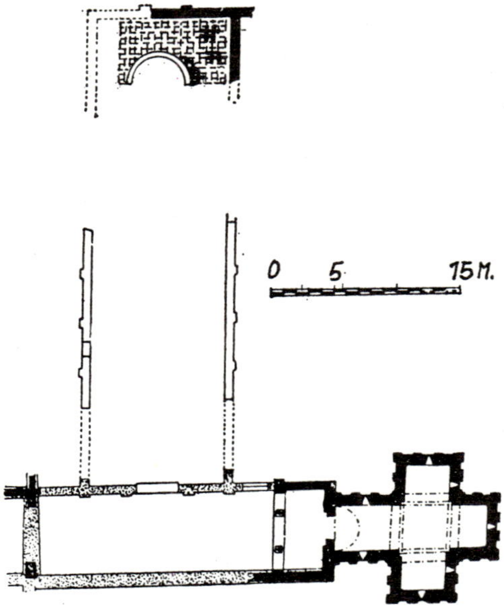

dafür sind in den Doppelbögen der Verbindungsöffnung vorn an der Kirche erhalten.

S. Croce in Ravenna

Eine andere Gründung von Galla Placidia in Ravenna war S. Croce, deren Errichtung man gegen das Jahr 425 datiert.

Die Kirche stimmt in ihrer Gliederung mit denen des Westens, besonders denen von Mailand überein. Sie hat ein Schiff ohne Zwischensäulen mit zwei Seitenarmen, die mit einer geraden Mauer abschließen, aber von diesem ursprünglichen Kreuz kennt man nur noch die Reste des Presbyteriums, das einen reichen Marmorfußboden hatte und mit einem inneren, 1926 ausgegrabenen Synthronos versehen war:

Kapelle S. Lorenzo (»Mausoleum der Galla Placidia«)

Aufrecht geblieben ist dagegen eine der Seitenkapellen des Narthex, das sogenannte Mausoleum der Galla Placidia; diese war in Wirklichkeit eine kleine, dem St. Lorenz geweihte Kapelle, wie aus dem Mosaik hervorgeht.

Ihre Bauweise ist allgemein bekannt: Ein lateinisches Kreuz mit einem herausragenden Turm, welcher mit einem vierseitigen Zeltdach bedeckt war. Außen sieht man die Bauweise aus groben Ziegeln, wie sie Technik und Geschmack des Westens entsprechen (mit Blendbögen: Basilika in Trier und Mailänder Baudenkmäler vom Ende des 4. Jahrhunderts). Die Gesimse weisen kleine Konsolen in noch klassischem Stil auf. Der hochragende Innenraum, der mit einem flachen Gewölbe bedeckt ist, geht dagegen zurück auf kreuzförmige Anlagen des sassanidischen, römischen und byzantinischen Ostens.

Das Innere ist sehr prunkvoll; golddurchwirkte Mosaike bedecken Wände und Gewölbe, und bilden mit dem Marmor darunter den vollkommensten und stimmungsvollsten Raum, den die christliche Antike uns hinterlassen hat.

S. Pietro in Vincoli in Rom

Der Freigebigkeit der kaiserlich theodosianischen Familie verdankt man in Rom S. Pietro in Vincoli. Einige jetzt verlorene, aber durch Kopien überlieferte Inschriften schreiben den Wiederaufbau der Eudoxia, Gemahlin des Valentinian III. (ca. 440), zu. Die Kosten wurden von Theodosius II. und seiner Gemahlin Eudokia getragen.

Das Bauwerk, das im Barockzeitalter verändert wurde, bewahrt das antike Gerüst: Drei Schiffe mit Bögen auf dorischen Spoliensäulen ohne Kämpfer. Das der halbkreisförmigen Apsis vorgelagerte Presbyterium war durch einen Triumphbogen auf kreuzförmigen – im Schiff durch ein Säulenpaar geschmückten – Pfeilern abgetrennt und hatte zwei Seitenräume.

Der Grundriß des Presbyteriums ist betont rechteckig (was das Vorhandensein einer Kuppel ausschließt) und die Bogenreste in der Zone unter dem Dach zeigen, daß diese beiden seitlichen Räume durch zwei Säulen mit drei Bögen von dem mittleren abgetrennt waren.

S. Sabina in Rom

Eine andere Kirche der gleichen Zeit, die aber auf die Stiftung einer Privatperson zurückgeht, ist S. Sabina auf dem Aventin. Sie wurde lt. Mosaikinschrift zur Zeit Celestinus I. (422–432) von einem illyrischen Priester mit Namen Petrus erbaut und nach dem Liber Pontificalis unter seinem Nachfolger Sixtus III. (432–440), als Petrus Bischof geworden war, vollendet. Die Kirche ist für uns wertvoll, weil sie auch
B.A. 6 im Schiff Teile der ursprünglichen Marmorverkleidung bewahrt hat.

Sie ist dreischiffig auf Bögen und Säulen. Das ziemlich geräumige Mittelschiff erhebt sich über die seitlichen und ist außen mit Blendbögen verziert wie S. Giovanni Evangelista in Ravenna; die Bögen ruhen unmittelbar auf den korinthischen Kapitellen der einheitlichen, kannelierten Säulen.

Der Eindruck, den man im Innern dieser Basilika hat, ist nicht der gleiche, wie in S. Giovanni in Ravenna. S. Sabina mit ihren edlen Säulen, die untereinander auch in den Kapitellen gleich sind, die sehr eng stehen und keine Kämpfer haben, ist römisch und nicht östlich: Die Ewige Stadt löste sich im 5. Jahrhundert nicht von ihrer Vergangenheit, während Ravenna von den neuen, von Konstantinopel empfangenen Kräften lebte.

Die Verkleidungen der Bögen mit »opus sectile« aus Cipollino-Platten sind in horizontaler Folge und mit isodomen Fugen angeordnet. Über den Säulen aber befinden sich Felder aus grünem Serpentin, der mit

Porphyr eingelegt ist; dieser hat entweder kreisrunde Form oder besteht aus Kartuschen auf Postamenten. Ein Fries darüber mit Feldern aus Cipollino, Porphyren und Serpentin betont die darunterliegende Anordnung.

Von den Mosaiken ist nur die große Türinschrift auf blauem Grund erhalten, mit zwei Seitenfiguren auf Goldgrund (die beiden Komponenten der Kirche, die jüdische und die der »anderen Völker«), aber Ciampini (Vet. Mon. I. Taf. XLVII-VIII) hat uns in zwei Stichen von anderen Mosaikverkleidungen Kunde hinterlassen: An den Seiten der schon erwähnten Inschrift waren St. Peter und Paul und darüber in den Bögen die Symbole der vier Evangelisten dargestellt.

Um den Triumphbogen waren Medaillons mit den Häuptern Christi und der Heiligen (vierzehn und zwei zerstörte), und an den Seiten das Paradies, Jerusalem und Bethlehem in Andeutung dargestellt, mit edelsteingeschmückten Mauern wie in S. Maria Maggiore; die Ikonographie der Medaillons, die denen an der Front der S. Zeno-Kapelle in S. Prassede entsprechen, paßt eher ins 9. als ins 5. Jahrhundert.

S. Maria Maggiore in Rom

Die größte erhaltene römische Kirche des zweiten Viertels des 5. Jahrhunderts ist jedoch S. Maria Maggiore; nach der Inschrift, die sich noch an Ort und Stelle befindet, ist auch sie in der Zeit Sixtus III., sofort nach dem Konzil von Ephesos (431), gebaut worden. Diese große Basilika mit ionischen Marmorsäulen und Architraven (letztere bestehen im Inneren aus Ziegelmauerwerk) wurde ursprünglich von einer halbkreisförmigen Apsis abgeschlossen, aber in späterer Zeit verlängerte man das Presbyterium durch den Bau eines Querschiffs. Es scheint, daß die Fassade sich auf einen Narthex öffnete. Auch die majestätische Säulenarchitektur dieses Kirchenschiffes mit ihrem gedrängten Rhythmus ist von einem noch römischen Stil.

S. Lorenzo in Mailand

Den edelsten und reinsten byzantinischen Stil spürt man noch – trotz zweier aufeinanderfolgender Rekonstruktionen – in S. Lorenzo in Mailand, jener großen Märtyrerkirche, die wahrscheinlich der Großzügigkeit von Placidia ihre Entstehung verdankt.

Die Errichtung eines prunkvollen Baudenkmals in der lombardischen Metropole für den Diakon der Kirche von Rom hatte im zweiten Viertel des 5. Jahrhunderts große religiöse und politische Bedeutung. Der römische Heilige wurde hier Seite an Seite mit den örtlichen Märtyrern (S. Nazario und Celso) und denen des Ostens (S. Babila) verehrt; diese Tatsache, zumal in einer Metropole, die einst politische Hauptstadt und von größtem religiösen Gewicht in Norditalien und Gallien war, stellte einen Akt von großer Bedeutung für die Beziehungen zwischen ihr und dem Papst dar.

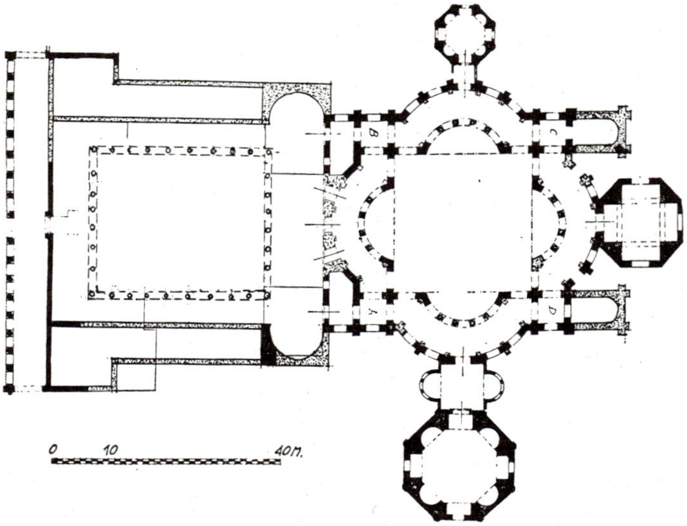

Fig. 3 – Mailand, S. Lorenzo

Tatsächlich waren im Mailänder Heiligtum außer dem großen Zentralbau, der dem St. Lorenz geweiht war, zwei Kapellen dem Papst Sixtus und dem hl. Hippolytus gewidmet, auch sie römisch, und dem Kirchenpatron verbunden. Und eine dritte ebenso prunkvolle Kapelle, die nach St. Aquilinus benannt und wahrscheinlich als Grabmal der kaiserlichen Familie gebaut war, unterstrich die Wichtigkeit des Heiligtums.

S. Lorenzo wird freilich manchmal an das Ende des 4. Jh. datiert, aber die Zuschreibung an Galla Placidia ist doch wahrscheinlicher.

Das Bauwerk wurde ohne Zweifel mit kaiserlichen Spenden errichtet: Es lag außerhalb der Mauern, und die Fundamente bestehen aus Blöcken, die von einem öffentlichen Gebäude, dem Amphitheater, stammen: Nun war dieses noch 396 in Betrieb, denn in diesem Jahr spielte sich hier die Geschichte von der Flucht eines auf Jahrmärkten ausgestellten Verbrechers, des Cresconius, ab (Paulinus, Vita S. Ambrosii, 34), und folglich kann S. Lorenzo nicht auf Valentin II. (gest. 392) bezogen werden.

Die Stiftung durch Galla Placidia ist dagegen überliefert: Der Biograph von St. Veranius, Bischof von Cavaillon, sagt: »*Galla Placidia . . . in honore eiusdem martyris domum mirificam costruxit* . . . « (acta SS. oct. VIII, p. 468) und desgleichen Benzon im 10. Jahrhundert: »*Galla quidem*/

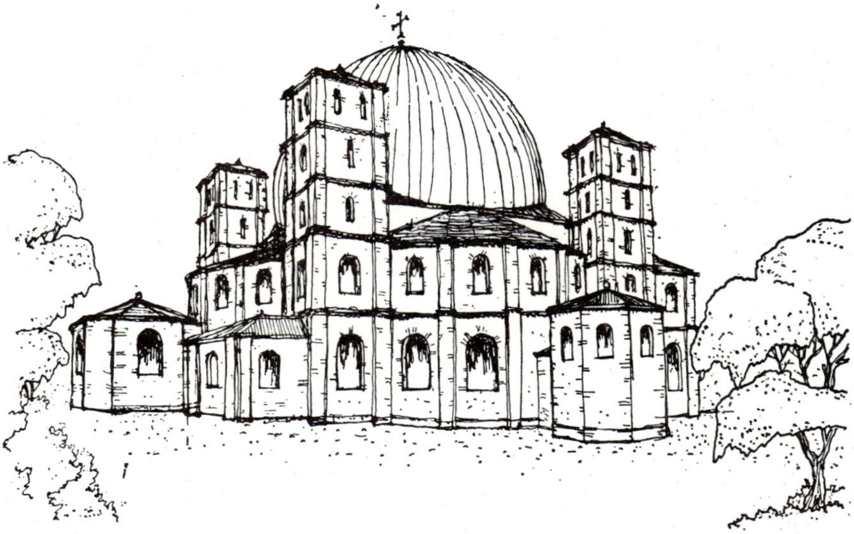

Fig. 4 – Mailand, S. Lorenzo, Außenansicht

Romanorum nobilis patricia/condidit Mediolani celsa hedificia/ubi est nostri levitae celebris noticia . . . « (Pertz RGHSS XI, 680).

Der ursprüngliche Grundriß von S. Lorenzo war sehr ausgewogen; ein großer quadratischer Raum, begleitet von vier Apsiden, bildete den Mittelteil. Ringsherum breiteten sich seitliche Wandelgänge in zwei Stockwerken aus, die dem Verlauf des vierblättrigen Kleeblattes folgten; in den vier Ecken ragten vier Türme auf, welche mit ihrem Gewicht einen Gegensatz zu den Bogen bildeten. Der Mittelraum hatte gut 24 Meter Seitenlänge und muß mit einer Kuppel bedeckt gewesen sein, die aus einem Holzgerüst mit einem Bleimantel und Mosaikverkleidung bestand »*de super tegens universa musyvum*« sagte Arnulf (Pertz RGHSS VIII p. 24/25); sie fing Feuer und ging beim Brand des Stadtviertels vom 19. März 1071 unter.

Dem Hauptraum waren ein jetzt nicht mehr vorhandener Narthex und ein Säulenhof vorgelagert, der seitlich – wie es scheint – zwei Reihen von Räumen hatte, die vielleicht für Pilger bestimmt waren; das würde einem Brauch entsprechen, an den wir schon erinnert haben und der auch in Antiochia (S. Babilas), Hierapolis (St. Philipp), Ephesos (Alt-St. Johannes) usw. zu belegen ist. Zur Straße hin war ferner ein großartiges äußeres Prunktor, die »sechzehn Säulen« von S. Lorenzo.

Der byzantinische Geschmack beherrscht die architektonische Anordnung des Baudenkmals, und es ist wahrscheinlich, daß – nach einer schon erwähnten Sitte – die Pläne von Hofarchitekten angefertigt wurden. Einen beinahe gleichen Grundriß hat die inmitten der sogenannten Hadrians-Stoa errichtete Panagia in Athen (wahrscheinlich ein quadratischer Raum mit angebautem Saal für den kaiserlichen Kult, d. h. ein Ort, der Eigentum des Staates war). Das säulengeschmückte Tor an dem Heiligtum war gleichfalls eine byzantinische Schöpfung. Man findet es beispielsweise in Alahan Manastir in Kilikien wieder.

Die Technik des Mauerbaus und das Verwenden kleiner Konsolen zur Ausschmückung der Friese sind dagegen sichtbare Zeichen Mailänder Handwerkskunst und entsprechen lokaler Tradition. Nicht nur die Säulen der Vorhalle, sondern auch die im Inneren waren Spolien.

Kapellen: S. Sisto, S. Ippolito, S. Aquilino

Drei Kapellen sind, wie gesagt, in den Hauptachsen angeordnet: S. Sisto hatte einen achteckigen, mit Nischen versehenen Grundriß, S. Ippolito (von der man annimmt, sie sei früher entstanden als die große Märtyrerkirche) war kreuzförmig mit einer Vierung in der Mitte und die letzte und größte, S. Aquilino, hat ebenfalls einen achteckigen Grundriß mit Nischen, aber in zwei Stockwerken mit Galerien oberhalb dieser Nischen, und war mit einem Narthex in Zangenform versehen.

Wahrscheinlich waren S. Ippolito und S. Aquilino Mausoleen von Adligen, die der kaiserlichen Familie verbunden waren (nichts kann beweisen, daß das Mailänder »Palatium« nicht in der ersten Hälfte des 5. Jahrhunderts bewohnt gewesen wäre; es bestand noch zur Zeit des Einfalls von Attila). Besonders interessant ist ferner das gewaltige Mausoleum von S. Aquilino, welches im Narthex noch einige Reste des ehemals reichen Mosaikschmuckes bewahrt hat und »Kapelle der Königin« genannt wurde (es gibt kein Indiz dafür, daß es auch Baptisterium war: Der steinerne Kanal, der durch seine Grundmauern geht, war – wie ich schon seiner Zeit als erster bemerkt habe – ein Abfluß, der aus dem danebenliegenden Winkel kam, wo sich das Regenwasser sammelte).

Ein indirekter Beweis dafür, daß der Komplex von S. Lorenzo für die Theodosianer als Grabstätte diente, bietet sich in der Tatsache, daß erst nach dem Ende der Dynastie (457) die Mailänder Bischöfe dort ihre Grabstätte finden konnten. Eusebius wurde als erster gegen 464 in der Kapelle von S. Sisto bestattet, die von ihm dem Baudenkmal hinzugefügt wurde, und Theodorus (ca. 489) sogar in S. Ippolito selbst. Der byzantinische Stil äußert sich auch in einigen ravennatischen

Die »orientalischen« Sarkophage Ravennas

Sarkophagen der ersten Hälfte des 5. Jahrhunderts. Dort beobachtet man symbolische Szenen und Figuren oder figürliche Szenen mit symbolischen Elementen. Es sind dies die ersten Anzeichen für eine abstrakte Richtung innerhalb der figürlichen Kunst.

Eine Gruppe zeigt die einzelnen Gestalten eingerahmt von Muschelnischen auf gewundenen oder kannelierten Säulchen. Sie leitet sich offensichtlich von den mit Architektur und Personen im Wechsel dekorierten Sarkophagen ab (den »asiatischen«), welche charakteristisch sind für die Werkstätten Kleinasiens und von denen sich ein durch seine Ausmaße und seine Ausdruckskraft eindrucksvolles Beispiel im Museum von Istanbul (Sidamara) befindet. Jene ravennatischen, die wahrscheinlich auf Bestellung im Orient ausgeführt und dann zu Schiff in die adriatische Metropole gebracht wurden, sind von einfacherem und spätem Typ mit gleichmäßigen Säulenabständen, mit gedrungeneren Proportionen und größerem Raum um die Personen.

Zwei Sarkophage in S. Francesco

Das ist auch bei den Sarkophagen von S. Francesco, bei dem des Liberius und bei dem, der im linken Schiff steht, der Fall. Ihr Stil ist gleich und der erstere ist auf Liberius III. (um 380) bezogen worden. An ihren Frontseiten ist die »Traditio legis« dargestellt und in den Bögen sieht man die Apostel.

Sarkophag des St. Barbatianus

Auf einem dritten Nischen- und Figurensarkophag, dem des St. Barbatianus, sind die Personen gemischt mit symbolischen abstrakten Darstellungen; auf der Hauptseite sind Christus, St. Peter, St. Paul, alle von vorn gesehen, und seitlich zwei riesige Kantharoi; an den Seiten Paare von brennenden Kandelabern mit einem großen Kreuz und einem Christusmonogramm. Die dekorativen Elemente beherrschen beinahe die Komposition: Der oberste Streifen des Kastens und die Einfassungen des Sarkophages sind mit breiten Friesen von Blattwerk geschmückt, die Edelsteine der Kreuze auf dem Deckel sind in Relief wiedergegeben, das Christusmonogramm ist mit Blumen durchwirkt. Den Sarkophag kann man gut in die Zeit von 440 bis 450 datieren, und auf diesen gleichen Zeitraum gehen wahrscheinlich zwei weitere berühmte Sarkophage (Isaccius und Pignatta) wegen des Themas, Szenen aus dem Marienleben, zurück, die zeitlich kaum vor dem Konzil von Ephesos (431) angesetzt werden können.

Sarkophag des Isaccius

So zeigt der Sarkophag des Isaccius nur die Jungfrau auf dem Thron und die Weisen aus dem Morgenland auf der Frontseite, während an den Seitenwänden Daniel in der Löwengrube und die Wiederauferweckung des Lazarus dargestellt sind. Die Figuren sind frei in der Haltung und stark im Relief, weshalb auch eine frühere Datierung vorgeschlagen wurde (Beginn des 5. Jahrhunderts).

Sarkophag der Familie Pignatta

Der Sarkophag Pignatta zeigt dagegen zwei Episoden, die sich auf die Jungfrau beziehen, nämlich die Verkündigung und die Heimsuchung auf den Seiten, während auf der Vorderfront Christus zwischen St. Peter und Paul thront, und auf der Rückfront zwei Lämmer mit einem Kantharos zu sehen sind.

Die Ausführung dieser beiden Werke ist hervorragend; plastisch ist das Relief an dem des Isaccius, flüssig und malerisch-weich an jenem der Pignatta, jedoch lassen beide Arten an die verfeinerte Schule der byzantinischen Hauptstadt denken.

Weitere Figurensarkophage

An anderen marmornen Grabdenkmälern kamen herkömmliche christliche Szenen vor: Christus zwischen den Aposteln oder allein, wie er St. Peter die Gesetzesrolle, das Zeichen der ihm verliehenen Autorität, übergibt. Dies ist der Fall auf dem Apostelsarkophag in S. Apollinare in Classe mit plastisch gebildeten Figuren, und auf jenem des St. Rinaldus mit Christus in seiner Herrlichkeit zwischen St. Peter und Paul, die im Begriff sind, Kränze mit verschleierten Händen darzubieten. Die abstrakte Landschaft mit zwei seitlichen Palmen und den am Himmel auf Christus hin zusammenlaufenden Wolken hat mystischen Charakter, was durch die vier aus dem Thron hervorquellenden Flüsse noch betont wird.

Die beiden monumentalen Sarkophage im Mausoleum der Galla Placidia

Neben diesen Figurensarkophagen stehen andere, viel zahlreichere, die mit einfachen symbolischen Bildern geschmückt sind. Die zwei berühmtesten sind die im Mausoleum der Galla Placidia. Der sogenannte Sarkophag des Konstanz III. hat zwischen zwei Palmen drei Lämmer mit den vier Flüssen unterhalb des mittleren höher stehenden Lammes; der sogenannte Honorius-Sarkophag zeigt dagegen auf der Hauptfront in der Mitte das Lamm und das Kreuz in einer Ädikula mit Giebel, seitlich zwei Kreuze in Ädikulen mit Muschelnischen.

Diese beiden eindrucksvollen Marmorwerke dürften wegen der Weiträumigkeit und Vornehmheit der Figuren offenbar in Konstantinopel ausgeführt worden sein.

Symbolische Kompositionen

Andere symbolische Kompositionen zeichnen sich durch ihre Eleganz aus, so die auf den rückwärtigen Seiten der qualitätvolleren Figurensarkophage. Auf der Rückseite des Isaccius-Sarkophages sind zwei sehr elegante Pfauen und zwei Palmen in deutlichem Abstand von einer einfachen Scheibe mit dem Christusmonogramm in der Mitte, und auf der Rückseite des Pignatta-Sarkophages zwei Lämmer in sehr feinem Umriß, die aus einem großen Kantharos getränkt werden. Manche symbolische Rückseitenbilder (Sarkophage des St. Rinaldus und der von Ranchio bei Cesena) bringen zusammen mit dem antithetischen Pfauenpaar einen stilisierten Baum mit Voluten, die in

Fig. 5 – Ravenna, Sarkophag im Mausoleum der Galla Placidia

einer großen Blüte enden. An einem Sarkophag im Dom von Ferrara zeigt die Rückseite ferner das Christusmonogramm zwischen zwei Paaren eleganter Pfauen unter dem Baum (reduziert auf nur zwei Voluten), während die Hauptseite den Zwölf-Apostel-Sarkophag von Ravenna kopiert und die Schmalseiten rohe Figuren aufweisen. Das wirft das Problem der Herkunft wieder auf: Man kann nicht die eleganten Sarkophage byzantinischen Künstlern und die roh gearbeiteten örtlichen Handwerkern zuschreiben.

Herkunft

Der Ursprung der ravennatischen Sarkophagschule wird allgemein in Konstantinopel (Bayet, Kollwitz, Hanfmann) oder in Kleinasien (Wulff, Dalton, Morey) gesucht: Jetzt scheint Francovich eine Entstehung in Ravenna selbst vorzuschlagen.

Die Tür von S. Sabina in Rom

Die Tür von S. Sabina in Rom, wohl gleichzeitig mit der Kirche entstanden (ca. 430), hat auf der Vorderseite achtundzwanzig rechteckige Felder (heute achtzehn), große und kleine im Wechsel. Die Einrahmungen bestehen aus Streifen von ausgearbeiteten Kymatien in Flachrelief und von Weinlaub und Trauben, ähnlich jenen am Ambon von Saloniki, der sich jetzt im Museum von Istanbul befindet (ca. 500).
Die kleinen Füllungen tragen Bilder der Passion und der göttlichen Erscheinung Christi nach der Auferstehung; die größeren, die wegen

ihres Formates vielfältigere Szenen erlauben, sind in mehrere horizontale Streifen geteilt und zeigen Bilder aus dem Neuen und (ursprünglich vielleicht dazu in Parallele gesetzt) dem Alten Testament. Ein »Unikum« ist die realistische Darstellung der Kreuzigung in dieser Epoche.

Der Stil läßt eine Mischung westlicher und östlicher Elemente erkennen, wie es bei einem Denkmal natürlich ist, das in Rom und in einer Zeit geschaffen wurde, in der die Einheit des Reiches noch nicht auseinandergebrochen war. Manches ist ikonographisch noch unklar: Einige Szenen sind nicht verständlich, wie die in der Mitte unten, die man als »kaiserliche Ansprache an Volk und Senat« oder als »Verkündigung des Zacharias« erklärt hat; die Stilkritik unterscheidet an der Tür mindestens zwei Bildhauer.

Die Rückseite der einzelnen Füllungen zeigt zierliche Pflanzenranken zu einem dekorativen Knoten (»nodo di Savoia«) geschlungen und häufiger noch geometrische Muster: Miteinander verflochtene Kreise oder Polygone, welche in ihren Zwischenräumen kleine aneinanderstoßende Kreise bilden.

Fußbodenmosaike

Die gleichen geometrischen Muster volkstümlicher Art, die für das 5. Jahrhundert typisch sind, finden sich in den Fußbodenmosaiken wieder. Oft sind die größeren Polygonale in der Mitte mit vorstehenden Rosetten oder Knöpfen geschmückt.

Byzantinische Mosaike in Ravenna

Die ravennatischen Mosaikdenkmäler der ersten Hälfte des 5. Jahrhunderts sind vom byzantinischen Geschmack geprägt.

Mausoleum der Galla Placidia

Im Mausoleum der Galla Placidia zeigt die Lünette des Presbyteriums den jugendlichen Christus in einer luftigen Landschaft zwischen den apostolischen Schafen sitzend und die »Crux invicta« haltend: Die Lünette auf der Türseite stellt St. Laurentius dar, der auf der rechten Schulter das edelsteingeschmückte Triumphkreuz trägt, neben sich den glühenden Rost (den Triumph durch das Martyrium in der Nachahmung Christi).

Die Tonnengewölbe sind mit leichten Rosetten auf blauem Grund nach Art von Stoff verziert, und in den seitlichen Lünetten sind symmetrisch angeordnete Hirschpaare, die sich an einer Quelle in der Mitte zwischen einem Arrangement von goldenen Ranken tränken. Diese wachsen aus der Quelle selbst auf, überschneiden sich mit den

Ravenna, Mausoleum der Galla Placidia. Mosaik

Hirschen und entfalten sich frei vor dem dunkelblauen Himmel. Die Kuppel, oder besser das flache Gewölbe des Turmes, zeigt die »Crux Celestis« an der höchsten Stelle zwischen Hunderten von goldenen konzentrischen Sternen; nach einer typisch östlichen Sitte sind an den Zwickeln die Evangelistensymbole angebracht.

In jeder der vier Wände des Turmes sind unter einem Muschelbaldachin zwei Apostel in der Haltung freudiger Begrüßung und zwei Tauben neben dem Kantharos dargestellt. Die Wirkung dieser Komposition ist wunderbar; die geheimnisvolle und leuchtende Atmosphäre, die durch das Gold und das Blau hervorgerufen wird, bildet einen Gegensatz zu dem idyllischen und naturalistischen Bild, welches Christus zeigt, wie er ein Lamm liebkost, und zu der kraftvollen Darstellung an der Frontseite: In der Kuppel krönt der Himmel mit dem Kreuz das Ganze durch die Anwesenheit Gottes.

Baptisterium der Orthodoxen

Ein anderes Mosaik, das in seinem heiligen Thema die Vergeistigung der Figuren der abstrakten Ruhe der Symbole gegenüberstellt, ist jenes in der Kuppel des Baptisteriums der Orthodoxen.

Im Mittelpunkt ist die Taufe im Jordan, und diesem Bild scheinen sich die Apostel zuzuneigen, die in einem ersten Kreis in zwei symmetrischen Zügen, geführt von St. Peter und Paul, dargestellt sind.

Die Apostel sind voneinander durch dünne Akanthus-Stengel getrennt, die an dem oberen mit Gehängen verzierten Streifen enden. Es handelt sich um leichte Stützen, wie die dünnen Schäfte, die man von gemalten Phantasie-Architekturen der Wanddekorateure aus klassischer Zeit kennt, und die verschiedenfarbig gemalten herunterhängenden Schleier unterstreichen ihre Leichtigkeit.

Die Apostel haben schmächtige Körper und sind mit leichten flatternden Gewändern bekleidet, welche die Vergeistigung ihrer Erscheinung unterstreichen.

Im weiter unten umlaufenden Streifen sind acht luftige Architekturen dargestellt, die alle in gleicher Weise aus Säulchen und Brüstungen bestehen und in der Mitte zu einer Exedra eingezogen sind: Diese Exedren werden eingenommen von vier Evangelien auf Altären und vier edelsteingeschmückten Thronen mit seidenen Kissen und edelsteingeschmückten Kreuzen (»Etimasia«).

Der gesamte bildliche Schmuck besteht aus drei Zonen von sinnbildlichem Charakter und ist auf die Mitte hin konzentriert: Eine irdische Zone mit den Symbolen des Triumphes Christi und dem Zeugnis der Evangelien, eine himmlische mit den auserwählten Jüngern des Heilandes und die des höchsten Himmels mit der Szene der ersten Taufe, die dem Gottessohn selbst vorbehalten ist.

Die reiche Verwendung von Gold auf dem Hintergrund des Bildes von der Taufe, an den Gewändern der Apostel, an den Akanthusstengeln und in den Architekturen des unteren Streifens macht aus der Kuppel einen kostbaren Schrein widerspiegelnden Schmuckes: Der östliche Charakter der Komposition ergibt sich klar aus dem Kranz der typischen Phantasie-Architektur, aus der noch hellenistischen Anmut der Dekorationselemente, aus dem vornehmen Schreiten der Apostel, die sich ganz leicht bewegen, als hätten sie kein Gewicht.

Die Architektur in Norditalien und in der Provence

Den herrlichen Basiliken, die auf kaiserliche Anregung in Ravenna, Mailand und Rom entstanden sind, stehen die nach lokaler Überlieferung und für praktische Notwendigkeit errichteten Bauten gegenüber.

Die Kathedralen

In Norditalien waren die bischöflichen Anlagen des 5. Jahrhunderts, wie gesagt, im allgemeinen sehr einfach: Oft waren die Hauptgebäude nur rechteckige Säle (Aula). So in der Kathedrale von Brescia (Saal unter der romanischen »Rotunde«) und von Pola. In ihnen befinden sich keine besonderen Anlagen für das Presbyterium außer einer freistehenden gebogenen Bank mit Stufen für die Geistlichkeit, dem Synthronos.

Brescia. Pola

Andere Kirchen, auch sie mit rechteckigem Grundriß ohne Schlußapsis, waren dagegen sicher mit zwei Säulenreihen versehen: Ein Beispiel dafür hat man in der zweiten Bauperiode der Kathedrale von Parenzo. Eine der Kirchen nahm das heutige Areal ein: Darüber hinaus wurden Teile der Mauern und der Fassade in dem Bauwerk, das wir heute bewundern, zur Zeit des Bischofs Eufrasius weiter verwendet. Der Altar war auch hier auf einem etwa einen Meter erhöhten Podium angeordnet und stand im Schiff isoliert innerhalb der halbkreisförmigen gemauerten Sitzbank für die Geistlichkeit.

Parenzo II

Die Kirche hat noch heute ihren Mosaikfußboden: Die Schiffe sind in verschiedene rechteckige Felder mit meist geometrischen Mustern unterteilt (miteinander verflochtene Achtecke, Mäander, Netze, Scheiben, Kreuze usw.), die genau auf das zweite Viertel des 5. Jahrhunderts hinweisen: Das für sich stehende Podium hatte ein Rankenmotiv sowohl im Feld als auch auf dem Rand. Das Mauerwerk des Synthronos ist teils als Marmorimitation, teils mit roten Streifen bemalt. Entsprechend dieser Säulenkirche lag im Westen eine zweite derartige Halle, aber ohne Säulen, lang und schmal und mit einem Synthronos.

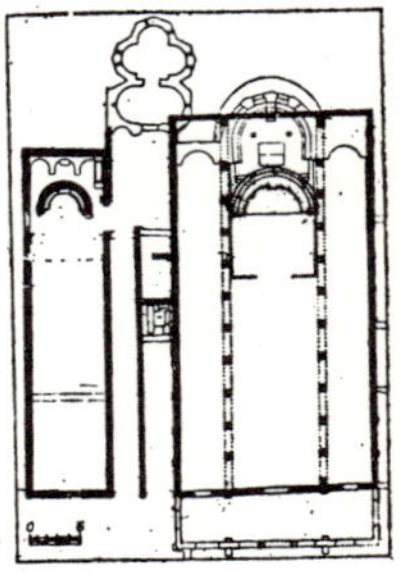

Fig. 6 – Kathedrale von Parenzo, Grundriß aus der zweiten Bauperiode

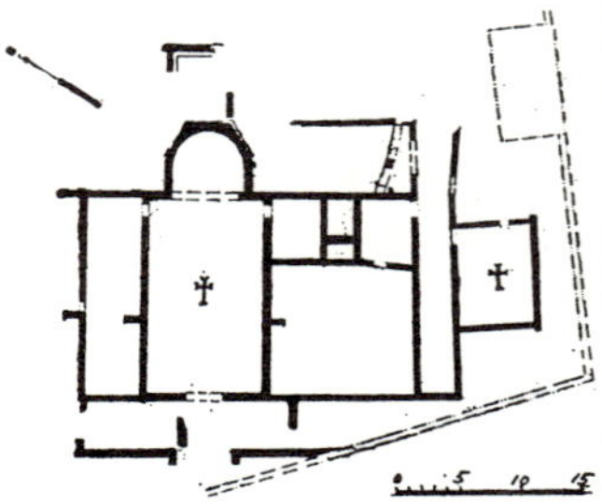

Fig. 8 – Anlageplan von Orsera

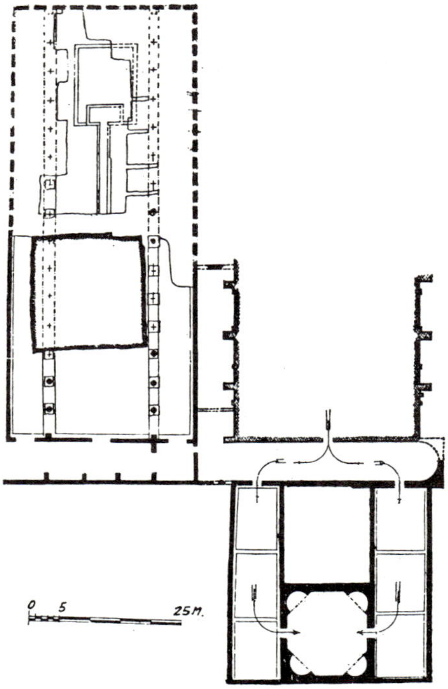

Fig. 7 – Kathedrale von Aquileia, zweite Bauperiode

Im östlichen Teil sind einige Mosaike gefunden worden, die 35 cm höher liegen als die Eingangspforte. Vielleicht war das Ganze durch eine Quermauer geteilt.

Aquileia II Sehr viel bedeutender, aber ebenfalls mit gleichem rechteckigem Grundriß ohne Apsis waren die Doppelkirchen der zweiten Bauperiode der Kathedrale von Aquileia; jene nach Westen, zum Teil unter dem heutigen Campanile, war sehr geräumig (73 × 31 m) mit einem Schiff von über 18 m. Der Mosaikfußboden mit einfachen geometrischen Mustern (Anfang 5. Jahrhundert) weist einen kleinen rechteckigen Platz für den Altar auf und einen Verbindungsgang zwischen dem Bezirk für die Geistlichkeit und dem Ambon, welcher in der Mitte der Kirche steht.

Vor der Fassade lag wahrscheinlich ein für diese und die Kirche im Osten gemeinsamer langer Narthex. Von jener hat man nur Spuren der Fußbodenmosaike gefunden; sie muß ungefähr dem romanischen Bau entsprochen haben, aber auch sie war nach Osten hin durch eine gerade Mauer abgeschlossen. Vor dieser Kirche (sie war sicherlich die Bischofskirche) steht das achteckige Baptisterium mit vier Nischen, das mit dem Narthex durch zwei Gänge verbunden war (Nebengelasse zum Umkleiden und für Unterweisungen); die Mosaike dieses Teiles zeigen den Stil der Mitte des 5. Jahrhunderts, während jene der ersten Halle sich als etwas älter erweisen.

Neben diesen wichtigen Kathedralen gibt es viel bescheidenere, aber immer dreigeteilte Anlagen, d.h. zusammengesetzt aus einem Kultraum, einem zweiten kleineren und einem Baptisterium, außerdem noch Wohnräume für die Geistlichen: Am häufigsten sind sie in Istrien. Die bezeichnendste Gruppe dieser Art ist jene in Nesazio, die vor einem halben Jahrhundert ausgegraben wurde; die beiden Räume sind rechteckig, und der kleinere ist von verschiedenartigen Nebengelassen umgeben: Ein großer Narthex verbindet sie. Die Kirche in Orsera ist von geringerer Bedeutung; dem Hauptraum wurde in einer zweiten Bauperiode eine polygonale Apsis angefügt und ein großer Narthex lief vor der Fassade entlang. Der kleinere Saal lag an der Seite des Ganzen.

Nesazio

Orsera

Wir haben gesagt, daß im Westen die Kathedralen aus zwei Kirchen und einem Baptisterium bestanden. Letzteres war im allgemeinen ein Zentralbau wie eine Grabstätte, und diese Parallele ergab sich auch aus der Liturgie selbst, die von Tod und Wiederauferstehung bestimmt war. Nebenräume für die Unterweisung (consignatorium) und zum Umkleiden vervollständigten die Taufkapelle.

Die Baptisterien Norditaliens und der Provence

Bei den Baptisterien Norditaliens und der Provence gibt es eine Gruppe von drei fast gleichen Bauten. Die bedeutendste ist jene von Albenga, weil in ihr die Mosaike der östlichen Nische erhalten sind; sie liegt an der Seite der heutigen Kathedrale und hat einen achteckigen Mittelraum; an diesen schließen acht teils rechteckige, teils hufeisenförmige Nischen an wie in S. Aquilino bei S. Lorenzo in Mailand, jedoch bereichert durch Säulen zwischen den einzelnen Nischen. Diese Säulen tragen auf großen, in das Mauerwerk eingelassenen Konsolen die Stützbögen für den Tambur; außen sind die Nischen durch eine zehneckige Wand verkleidet.

Albenga

Der Mittelraum war bis zum vorigen Jahrhundert von einer Kuppel bedeckt, die aber zerstört wurde, obwohl sich herausstellte, daß sie aus römischen Spolien zusammengesetzt und von Amphoren gestützt war. Gewisse Löcher am Auflager, die man als Einschnitte für das Holz des Daches angesehen hatte, müssen für hölzerne Zugbalken bestimmt gewesen sein. Der Tambur hat sechzehn Blendbögen, in denen sich Fenster öffnen. In den Stützen der Nischen waren Entlastungsamphoren. Der ursprüngliche Zugang zum Baptisterium scheint sich zu beiden Seiten der Presbyteriumsnische geöffnet zu haben.

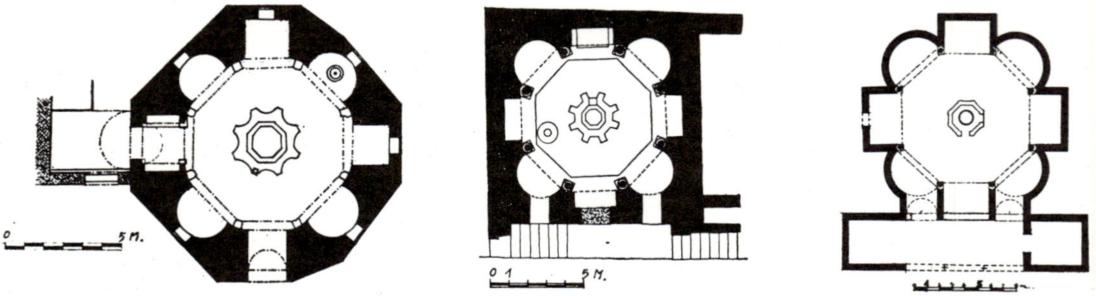

Fig. 9, 10, 11 – Von links nach rechts: Grundrisse der Baptisterien von Albenga, Fréjus und Novara

Die innere Dekoration ist von einem schematischen Klassizismus; die über den Säulen vorspringenden Gebälke bestehen aus glatten Blöcken, welche Architrav und Fries zusammenfassen. Der Gesimskranz ist ein einziges umlaufendes Profil, das auch die Auflager für die Fensterbögen markiert. In der Mitte des Raumes steht das achteckige Taufbecken mit einem dicken Rand in Sternform und zwei inneren Stufen. An den Eckpunkten befanden sich acht Säulen, die ein Ciborium trugen. So konnte man sowohl Erwachsene als auch Kinder taufen.

Nach einer berühmten Grabinschrift wurden in »Albingaunum« große Bauarbeiten von Konstans, dem General des Honorius, ausgeführt, aber die Mosaikinschrift des Baptisteriums erwähnt Reliquien, darunter die von St. Stephan, dessen Körper 415 wiedergefunden wurde, die von St. Johannes dem Evangelisten (was auf den Einfluß der theodosianischen Dynastie hinweist), von St. Lorenz und von vier Mailänder Heiligen. Das weist nicht nur auf eine spätere Zeit als 415, sondern auf die Zeit Galla Placidias hin.

Fréjus Das Baptisterium von Fréjus ist dem von Albenga beinahe gleich: Innerer achteckiger Grundriß mit Nischen und Ecksäulen. Die Kathedrale ist nach Osten zu verlängert worden. Sie ist jetzt nur einschiffig mit romanischen Bögen und steht wahrscheinlich, teilweise wenigstens, auf alten Grundmauern. In der Mitte des Baptisteriums ist das Becken, auch dieses achteckig mit Vorsprüngen für das Tegurium und mit zwei Eingängen an den Seiten der Ostnische wie in Albenga. Reste der aus Ziegeln gemauerten Kuppel sind im unteren Abschnitt der jetzigen Wölbung erhalten.

Außen hat das Bauwerk keinen polygonalen, sondern quadratischen Grundriß und der nach der Wiederherstellung sehr hohe Tambur ist

Fig. 12 – Riva, S. Vitale, Grundriß des Baptisteriums

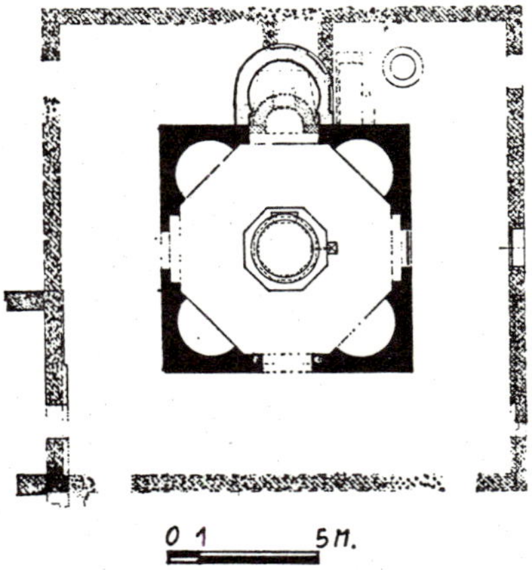

zylindrisch. Das Mauerwerk der Bögen ist durch die abwechselnde Verwendung von Hausteinen und Ziegeln polychrom. Im Inneren spürt man den Anklang an klassische Vorbilder weniger als in Albenga; an Stelle der Gebälke sind hier rohe Konsolen-Kämpfer.

Das Baptisterium von Novara hat auch einen achteckigen Grundriß mit Nischen, zwei Eingängen zu den Seiten der Ostnische, Ecksäulen aus Spolien auf hohen Basen und einen Tambur mit Fenstern. Der äußerste Umriß ist jedoch anders: Es gibt hier kein Mauerwerk mit ausgesparten Nischen, sondern eine Ziegelmauer von gleichbleibender Dichte. Die Steinkonsolen sind zwar vorhanden, aber sie sind roh und stützen Bögen, die zum Teil schief aufliegen. Unmittelbar neben der Westfassade, unter dem Portikus, sind jetzt die Reste des alten Narthex mit zwei seitlichen kleinen Räumen ausgegraben (Chierici). Andere Nachforschungen und Ausgrabungen haben Reste des Taufbeckens, Partien der schwarz-weiß gemusterten geometrischen Fußbodenfelder und kostbare Reste von Mosaiken an den Leibungen von zwei unteren Fenstern ans Licht gebracht. Die heutige Kuppel mit den gewölbten Gesimsen stammt aus romanischer Zeit, und romanisch sind auch die Fresken des Tamburs: Die ursprüngliche Kuppel dürfte aus einem leichten Holzgerüst mit einem äußeren Mantel aus Bleiplatten und einer inneren Wölbung aus geflochtenem Rohr und Stuck bestanden haben. *Novara*

Die engen Verwandtschaften zwischen den drei Bauwerken können an einen gemeinsamen, vom Hof gelieferten Entwurf denken lassen: Die Ähnlichkeit mit den Nischenoktogonen von S. Aquilino scheint das nahezulegen.

In Riva S. Vitale auf Schweizer Boden liegt im lombardischen Bereich

Älteste Baptisterien der Schweiz

Riva S. Vitale

ein kleines achteckiges Baptisterium, das beinahe gleichzeitig mit der Gruppe von Albenga ist: Das Achteck hat eine lichte Weite von fast sieben Metern, die rechteckigen Nischen sind verkümmert, auf Blendbögen reduziert und ohne Ecksäulen. Die Kuppel muß aus einer leichten Holzkonstruktion bestanden haben (die jetzige ist romanisch). Die Ausgrabungen haben im Inneren das achteckige, mit Stufen versehene Becken ans Licht gebracht, sowie Reste des Fußbodens mit weißen und schwarzen Feldern (ineinander verschlungene Zehnecke, Sechsecke und Dreiecke). Außen wurden Fundamente einer quadratischen Einfassung freigelegt; offensichtlich lief um den achteckigen Kern ein quadratischer Gang, der für die Unterweisung der Katechumenen und auch zum Umkleiden diente.

St. Maurice d'Agaune

Eine entsprechende Anlage mit einem einfacheren Zentralraum, quadratisch und mit Wandelgang, wurde bei St. Maurice d'Agaune im Wallis ausgegraben. Sie wurde dem 6. Jahrhundert zugeschrieben, aber die Form des runden Taufbrunnens mit der hinabführenden Treppe, die von einem älteren Typus und besonders für die Taufe Erwachsener geeignet ist, scheint eine frühere Entstehung anzuzeigen: Ein ähnliches Exemplar kommt in der ursprünglichen Kathedrale von Aquileia (Anfang des 4. Jahrhunderts) vor, und zahlreiche andere findet man im Osten und in Nordafrika, wo sich ihr Gebrauch noch lange gehalten hat.

Weitere italienische Baptisterien

Ravenna I

Das ursprüngliche Baptisterium der Kathedrale von Ravenna wurde erbaut, als der Bischofssitz am Anfang des 5. Jahrhunderts zur Zeit des Bischofs Ursus von Classe nach Ravenna verlegt wurde, eine Begleiterscheinung der Wahl dieser Stadt zur Hauptstadt. Von diesem Bauwerk haben sich jedoch nur die äußere Umfassungsmauer und die Marmor- und Porphyr-Intarsien erhalten, die jetzt sehr häßlich von den vorspringenden Bögen überschnitten werden. Später, zur Zeit des Bischofs Neon (im Amt 459), wurden die zweireihigen Bogenstellungen, die von freistehenden Marmorsäulen und von Konsolen getragen werden, das Gewölbe aus gebrannten, ineinandergesteckten Röhren (entsprechend einer in Italien üblichen Konstruktionstechnik des 4.–6. Jahrhunderts), die Mosaike und die Stuckarbeiten, kurz, die ganze ornamentale Verkleidung des Innenraumes hinzugefügt.

Baptisterium Ravenna II

Es ist wahrscheinlich, daß das Bauwerk von einem Wandelgang umgeben oder wenigstens mit Nebenräumen versehen war: Ing. Lanciani (1864) fand noch Fußböden zwischen Kathedrale und Baptisterium und Reste von Verbindungsöffnungen an den Wänden, sowie auf einem rund 3,50 m tieferen Niveau die Basen von acht Säulen der unteren Reihe, die viel größer und gleichmäßiger sind als die jetzigen.

Urkunden erwähnen außerdem noch eine Verbindungshalle zum Dom. Die Mosaikdekoration werden wir im folgenden noch erwähnen. Wir müssen jedoch zunächst an die Stukkaturen der obersten Bogenreihe erinnern, unten eine dreifache Arkade, oben Ranken und Blattwerk, die zum großen Teil aber von einem Restaurator im vergangenen Jahrhundert zerstört worden sind. Die drei Bögen enthalten in der Mitte das Fenster und seitlich zwei perspektivische Ädikulen, mit Gestalten von Heiligen, die an den Giebeln mit kleinen symbolischen Bildern verziert sind: zwei Hirsche und Christus, wie er den Drachen zertritt oder wie er Petrus das Gesetz übergibt.

Baptisterium Rom II

Das Baptisterium von S. Giovanni im Lateran, dem ein zangenförmiges Atrium vorgelagert ist, hat einen einfachen achteckigen Grundriß und in der Mitte zwei hohe Geschosse mit Porphyrsäulen; es wurde unter Sixtus III. (432) anstelle des vorhergehenden, das einen runden Grundriß hatte, gesetzt.

Das »Liber Pontificalis« (Duchesne, I, p. 174) gibt uns gerade in bezug auf das Taufbecken einen Begriff von den prunkvollen Goldschmiedearbeiten, die solche Bauwerke schmückten. Seine Porphyrwanne war innen und außen mit Silberblechen, die ein Gewicht von mehr als 3000 Pfund hatten, bedeckt. In der Mitte des Beckens hielt eine Porphyrsäule ein goldenes zweiundfünfzig Pfund schweres Gefäß, in dem man am Ostertag Weihrauch anzündete. Am Rand des Taufbeckens, rechts vom Lamm, aus dessen Maul ein Wasserstrahl sprudelte, stand eine silberne Statue des Heilandes in fast natürlicher Größe, links davon eine weitere von Johannes dem Täufer. Sieben silberne Hirsche ließen das Wasser in das Becken ein und ein Weihrauchfaß aus massivem Gold, geschmückt mit neunundvierzig kostbaren Steinen, bereicherte das Heiligtum.

Friedhofskirchen in Norditalien und in der Provence

Neben den Kathedralen, den Stadt- und Märtyrerkirchen, gab es in den Städten des 5. Jahrhunderts Friedhofskirchen. Im Grunde genommen waren auch die Märtyrerkirchen Bauten, die der Beerdigung dienten, d.h. sie wurden außerhalb der Mauern zwischen den Gräbern errichtet, aber anfänglich, wie schon erwähnt, war ihre Bauweise nicht die von Kulträumen, sondern die von Grabstätten, die man verehrte; die anderen Friedhofskirchen in Norditalien und in der Provence waren oft mit zwei seitlich herausragenden Räumen versehen, die der Zone des Presbyteriums entsprechen.

Kirchenräume mit zwei Seitenflügeln

Großartige Beispiele aus der Zeit von St. Ambrosius

Schon zu Ende des 4. Jahrhunderts hatte man Kirchenräume dieser Art: in Mailand z. B. S. Nazaro, den Aposteln geweiht, und S. Simpliciano (S. Lorenzo selbst hat einen Mittelraum und Nebenräume). Paulinus von Nola scheint uns die Bestimmung dieser Nebenräume

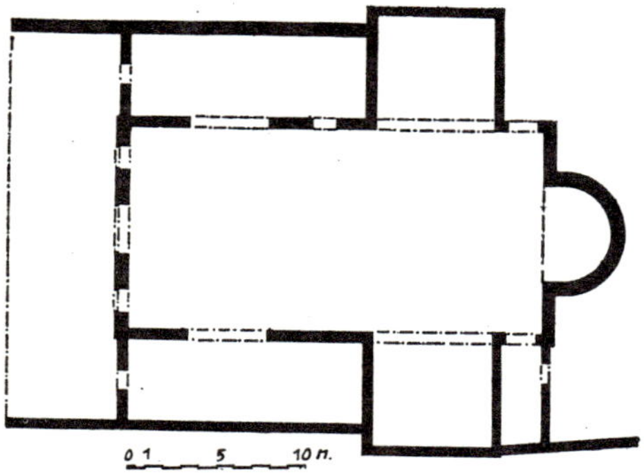

Fig. 13 – Como, Apostelkirche

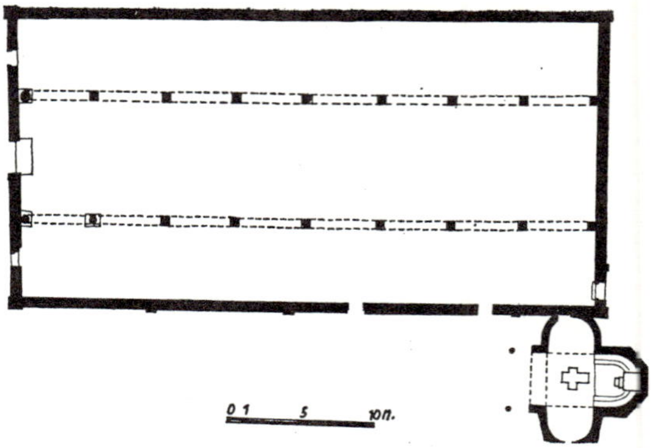

Fig. 14 – Concordia Sagittaria, erste Bauperiode

zu erklären: Meditation und Bestattung. Tatsächlich war der eigentliche Raum der Kirche heilig und nur für die Märtyrer und die entsprechenden Reliquien bestimmt. Privatpersonen, die den Überresten der von ihnen verehrten Heiligen nahe bleiben wollten, versuchten ihre Sarkophage in diesen Seitenräumen unterzubringen, die gleichzeitig vereint und getrennt vom Mittelraum waren.

Como, S. Apostoli

Eine Saalkirche mit halbkreisförmiger Apsis und zwei hervorspringenden Räumen wurde in Como unter der heutigen Kirche S. Abbondio ausgegraben. Dieser Bau war auch mit zwei langen Seitenräumen versehen, einer Art Seitenschiffe, die vom Hauptschiff durch eine von Bögen durchbrochene Mauer getrennt waren.

Der ursprüngliche Bau der Kirche soll gemäß einer Überlieferung in der ersten Hälfte des 5. Jahrhunderts von Bischof S. Amanzio errichtet worden sein, der Reliquien von den Aposteln gebracht haben und in ihr beerdigt sein soll. Bestimmt waren dort S. Abbondio (ca. 450) und andere Bischöfe des 5. Jahrhunderts begraben. Die Datierung ins zweite Viertel des 5. Jahrhunderts erscheint daher gerechtfertigt und dürfte auch durch die Auffindung von Marmorplatten des antiken »opus sectile«-Fußbodens, wie sie auch sonst in dieser Zeit in der Lombardei vorkommen, bestätigt werden.

Unter dem Niveau des Fußbodens wurden während der Ausgrabungen Gräber mit Inschriften vom Ende des 5. und aus dem 6. Jahrhundert gefunden. Die ältesten waren von 485, 486, 490. Das beweist, daß sich in dieser Zeit die strenge Bestimmung gegen die Beerdigung innerhalb der Kirche gemildert hatte.

Concordia Sagittaria

In Concordia Sagittaria zwischen Aquileia und Altino ist kürzlich eine christliche Friedhofsanlage zum Vorschein gekommen.

Sie war beherrscht von einer großen Kirche von einfachem rechteckigem Grundriß (19,20 × 40 m) mit Säulen und drei Schiffen. Für die Datierung geben die Mosaikfußböden mit geometrischen Mustern auf weißem Grund wenig aus; sie zeugen von ländlichem Geschmack und entsprechen den polychromen, reicheren in Aquileia nicht. Es ist wahrscheinlich, daß die Kirche vom Ende des 4., bis Anfang des 5. Jahrhunderts stammt, und diese Datierung wird auch gestützt durch die Widmung an die Apostel, die für diese Zeit typisch ist (Mailand, Ravenna, Como usw.); die Widmung geht aus einer Grabinschrift hervor *(Jacet ante limina Domnorum Apostolorum e . . Sanctus Maurentius presbiter)*.

Im Süden dieser Kirche und mit ihr in Verbindung stand eine dreichorige Cella, eine kleine Märtyrerkirche. In ihrer Mitte ist unter dem Altar ein kleiner kreuzförmiger, mit Marmor verkleideter loculus von einem Typus, welcher im Osten an Bauwerken des 5. Jahrhunderts (Konstantinopel, St. Johannes-Studios; Ephesos, St. Johannes; Saloniki, Demetriuskirche usw.) Verwendung fand.

Diesen kreuzförmigen Grabraum von byzantinischer Bauart kann man mit der Anwesenheit einer syrischen Kolonie in Concordia erklären. In der Nekropole gefundene Inschriften beziehen sich auf Soldaten aus der Gegend von Apamea, die aus Coelesyrien stammten, und eine von ihnen ist 409–410 datiert.

Die Vorderseite der Märtyrerkirche war vielleicht offen und die Gläubigen konnten durch Gitterwerk den verehrten Körper des dort begrabenen Heiligen sehen. Aber in einer späteren Zeit wurde der kleine Bau verlängert und in eine kleine dreischiffige Basilika umgewandelt, der ein Narthex und ein langes schmales Atrium mit drei Säulengängen und einem Brunnen in der Mitte vorgelagert sind. In diesem Atrium wurde, wir wissen nicht recht, ob wiederverwendet oder nicht, die Inschrift eines Kindes, Aurelios, Sohn eines ἔχατρος, gefunden, der wie zwei andere Soldaten (einer ist jener der Inschrift von 409) aus Sekla in Coelesyrien stammte. Seitlich am Narthex war ein Bezirk von Sarkophagen, und weitere Sarkophage standen im Narthex.

Der äußere Schmuck des Gebäudes beschränkt sich auf Ecklisenen an der Kirche und im Bezirk für die Sarkophage und auf Mittellisenen an der dreischiffigen Verlängerung des Raumes mit den drei Chören: zwei von diesen Chören waren außen polygonal.

Die Bildhauerschule der Provence

In der Provence blühte zu Beginn des 5. Jahrhunderts eine Schule von Marmorbildhauern und Elfenbeinschnitzern, die Beziehungen zum Mittelmeerraum und Norditalien hatte und vom byzantinischen Geschmack weniger beeinflußt war, als die großen italienischen Zentren.

In Marseille hat man verschiedene Werke von hohem künstlerischem Wert gefunden, die in den örtlichen Werkstätten zwischen 420 und 470 ausgeführt worden sind. Einige Sarkophage sind im Museum von Borely: Zwei stellen noch die »traditio legis« mit Christus und den Aposteln dar, jeweils einzeln umrahmt von Säulen mit Architraven oder Bögen: An der Stirnseite eines Deckels stehen symbolische Motive (in der Mitte das Christusmonogramm und zwei Hirsche, die sich an den vier Flüssen tränken) dem Wunder von Kana und den von Kanaan zurückkehrenden Kundschaftern gegenüber.

Auf einem dritten Sarkophag sind die Motive vorherrschend symbolischer Art: Die beiden sich in den vier Flüssen tränkenden Hirsche und zwei Episoden des Wunders von Kana: Auf dem Deckel ist das Christusmonogramm zwischen sechs Lämmern; diese stehen den äußersten, die aus einem Tor herauskommen, gegenüber.

Charakteristisch für diese Schule sind auch Altartische, die im allgemeinen auf dem Rand zwölf (in St. Marcel de Crussol sechs) Tauben (die Apostel) haben, welche auf das Christusmonogramm in der Mitte hin orientiert sind; an dem edelsten und schönsten, der aus der Abtei von S. Vittore stammt, ist auch das symbolische Lamm zwischen weiteren zwölf Lämmern sowie prachtvollen Weinranken und Blattwerk dargestellt.

Mosaike

Die Mosaike von Mailand und noch mehr jene der Ewigen Stadt zeigen deutlich ihre Herkunft aus der römischen Kunst. Viele Kompositionen lösen sich nicht gänzlich von der Tradition und stellen Figurengruppen wie in den Wandmalereien und in den Buchillustrationen dar.

Mailand, S. Aquilino

Im Grunde genommen ist sehr wenig von den Mailänder Mosaiken auf uns gekommen; von S. Lorenzo hat nur die Kapelle von S. Aquilino in einer Nische das in der christlichen Kunst so beliebte Thema: »Christus zwischen den Aposteln«, und eine Hirtenszene mit liegenden Figuren zwischen Felsen in einer offenen Landschaft. Reste von anderen Mosaiken (Figuren von Heiligen auf blauem Grund) sind im kleinen Narthex während der Restaurierungsarbeiten 1941 ans Licht gekommen.

Mosaiken von spätrömischem Stil Rom, S. Maria Maggiore

In die Zeit Sixtus III. scheinen die Darstellungen zu gehören, die sich auf die Jungfrau und auf das Alte Testament beziehen und in S. Maria Maggiore in Rom erhalten sind: Sie haben eine außerordentliche Bedeutung für den Marien-Kult, weil sie sofort nach dem Konzil von Ephesos (431) ausgeführt wurden.

In der Mitte des Bogens ist zwischen St. Peter und Paul und den vier Evangelisten-Emblemen eine runde Scheibe mit der »Etimasia«, d.h.

ein mit Edelsteinen besetzter Thron, der die königlichen Insignien (eine Krone und einen purpurnen Königsmantel) trägt, welche überragt sind von einem kostbaren Kreuz, dem Triumph des Opfers. Auf dem Fußschemel liegt die versiegelte Schriftrolle der Apokalypse.
An den Seiten wird das Marienleben erzählt. Es erscheinen nicht die in Byzanz im 6. Jahrhundert verbreiteten menschlichen Bilder, sondern Maria wird als Mutter Gottes durch ein königliches Zeremoniell in Hofkleidung herausgestellt; die Engel werden dabei zu Leibwächtern. Die Bilder sind auf drei Streifen verteilt.
Links die Verkündigung: Die Kunde wird von vier Engeln der Jungfrau gebracht, die im königlichen Gewand würdevoll dasitzt, während ein fünfter Engel, begleitet von der Taube des Heiligen Geistes, herabschwebt; es folgt das Gespräch eines Engels mit Joseph.
In dem Streifen darunter ist die Anbetung der Weisen auf eine besondere Art dargestellt: Das Jesuskind sitzt auf einem Thron mit vier Engeln als Leibwächter. Zur linken Seite sitzt die Madonna, auch hier königlich gewandet, zur anderen eine weibliche Gestalt (Anna? oder die Kirche?) und zwei aus dem fernen Jerusalem kommende Weisen. Im oberen Streifen auf der anderen Seite wird die Darstellung im Tempel gezeigt, mit der Jungfrau in königlichen Gewändern und dem Jesuskind im Nimbus, geleitet von Engeln; weiter sind zu sehen Simeon, Anna und ein Zug von Greisen. Die anderen Bilder sind ikonographisch unbedeutender: Die Erscheinung eines Engels vor Joseph, die Heilige Familie vor Aphrodosius, der Kindermord, die Weisen vor Herodes. Die Szenen sind angefüllt von Figuren und in niedrige Streifen gepreßt; da steht eine Gestalt an der anderen.
Die Wände des Schiffes sind im Raum zwischen den Fenstern und den Architraven von kleinen quadratischen Füllungen eingenommen (von den ursprünglichen 42 sind 27 übriggeblieben). Außer vieren enthalten diese Felder je zwei Szenen in Streifen übereinander, die dem Pentateuch entnommen sind; sie sind lebhaft, aber auch gedrängt voll von Personen. Die Gruppierung der Figuren, ihre Beseelung oder die wohl ausgewogenen Gebärden, die perspektivischen Architekturen, die Andeutung einer Hügellandschaft mit kleinen Bäumen, die sich vor einem widerspiegelnden Himmel abheben, sind Erbe klassischer Kunst, jedoch der römischen, nicht der hellenistischen. Die Personen sind gedrungen und in schwere Stoffe gehüllt: die am Triumphbogen glänzen durch prunkvolle Gewänder mit Edelsteinen, wie sie in der spätrömischen Zeit beliebt waren. Ihr merkwürdig leuchtender Blick bezeugt den Geschmack des 5. Jahrhunderts.
Ein anderes Mosaik der gleichen Zeit (425–450) in Ligurien hat da-

Albenga, Baptisterium

gegen nur abstrakte Symbole. Es befindet sich im Presbyterium des Baptisteriums von Albenga. Auf der Rückwand sind zwei Lämmer dargestellt, die sich einem Kreuz zuwenden, und im darüberliegenden Tonnengewölbe breitet sich eine Komposition aus, die der Beschreibung des Paulinus von Nola entspricht: Es ist ein Sternenmantel auf blauem Grund, der in der Mitte die Darstellung des Himmelsraumes trägt, Sitz Gottes, welcher durch drei konzentrische Kreise von ineinander übergehenden Farben dargestellt ist, die von einem dreifachen Christusmonogramm eingenommen werden (vielleicht die Heilige Dreieinigkeit); darum im Kreise zwölf Tauben: Die Apostel. Die ornamentalen Ränder bestehen aus dünnem stilisiertem Blattwerk auf weißem Grund, jedoch vorne, wo sich das Verzeichnis der Reliquien befindet, ist eine dichte Lorbeergirlande zwischen zwei Edelsteinstreifen.

Gallien im Theodosianischen Zeitalter

Zwischen 418 und 460 blieb Gallien bis auf den Teil, der von den verbündeten Westgoten beherrscht wurde, auch im Norden dem Kaiserreich unterworfen und war, wie sich aus der »Notitia dignitatum« der Zeit des Honorius (395–423) ergibt, in siebzehn Provinzen geteilt.

Die volksmäßige Einheit verschaffte jedoch den nördlichen Provinzen keinen Halt, und die Schwäche, die sich durch den in der Zeit des Stilicho einsetzenden Rückzug vieler Garnisonen ergab, hatte die Unordnung vergrößert, in der sich die von Rom so weit entfernten Gebiete befanden.

Folgen der römischen Preisgabe Nordgalliens

Mit der Verlegung der römischen Residenz von Trier nach Arles zu Beginn des 5. Jahrhunderts begann die Preisgabe der römischen Stellungen des Nordens, die begleitet wurde von großen Einfällen der Alanen und Vandalen, der Ostgermanen; letztere konnten, nachdem sie dann von Gallien nach Spanien und schließlich nach Afrika gezogen waren, dort einen Überfluß an Nahrung finden, den sie in Europa vergebens gesucht hatten. Außer in den von den Einfällen verwüsteten Städten und in gewissen von barbarischen Bauern besiedelten Gebieten an der Rheingrenze, erfreute sich Gallien trotz allem noch im zweiten Viertel des 5. Jahrhunderts einer gewissen Kultur. Der Handel war in den Städten nicht zum Erliegen gekommen, und die Sprößlinge des gallisch-römischen Adels wohnten auf ihren luxuriösen Besitzungen und stellten Würdenträger für den Hof, für die Verwaltungen der »civitates« und für die Bischofssitze.

Katholisch gewordene Burgunder

Der Druck der Germanen nahm jedoch zu; die Burgunder, die schon im Jahre 408 in die Gegend von Mainz und Worms hereingelassen worden waren, wurden nach einem ersten Versuch der Auflehnung

Albenga, Apsis

von den kaiserlichen Truppen des Aëtius im Jahre 436 hart bestraft, aber später in der Gegend von Genf angesiedelt und überschwemmten dann das heutige Burgund (das von ihnen den Namen erhielt); dort blieben sie, zunächst als Verbündete der Römer, später als Unabhängige; ursprünglich Arianer, konvertierten sie ohne übermäßige Widerstände zum Katholizismus.

Franken

Die Franken bildeten jedoch für die Römer die schwerste Gefahr wegen der größeren Entfernung vom Mittelmeer und auch wegen der Art der Grenzen.

Die Salier in Belgien

Die salischen Franken, so genannt nach dem ihnen von Kaiser Julian gegebenen Namen, waren der Nordsee am nächsten. Sie breiteten sich erst in Belgien aus, dann gelang es ihnen, sich um 435 in Cambrai niederzulassen. Aëtius schloß mit ihnen einen bis gegen 470 gültigen Vertrag, in dem er ihre Eroberungen anerkannte und sie als Verbündete aufnahm.

Ripuarier in Köln

Die Ripuarier überquerten den Rhein zu Beginn des 5. Jahrhunderts und richteten sich in Köln und in anderen linksrheinischen Städten ein. Die römischen Städte litten sehr, viele Bauwerke wurden zerstört und die Stadtmauern niedergerissen; die Bevölkerung aber versuchte, ihren Beschäftigungen so gut wie möglich nachzugehen, die Situation

Leben abseits der »Römer«

verschlechterte sich jedoch immer mehr, weil die neuen Eroberer, sei es aus Gründen der Sicherheit, sei es aus Gleichgültigkeit gegen eine ihnen fremde Kultur, es vermieden, in den alten bewohnten Städten zu leben und sich in besonderen Lagern niederließen.

Nur die Bischöfe konnten manchmal in den Grenzen ihrer Gebiete die alten Einrichtungen und auch die alte städtische Ordnung verteidigen. Mit dem allmählichen Fortschreiten der fränkischen Eroberung änderte sich aber das Gesicht der bewohnten Städte.

In diesen für die Entfaltung der Kunst und der Architektur hinderlichen Verhältnissen entstanden recht wenige religiöse Bauwerke von einiger Bedeutung. Jedenfalls ist von diesen Kirchen Nord- und Mittelfrankreichs aus der Mitte des 5. Jahrhunderts nichts oder beinahe nichts übriggeblieben.

Basse Oeuvre von Beauvais

Vielleicht ist die einzig überkommene Basilika die Basse Oeuvre von Beauvais. Sie ist eine kleine Kirche, die sich ein wenig seitwärts in das große gotische Querschiff von St. Peter einfügt und von ihm beherrscht wird. Dreischiffig, ist sie durch gemauerte Pfeiler geteilt und mit Holz gedeckt. Ein großer Hufeisenbogen setzt das Mittelschiff mit der gotischen Kathedrale in Verbindung.

B.A. 10

Dieses Bauwerk, das den französischen Wissenschaftlern wohl bekannt ist, wurde dem 8.–9. Jahrhundert zugeschrieben. Heute wird es allgemein ins 10. Jahrhundert datiert, auf Grund von Urkunden, die sich auf die von Bischof Herveus (987–998) ausgeführten Bauten beziehen oder berichten, daß mit den Gründungen der Kathedrale 949 begonnen wurde, aber die Unsicherheit der Urkunden, die das Werk nur flüchtig zitieren und die Vielzahl der Kirchen, die in früherer Zeit Kathedralen bildeten, lassen auch andere Vorschläge für die Chronologie des Bauwerkes zu.

Der Verdacht, daß der Bau aus dem 5. Jahrhundert stammen könnte, ergibt sich aus der Anordnung der Mauern: Der Sockel (der heutige) ist aus dicken Blöcken mit rötlichem Mörtel in regelmäßigen Reihen aufgeführt (man erkennt noch drei Reihen), die aufgehenden Mauern aber aus kleinen Kalksteinblöcken, die regelmäßig geschnitten und in Reihen – ebenfalls unter Verwendung von rötlichem Mörtel aus Kalk und zerstampften Tonscherben – versetzt sind. Ab und zu sind in die Blöcke periodisch wiederkehrende Streifen aus zwei Ziegeln eingeschoben. Dieses Mauerwerk sieht man beinahe unberührt an der Nordmauer, während an den Südmauern weiteste Teile restauriert sind.

Nun ist die Bauweise in kleinen Blöcken im Gallien der Kaiserzeit allgemein verbreitet und sie wurde auch im Spätrömischen verwendet (petit appareil). Die fabrikmäßige Herstellung dieser gleichförmigen Blöcke setzt eine ausgedehnte Organisation voraus, wie sie keinesfalls in einer späteren Zeit entstehen konnte und schon gar nicht im 10. Jahrhundert, das durch große Liederlichkeit im Steinbruchwesen charakterisiert war und das in der Regel sehr rohes Mauerwerk bietet. Der Gebrauch von Ziegelfriesen (Mauerwerk mit Ziegeldurchschuß) ist dann in der ganzen Kaiserzeit und in der späten römischen in Gallien überaus verbreitet (Bordeaux, Amphitheater; Arles, Thermen; Baptisterium von Fréjus) und findet sich auch an Bauwerken Norditaliens (S. Stefano in Verona, Mitte des 5. Jahrhunderts). *»petit appareil«*

Wenn auch der mit zerstampften Tonscherben untermischte Mörtel dann und wann im Mittelalter benutzt wurde (und man beobachtet davon auch manche Anwendung in der gotischen Kathedrale von Beauvais selbst), so kommt er doch häufig vor allem in der späten römischen Zeit (Ravenna, S. Croce; Verona, S. Stefano) wie auch im Osten vor, wo der Gebrauch sich vom Altertum bis in unsere Tage unter dem Namen »Khorasan« erhalten hat. Die polychromen Bögen der Fenster von Basse Oeuvre findet man, wenn auch weniger sorgfältig, im Amphitheater von Bordeaux, und im Baptisterium von Fréjus wieder, und sie sind ganz allgemein an den byzantinischen Bauwerken üblich: gemalt bei S. Irene in Istanbul, und in Marmorplatten bei S. Demetrio in Saloniki usw. Im Baptisterium von Albenga und in S. Stefano in Verona gibt es auch Ziegeldurchschuß an den Fensterbögen, Anzeichen für die Fortdauer des klassischen Stiles. Auch darf man nicht vergessen, daß die Ausdehnung der lichten Weite der Fenster selbst – die Fensterwandungen müssen später verändert worden sein – charakteristisch für die Bauten des 5. Jahrhunderts ist. Um die Frage zu lösen (eine Meinung kann nicht mit Erfolg verteidigt werden, wenn sie nicht auf klare Gegenüberstellungen gegründet ist, und wir haben leider nicht viele Denkmäler des 5. Jahrhunderts in Nordfrankreich), würden aber Grabungen bis zum römischen Niveau nötig sein.

Die Fassade jedoch kann von jetzt an als mittelalterlich gelten (vielleicht könnte sie sich auf Bischof Herveus beziehen): ein offensichtlicher Schnitt trennt sie vom ursprünglichen Schiff, und ihr Schmuck aus wiederverwendeten kleinen Blöcken zeigt frühe romanische Ornamente. Kleine Blöcke der ursprünglichen Anlage wurden auch in anderen späteren Bauten um den Kreuzgang herum wieder verwendet.

Einige bekannte französische Kirchen, die kürzlich von Dr. Lesueur behandelt worden sind, weisen Wandverkleidung in »petit appareil« oder Spuren davon auf.

Einige (Cravant) sind wohl sehr alt, andere dagegen sind romanisch und verwenden aber alte Steine wieder, andere endlich haben Teile der Wandverkleidung aus der gleichen Zeit, die eigens wegen ihrer Schmuckwirkung hergestellt wurden. Auch die »mitraförmigen« Blendbögen zwischen den Fenstern und die Konsolfriese (Cravant, St. Generaux) ahmen Schmuckformen des 5. Jahrhunderts nach.

Metz, St. Pierre

Eine weitere Kirche, die mit dem 5. Jahrhundert in Verbindung gebracht werden kann, ist die geräumige Halle mit Apsis, die jenseits der Stadtmauern von Metz unter St. Pierre de la Citadelle ausgegraben wurde. Das Schiff (34 × 18,50 m) hatte keine Mittelpfeiler: Die Apsis war innen halbkreisförmig und außen polygonal, eine Anordnung, die dafür spräche, den Bau später als in den Anfang des 5. Jahrhunderts zu datieren; auf diese Zeit wird sie normalerweise wegen der Ziegelstempel bezogen und wegen der schwierigen Lebensverhältnisse in Metz nach dem Einfall von 408.

Die Kirche muß mit Hypokausten versehen gewesen sein; der unterirdische Raum der Hypokaustenanlage und Rohre in den Wänden wurden freigelegt. Die vielleicht dreigeteilte Haupttüre war gut 5,10 m breit. Zwei nahe an der Apsiszone gelegene Eingänge in den Süd- und Nordmauern erleichterten den Zugang zu ihr.

Die weniger als einen Meter dicken Mauern hatten keine Spur von Verputz und es ist wohl mit Recht die Vermutung ausgesprochen worden, daß das Bauwerk nicht vollendet wurde. Außerdem ist auch nicht entschieden, ob es sich um eine Kirche oder eine profane Basilika handelt.

Noricum und Raetien

Noricum, Raetien und Pannonien kannten das Christentum seit dem

Fig. 15 – Metz, St. Pierre de la Citadelle

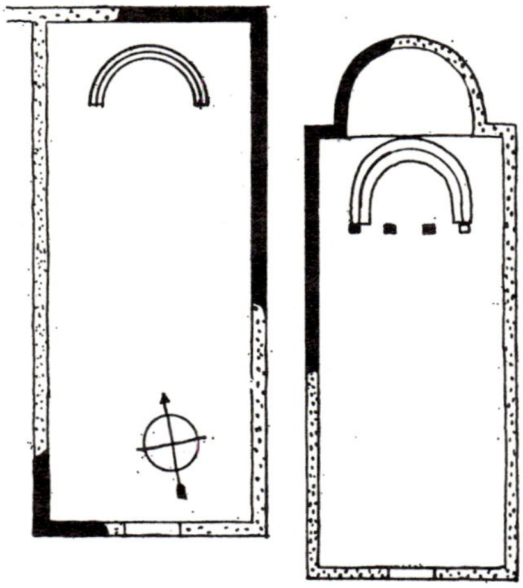

Fig. 16 – Kirchenanlagen, Hemmaberg

5. Jahrhundert, und die Ausgrabungen haben die Existenz mehrerer religiöser Bauten bewiesen: Ihre Bedeutung entspricht jedoch der provinziellen Bescheidenheit der Städte in diesen Ländern.

In der Regel hatten die Kirchen einen einfachen rechteckigen Grundriß mit einer halbkreisförmigen oder halbovalen Bank für den Klerus. So die Kirche von Aguntum, die 100 römische Fuß lang und von Gräbern umgeben war, mit einem gepflasterten Presbyterium, so jene größere von Hemmaberg, ein von Pilgern wegen der Grotte der hl. Rosalie, Schutzherrin gegen die Pest, besuchter Ort.

Aguntum

Die Kirche von Hemmaberg wurde auf dem Gipfel des Berges zusammen mit einer anderen kleineren und einem Baptisterium errichtet: Eine winzige Kathedralenanlage. Die größere Kirche war mit einem Fußbodenmosaik bedeckt, welches die Bank für die Geistlichen umlief; die zweite Kirche war mit einer halbkreisförmigen herausragenden Apsis mit Mosaikfußboden versehen; eine Ikonostase mit vier Säulen fand sich vor der Bank für den Klerus.

Hemmaberg, zwei Kirchen und Baptisterium

Das Baptisterium von einfachem achteckigem Grundriß hatte ein sechseckiges Taufbecken, das von einem großen Tegurium auf vier Säulen bedeckt war. Der Stil der Mosaiken scheint auf das 5. Jahrhundert zu deuten.

DAS ERSTE NACHLASSEN DES BYZANTINISCHEN EINFLUSSES IM WESTEN (455–527)

455 wurde Valentinian III., nachdem er sich das Heer und den Hof zum Feind gemacht hatte, ermordet. Zwei Jahre darauf starb Marcianus, der letzte theodosianische Kaiser, Gatte der Pulcheria, der intriganten und frommen Schwester des Theodosius II. Mit dem Erlöschen der blendenden Dynastie, die von Konstantinopel die Geschicke des Ostens und Westens länger als ein halbes Jahrhundert hatte regieren können, folgte der Zusammenbruch der römischen Macht in Europa. Zwischen 457 und 476 hatten die letzten Westkaiser ohne entsprechende byzantinische Unterstützung nur eine trügerische Macht in der Hand; sie wurden gewählt und abgesetzt unter Wirren und Blutvergießen wie im 3. Jahrhundert und noch dazu in einer kritischen Situation, was die Sicherheit an den Grenzen betraf. Denn genau von 455 an hatten die germanischen Völker außerhalb des Reiches, aber auch diejenigen, die innerhalb der römischen Territorien selbst ansässig waren, sich mehr oder weniger offen aufgelehnt, de facto die Macht in dem von ihnen kontrollierten Gebiet an sich gerissen und sich in die benachbarten Länder ausgebreitet.

Westgoten

Die Westgoten, die im Jahre 455 den Römern ihre Treue bestätigt und die Ernennung des aus einer vornehmen Familie der Auvergne stammenden Avitus zum Kaiser unterstützt hatten, lehnten sich so in Aquitanien im Jahre 466 unter der Führung von König Heinrich auf und ergossen sich in das mittlere Frankreich. Das sterbende Reich von Ravenna bestätigte 475 »de jure« die Situation und räumte ihnen Mittel- und Südgallien mit Ausnahme der Provence ein.

Franken

Im gleichen Jahr 455 besetzten die ripuarischen Franken Trier und bildeten linksrheinisch ein Reich, die salischen Franken ein anderes mehr im Westen in der Gegend von Cambrai und Tournai; ebenfalls im Zeitraum zwischen 455 und 470 brachen die Alemannen in das Elsaß, in die Pfalz und in Bayern ein.

Rom von den Vandalen geplündert

In Italien wurde das kaiserliche Heer, das zum großen Teil aus barbarischen Söldnern gebildet war, in inneren Kämpfen aufgerieben und war nicht imstande, die Vandalen in Nordafrika und Sizilien daran zu hindern, in Ostia zu landen und Rom zu plündern. Kaiserliche Insignien und reiche Schätze wurden erbeutet und nach Karthago gebracht.

476 schließlich lehnten sich die Führer der germanischen Truppen in

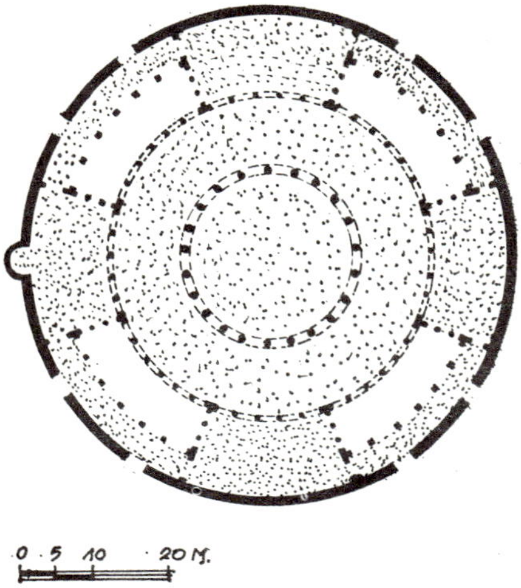

Fig. 17 – Rom, S. Stefano Rotondo. (Die überdachten Teile sind punktiert eingezeichnet)

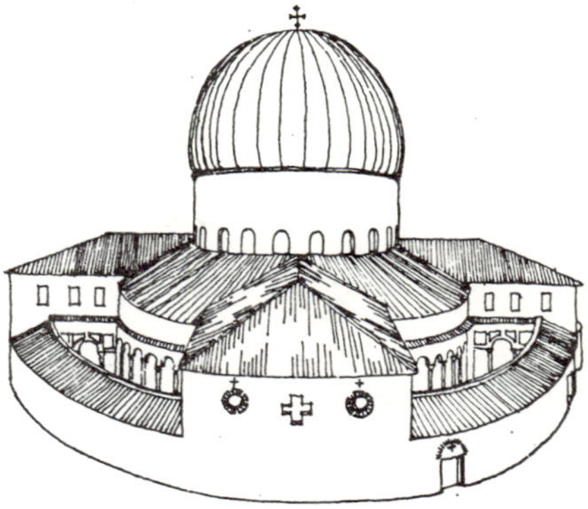

Fig. 18 – Rom, S. Stefano Rotondo. Rekonstruktion der Außenansicht

Italien gegen die kaiserliche Macht auf und ernannten einen der ihren zum »König«, den Hunnen Odoaker (Arianer), der, nachdem er in jugendlichem Alter in Noricum in den Dienst des Reiches getreten war, die höchsten Grade militärischer Ehren erworben hatte. Nachdem Romulus Augustulus abgesetzt war, erreichte Odoaker de facto die Macht und betrieb mit Eifer seine Anerkennung in Konstantinopel. Zenon versagte sie ihm im wesentlichen und ernannte sogar, ohne zu ihm die Brücken abzubrechen und ihn offen zu bekämpfen, einen anderen Führer, nämlich den Dalmatier Julius Nepos, zum Kaiser.

Odoaker

Odoaker, der in vieler Beziehung eine rätselhafte Persönlichkeit bleibt, konnte sich unter diesen Bedingungen nicht halten, obwohl er einen »modus vivendi« mit Römern und Katholiken suchte, auch um sich nicht endgültig mit den Kaisern in Konstantinopel zu entzweien. Als Gegenmaßnahme wiegelte ihn Zenon gegen den auf, der sein Besieger sein sollte.

Toleranz gegenüber den Katholiken

Während der Herrschaft der letzten Kaiser und unter der Regentschaft des toleranten Odoaker erbauten die Katholiken noch wichtige Kirchen.

Die religiöse Baukunst in Italien von 450 bis 488

Ein bedeutendes Bauwerk des dritten Viertels des 5. Jahrhunderts ist die Märtyrerkirche S. Stefano Rotondo auf dem Caelius. Sie wurde von Papst Simplicius (468–483) geweiht, also kurz vor dem Einfall der Ostgoten in Italien.

S. Stefano Rotondo in Rom

Fig. 19 – Rom, S. Stefano Rotondo, Innenansicht im ursprünglichen Zustand

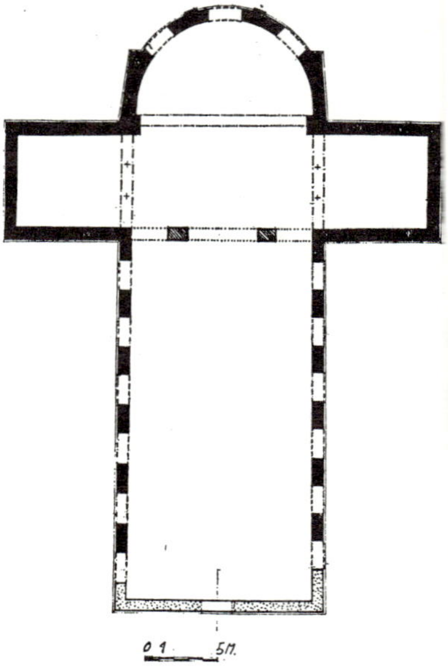

Fig. 20 – Verona, S. Stefano. Ursprüngliche Kirche. Die drei Bogen zwischen Langhaus und Chor später eingebaut

Die Auffindung der Reliquien von St. Stefan gelang dem Priester Lucianus im Jahre 415, aber die Verehrung dieses Protomärtyrers breitete sich wahrscheinlich nicht sofort im Westen aus. Die Baugeschichte der Märtyrerkirche auf dem Caelius ist noch nicht ganz geklärt; jetzt bietet sie hauptsächlich einen mittleren Kern von rundem Grundriß, der von zwei ringförmigen Wandelgängen umgeben ist. Der Mittelraum muß mit einer Kuppel aus Holzgerüst und Bleimantel gedeckt gewesen sein: Der erste Ring, welcher diesen Raum umgibt, hat noch immer seine Decke und sein Dach und ist ringsherum, wie der Mittelkern, mit Säulen versehen. Der zweite Ring dagegen war unterbrochen von acht radialen Mauern, von denen jede eine dreifache Öffnung und eine Tür hatte; diese Mauern begrenzten vier radiale Kapellen, die gleichmäßig über Kreuz angelegt waren. Die Zwischenräume zwischen diesen Kapellen stehen durch sechs Bögen auf Säulen mit dem ersten Ring in Verbindung, und die Untersuchungen haben das Vorhandensein von vier schmalen Höfen »sub-divo« innerhalb der Umfassungsmauer nahegelegt; diese waren gegen die Außenmauer hin durch kleine Säulengänge bereichert. Der Bau würde daher von Mauern nur in der äußeren Umfassung umgeben gewesen sein, während man an allen anderen Wänden, die aus Säulenreihen

Fig. 21 – Verona, S. Stefano, Rekonstruktion der Außenansicht

bestanden, sich frei hätte bewegen können; die Pilger wären in den verschiedenen Säulengängen untergebracht worden, ohne den Mittelpunkt aus dem Auge zu verlieren, der heute von einem turmförmigen hölzernen Hochaltar mit kleiner Kuppel eingenommen ist und wo man logischerweise die »memoria« des Märtyrers ansetzen muß.
S. Stefano auf dem Caelius scheint wegen seiner Bauweise und wegen seines Schmuckes ein Werk örtlicher Meister zu sein, die auch Spolienmaterial verwendeten. Die Säulenschäfte sind verschieden in Form und Ausmaß, aber die Kapitelle und die Gebälke der inneren Säulenstellung (die anderen Säulenstellungen tragen Bögen), welche ex novo ausgeführt wurden, sind verhältnismäßig rohe Arbeiten mit Blattwerk und Voluten, die sich von den byzantinischen unterscheiden.
In einer zweiten Phase wurden vielleicht Bögen über den vier schmalen Höfen sub-divo errichtet, das scheint sich aus den Resten von Tonröhrenkonstruktionen zu ergeben.
Eine andere wichtige Kirche wurde in der gleichen Zeit für S. Stefano in Verona errichtet, aber sie war kein »Martyrium«, wenn auch eine Saalkirche von dem in Norditalien herkömmlichen Typus. Obwohl der Bau im 10. Jahrhundert völlig umgeändert wurde und dann die Fassade noch einmal im 12. Jahrhundert, ist es mir aber möglich

S. Stefano in Verona

gewesen, den Kern des 5. Jahrhunderts wiederzufinden. Er bestand aus einem einzigen geräumigen Schiff (ca. 12,50 × 40 m), das von einer gebogenen Apsis begrenzt war. Die Außenmauern in Steinbauweise mit Ziegeldurchschuß sind noch die ursprünglichen bis auf die Fassade. Zwei Flügel ragen in der Zone des Presbyteriums heraus, wahrscheinlich zwei Räume für die Bestattung, die vielleicht vom Schiff durch Bögen und Säulen getrennt waren. Die Apsis hatte keine gewölbte, sondern eine flache Decke und ihr voran lag ein vielleicht von zwei Säulen flankierter Triumphbogen. Die Fenster sind sehr breit und mit einem durchlaufenden Auflager-Profil verbunden. Die im Bau des 10. Jahrhunderts wiederverwendeten Kapitelle sind korinthisch; sie sind roh gearbeitet, mit flachen dünnen Blattornamenten verziert und den noch gröberen ähnlich, die man in der Veroneser Kathedrale gefunden hat (diese ist wegen des Stiles der Fußböden in die erste Hälfte des 5. Jahrhunderts zu datieren).
Die Zuschreibung der Veroneser Kirche in die Zeit von ungefähr 450–470 (die der Zeit der römischen Märtyrerkirche entspricht) kann man also im Prinzip annehmen. Der Bau war jedenfalls 520 im Betrieb, dem Jahr, in dem Theoderich seinen Altar zerstören ließ, um die Katholiken, die außer mit den Arianern auch mit den Juden im Streit lagen, zu bestrafen.

Theoderich in Italien (488–526)

Im Jahre 454 befreiten sich die den Hunnen unterworfenen Ostgoten und besiegten die Söhne von Attila; das byzantinische Reich bot diesen Tapferen als »Verbündeten« eine feste Ansiedlung in Noricum und Pannonien an. Bald darauf nahm der Hof einen Jüngling aus dem Geschlecht der Amaler, den Theoderich, der sich als ein Soldat von Tapferkeit und ungewöhnlicher Begabung erwiesen haben mußte, sogar im Palast von Konstantinopel auf und gewährte ihm für einige Jahre Gastfreundschaft. 459 begann dieser seine Karriere als militärischer Führer. Bald darauf erhielt er von Kaiser Zenon die Patrizierwürde und wurde dann sogar als Sohn adoptiert; anschließend setzte er seine Ämterlaufbahn bei den Byzantinern fort, bis er »Magister utriusque militiae«, d. h. Generalissimus und sogar Konsul wurde (484), geehrt durch einen Triumph und eine Statue vor dem »Palatium«.
Im Jahre 487 war sein Ansehen derart, daß es die Byzantiner ernstlich beunruhigte, aber andererseits stellten ihn seine Tugenden als blendenden Mann der Tat hin; Zenon schlug ihm daher schließlich vor, mit seinem Volk nach Italien überzusiedeln. Der Kaiser dachte, auf diese Weise die Kontrolle über Italien zurückzugewinnen, die er 472 verloren hatte und gleichzeitig die Gefahren aus dem Weg zu räumen, die von einer kriegerischen Volksmasse innerhalb der Grenzen ausging.

Im folgenden Jahr brach Theoderich (488) mit den »innumerae catervae« seines Volkes gen Italien auf. In wenigen Jahren wurde die Eroberung Italiens zu Ende geführt. Odoaker wurde der Überlieferung nach mit den Seinen im »Palatium« des eroberten Ravenna ermordet (15.3.494), und Theoderich 498 von Anastasius als Herrscher Italiens anerkannt. Die Ostkaiser ließen ihm sogar die kaiserlichen Insignien zukommen (»ornamenta palatii«), die seinerzeit der wenig vom Glück begünstigte Odoaker ihnen als Zeichen der Unterwerfung und Achtung überreicht hatte; und die kaiserliche Unterstützung sicherte Theoderich die Sympathie des italienischen Adels.
Nach der Eroberung versuchte Theoderich, sein Volk, das doch immer noch voller Argwohn in abgesonderten Bezirken außerhalb der römischen Städte lebte, in die bodenständige Kultur und den Rahmen der kaiserlichen Verfassungen einzugliedern. In diesem Wunsch unterschied er sich nicht von anderen »Barbaren«, aber er zeichnete sich dadurch vor ihnen aus, daß er die Möglichkeit hatte, ihn in die Tat umzusetzen; er hatte, wenn er auch – oder beinahe – Analphabet war, doch am Hof von Konstantinopel die Feinheiten der Kultur kennengelernt: Cassiodor, ein Senator von seltener Bildung und Kultur, arbeitete mit ihm zusammen, und verschaffte ihm sogar einen hervorragenden Stammbaum. Aus den Briefen des Cassiodor geht hervor, daß Theoderich für die Erhaltung der Denkmäler der Ewigen Stadt sorgte. Als er im Jahre 500 nach Rom kam, versprach er dem Volk, die in anderen Zeiten von den Kaisern getroffenen Verordnungen zu beachten, verteilte Geschenke und veranstaltete Spiele; nach Eroberung der Provence verkündete er, daß sie der alten römischen Herrschaft wieder unterstellt sei.
In den Beziehungen zum Ostreich betonte er stets Ergebenheit und Treue. Er errichtete im ravennatischen Palatium dem Kaiser, der ihn zur Eroberung Italiens gesandt hatte, eine Statue und hielt formell die Abhängigkeit von Konstantinopel aufrecht, indem er sich nur »Dominus« oder »Victor ac Triumphator semper Augustus« nennen ließ, Edikte und keine Gesetze verkündete und so weiter. Nur in den letzten Jahren wurde er in seiner schlichten Aufrichtigkeit durch die anti-arianischen Anordnungen, die von Justinus I. in Konstantinopel ausgingen, verletzt; er änderte, nachdem er vergeblich versucht hatte, ihren grundsätzlichen Widerruf zu erwirken, seine Einstellung und seine Bestimmungen gegen die Römer und verschärfte seine Feindschaft gegen die Katholiken.
Tatsächlich war es gerade die Religion, die den Ostgoten den Untergang brachte. Sie waren Arianer, und der Unterschied der Sekte hielt

Arianismus: Ursache des Unterganges der Ostgoten

sie unwiderruflich getrennt von den Katholiken. Weil sie sich jahrhundertelang in schon zivilisierten Gebieten aufgehalten hatten, waren diese Minderheiten der Eroberer in einem gewissen Grade kultiviert, und man sollte annehmen, daß sie sich schnell mit den Römern vermischt hätten oder besser, daß sie von der wohlhabenden und zuvorkommenden Bevölkerung, in deren Mitte sie sich niedergelassen hatten, aufgesogen worden wären. Dagegen war es nicht so. Ihre religiöse Hartnäckigkeit war derart, daß sie während ihrer Herrschaft praktisch keine neuen katholischen Kirchen bauen ließen, und das vergiftete die Gemüter.

Wir haben keine vollständigen Kenntnisse von der Verschiedenheit des Kultes zwischen Orthodoxen und Arianern im 5. und 6. Jahrhundert, sondern nur eine allgemeine Vorstellung, aber soviel ist sicher, daß die strittigen Punkte allmählich schärfer hervorgehoben oder ex novo von dem jeweiligen Klerus geschaffen wurden. In der Tat wollten die Ostgoten (wie auch die Westgoten und Vandalen), nachdem sie zur Macht gekommen waren, sich in unabhängigen Gemeinschaften vereinen, die nicht nur eigene Kirchen, sondern auch Bischöfe und eigenen Klerus hatten.

Besondere Gemeinschaften

Es entstanden so neue militante Kultzentren, die von der durch die Priester der orthodoxen Kirche aufgewiegelten Bevölkerung gehaßt wurden; die Arianer suchten ihrerseits darauf zu reagieren, indem sie sich mit einer anderen bei den Katholiken unbeliebten religiösen Minderheit, den Juden, verbündeten.

Arianische Architektur

Was die Architektur betrifft, so unterscheiden sich die religiösen arianischen Bauten Italiens, die einzigen, wie gesagt, die in dieser Zeit errichtet wurden, nicht von den herkömmlichen der Katholiken.

Die Kirchen waren Hallen oder Säulenbasiliken; die Kathedralen bestanden aus Kirche, Baptisterium und Wohnung für den Bischof, hatten aber kleinere Ausmaße als die orthodoxen, weil sie für kleinere Gemeinschaften bestimmt waren.

Arianische Kirche, spätere S. Agata in Rom

Die älteste arianische Kirche, S. Agata, war in Rom schon von Rikimer, dem siegreichen General der Vandalen, gegründet worden, der seinen Namen in der Mosaikinschrift hinterlassen hat. Der durch die Restaurationen veränderte Bau bewahrt noch die Struktur unter der barocken Verkleidung: Drei Schiffe auf Marmorsäulen und Bögen und halbkreisförmige Apsis. Das Schiff ist geräumig, doppelt so groß wie die Seitenschiffe, und der Triumphbogen hatte ein Mosaik, auf das wir zurückkommen werden. Die Granitschäfte der ionischen Säulen waren Spolien.

In Ravenna sind noch die Bauten der arianischen Kathedrale erhalten.

Fig. 22 – Ravenna, Baptisterium der Arianer

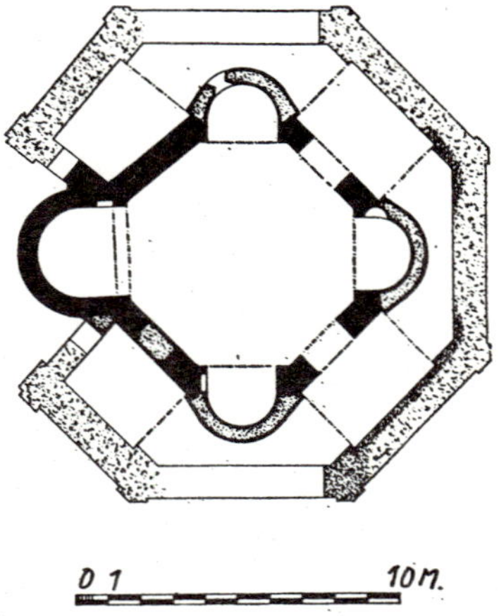

Arianische Kathedrale in Ravenna

Die Kirche war die heutige Spirito Santo, ehemals der Auferstehung geweiht (Anastasis); sie ist von mittlerer Größe und hat drei von grauen Marmorsäulen getragene und von einer Apsis begrenzte Schiffe. Ihre äußere Dekoration ist die im 5. Jahrhundert in Mailand und Ravenna übliche mit Blendbögen um die breiten Fenster. Der Narthex ist durch eine rückwärtige Säulenhalle ersetzt.

Baptisterium

Das Baptisterium, das vor der Kathedrale liegt, ahmte in bescheidenerer Art jenes der Orthodoxen nach. Der Mittelraum ist auch achteckig mit vier Apsiden, aber es besteht ein wesentlicher Unterschied. Die Nische des Presbyteriums ist entwickelter als die anderen und springt merklich vor. Ein enger gewölbter Wandelgang umgab den Bezirk des Taufbeckens. Die geringen Ausmaße dieses Bauteils zeigen, daß am Ende des 5. Jahrhunderts das Taufen Erwachsener bei den Goten selten gewesen sein muß und keine ausgedehnten Diensträume erforderte.

An den Wänden waren auch kleine Säulen in doppelter Anordnung, aber aus bemaltem Stuck und nicht aus Marmor.

Palastkirche von Ravenna, heute S. Apollinare Nuovo

Das wichtigste von Theoderich errichtete religiöse Bauwerk ist jedoch S. Martino »in coelo aureo« (nach der Decke aus vergoldetem Holz), später S. Apollinare Nuovo; die Widmung an den heiligen Schutzpatron der katholischen Franken erfolgte bei der Wiederversöhnung mit deutlicher Anspielung auf sie.

Die geräumige Kirche hat drei Schiffe, die von vierundzwanzig Säulen aus Proconnesos-Marmor getragen und von einer Apsis abgeschlossen werden. Säulenschäfte, Kapitelle und Kämpfer scheinen in den Brüchen des Marmara-Meeres von byzantinischen Meißeln gearbeitet worden zu sein und wurden gewiß von einem Ostkaiser dem Monarchen geschenkt. Stücke dieser Art finden sich in großer Zahl in Istanbul, in den Museen und Brunnenanlagen, verstreute Teile der unzähligen Säulenbauten des 5. Jahrhunderts. Der Entwurf ist eigenartig: Es sind korinthische Kapitelle mit flachen dornigen Blättern, die in der Mitte jeder Seite von einem vorspringend gearbeiteten Akanthusblatt überragt werden; von hier aus wächst ein schmales Band auf, welches den Abakus angibt und in einer kleinen Eckvolute endet. Eingeritzte griechische Buchstaben bestätigen die östliche Entstehung der Marmorstücke. Das Gebäude hat jedoch in seinem Aufbau nichts Östliches. Es gibt keine Matronenloggien und die Blendbögen der Außenseite sind in Mailand und Ravenna geläufig. Die Apsis und das Säulenatrium sind restauriert.

Wenn die Architektur der arianischen und katholischen Kirchen des späten 5. Jahrhunderts ein einheitliches Bild zeigt, so gilt das gleiche auch für den Stil der Mosaiken; die Bilder einiger »gotischer« Mosaike führen jedoch zu interessanten Betrachtungen.

Mosaiken der arianischen Kirchen

Die Mosaiken der arianischen Kirchen kennt man nur in S. Agata dei Goti und in S. Apollinare Nuovo in Ravenna. Jenes der gotischen Kirche in Rom, das am Ende des 16. Jahrhunderts zerstört wurde, zeigte im Zentrum den Heiland mit dem geöffneten Buch über der Himmelskugel sitzend, inmitten der zwölf Apostel, die in verschiedenartigen Haltungen dargestellt waren. Er wendet sich St. Peter zu und reicht ihm mit verschleierten Händen einen Schlüssel für das himmlische Reich (Ciampini, Vet. mon. I, Taf. 77), aber es ist nicht sicher, ob diese auf den römischen Papst anspielende Einzelheit nicht das Ergebnis einer nach der Wiederaussöhnung vorgenommenen Korrektur ist.

S. Agata in Rom

Kuppelmosaik

Das Kuppelmosaik des arianischen Baptisteriums in Ravenna ist eine plumpe Nachahmung des Neonianischen (Baptisterium der Orthodoxen), jedoch ohne den Fries mit Architekturen und Symbolen. Die Apostel auf goldenem Grund sind nicht durch Kandelaber getrennt, sondern durch Palmen, die aus Blättern aufwachsen: geteilt in zwei Gruppen von je sechs, wenden sie sich gegen eine »Etimasia«, den Thron mit dem Kreuz. Die Figuren bewegen sich nicht temperamentvoll, sondern deuten die Bewegung nur an, eingezwängt zwischen die Pal-

San Apollinare Nuovo, Ravenna. Mosaiken. Erste und zweite Hälfte des 6. Jahrhunderts. Vgl. Seite 54f. und Seite 96f.

+SCS BALTHASSAR +SCS MELCHIO

men und die Schmuckränder unten sowie die des Rundbildes oben; diese Apostel zeigen untereinander in den Gesichtern, in der Drapierung und in der Art des Schreitens noch einige Unterschiede, aber die Haltung der Hände ist bei allen gleich; die Kränze werden von einer verschleierten und einer unbedeckten Hand gehalten. Nur Petrus hält die Schlüssel mit zwei verschleierten Händen, aber auch hier ist man nicht sicher, ob es sich nicht um eine spätere Erneuerung handelt. Die Taufe Christi auf dem höchsten Punkt der Kuppel zeigt große, wenig anmutige Figuren in einem engen Feld.

Die Komposition aus dicht zusammenstehenden und schwerfälligen Figuren scheint das Werk örtlichen, in römischer Tradition stehenden Meistern zuzuweisen; es fehlen die Vielfalt und die Eleganz der farbenprächtigen und von Gold glänzenden Kleidung und es fehlt vor allem die Vergeistigung der Apostel des anderen Baptisteriums, die ein Künstler aus dem Orient schuf.

S. Apollinare Nuovo in Ravenna z.T. im 6. Jahrhundert wiederhergestellt

Die »arianischen« Mosaiken von S. Apollinare Nuovo dagegen haben sich nur noch zum Teil an den beiden Wänden des Schiffes erhalten. Die beiden Züge von Märtyrern mit den Gruppen der Jungfrau und Christus sind jedoch nach der Wiederversöhnung erneuert.

Von diesen beiden Friesen werden auf die Zeit des Theoderich lediglich die beiden Partien am Anfang zurückgeführt, die das ravennatische Palatium und Classe summarisch darstellen. Reste von Figuren, die wesentlich kleiner sind als die späteren Heiligen, und zwar ausgebreitete Arme von Beifallspendenden, bemerkt man in den Säulenhallen des Palatiums; so ist es außer Zweifel, daß die ursprünglichen Bilder menschliche Figuren enthielten, die zu den Gebäuden im richtigen Verhältnis standen. Es besteht die Möglichkeit, daß Prozessionen dargestellt waren, die vom Palast und Classe ihren Ausgang nahmen, mit dem Gotenkönig zwischen der Menge der Getreuen und des Hofstaates, aber dies ist alles hypothetisch.

Propheten, Apostel und Evangelisten zwischen den Fenstern des Schiffes

Bedeutend sind dagegen die Gestalten zwischen den Fenstern des Schiffes. Es sind zweiunddreißig Figuren mit Nimbus, in denen man Propheten oder Apostel und Evangelisten erkennen muß. Sie halten Bände mit Siegeln, offene oder geschlossene Rollen in den Händen, aber keine Märtyrersymbole oder Kränze. Kein Name unterscheidet sie. Die Haltungen sind verschieden und natürlich, Rednerposen oder Ruhestellungen mit dem Arm in den Falten des Mantels. Jeder hat aber seine Eigenart und hebt sich von einem blauen Grund ab und ein kleines trapezförmiges Stück getönter Erde unter den Füßen gibt zuweilen den vom Körper geworfenen Schatten wieder – ein schwaches Erinnern an einen Realismus klassischer Prägung.

Das gleiche blaue Feld setzt sich nach einem Band oberhalb jeder der erwähnten großen Figuren fort und enthält einen von einem Kreuzchen zwischen zwei Tauben bekrönten Muschelbaldachin mit einem hängenden Kranz darin.

In den Feldern oberhalb der Fensterbögen sind Kelche zwischen Vogelpaaren (Fasane, Rebhühner, Wachteln) und daneben im obersten Streifen – in gleicher Höhe mit den Muscheln – sechsundzwanzig Felder mit Bildern aus dem Leben Christi; die dreizehn an der Nordwand stellen Wunder und Gleichnisse dar, die anderen im Süden Szenen aus der Passion. Da die Felder ziemlich klein sind, sind die Bilder auf das Wesentliche beschränkt. Die Figuren heben sich vom blauen Grund ab, und die landschaftlichen Elemente sind allgemein – soweit sie überhaupt vorhanden sind – auf ein Minimum reduziert und stellen nur das Notwendigste dar. Bei der Auferweckung des Lazarus wird das Grab gezeigt, in der Geschichte vom Pharisäer und dem Zöllner der Tempel mit einem Giebel und einem am Tor angeknoteten Vorhang. In dem Bild von der Verleugnung des Petrus ist das kleine Haus von einer übergroßen Tür beherrscht, aus der die Magd tritt usw. Die Bilder sind dicht voll von Gestalten und die gedrungenen Personen haben nicht die elegante Ungezwungenheit wie jene an der Kuppel des Neonianischen Baptisteriums; trotz des ausgiebigen Gebrauchs von Verkürzungen bleiben sie plump; man sieht, daß sie von römischer und nicht von byzantinischer Hand ausgeführt sind.

Christuszyklus

Es muß mit Nachdruck hervorgehoben werden, daß Bilder von der Geburt und der Kindheit Christi fehlen; die Madonna erscheint nie. Diese Tatsache ist sehr wichtig und wir möchten glauben, daß die Arianer den Kult der Maria als der Mutter Gottes überhaupt nicht betrieben haben, und daß dies einer der wesentlichsten Punkte ist, in denen sie sich von den Katholiken unterscheiden.

Die Arianer und der Marienkult

Tatsächlich konnte die arianische Lehre, welche die Unteilbarkeit der Natur Gottes erneut verfocht und praktisch die göttliche Beschaffenheit des Körpers Christi leugnete, der Maria nicht Titel und Vorrecht der »Theotokos«, d.h. also der Mutter Gottes, zuerkennen. Vor dem Konzil von Ephesos war die Frage vielleicht nicht offen diskutiert worden, aber nach der Verdammung der Nestorianer (die behaupteten, daß »das Wort« nicht von Maria geboren sei, sondern daß es in untrennbarer Einheit im Sohn der Maria wohnte) müssen sich die Arianer in diesem Punkt, wenn auch mit einigen gelehrten Unterschieden, der These der Unterlegenen angeschlossen haben.

Wie schon E. Mâle festgestellt hat, besitzen wir dafür ein klares Zeugnis.

Grabmal Theoderichs, Ravenna

Auf dem Konzil von Toledo (589) schwor Ricimer mit seinen Westgoten dem Arianismus ab und nahm in einer langen, von ihm und seiner Gemahlin unterschriebenen, ins Einzelne gehenden Erklärung die Beschlüsse des Konzils von Chalzedon (459) an, die hauptsächlich diejenigen des Konzils von Ephesos bekräftigten, welche der Jungfrau den Titel »Theotokos« zuerkannt hatten. In diesem Dokument wurden ausdrücklich alle die verdammt, die »törichter Weise die Meinung verbreiten, daß der Sohn der Jungfrau nur ein Mensch sei« (Mansi IX, 982). Und in der beigefügten, von den Bischöfen und Gotenführern verfaßten Glaubensbestätigung wurde derjenige verurteilt, der nicht das erste Konzil von Ephesos und das von Chalzedon anerkannte (Verfluchung XXI, Mansi IX, 987).

Mausoleum des Theoderich

Das bekannteste unter den von Theoderich ausgeführten Denkmälern ist jedoch sein Mausoleum, von dem der Anonymus Valesianus sagt, der Kaiser habe es zu Lebzeiten erbaut und mit einem »ingens saxum« bedeckt. Es erhebt sich außerhalb der Stadt, wie es scheint, inmitten einer gotischen Nekropole. Sein Grundriß ist zehneckig, die Cella kreuzförmig, tiefe Blendbögen gliedern die Außenseite. Beim Bau des Denkmales sind gut zusammengefügte Steine verwendet worden. Die Blendbögen haben verzahnte Keilsteine; die Tonnen- und Kreuzgewölbe der Cella sind ebenfalls aus gut geschnittenem Stein und haben in den vier Ecken Reliefmuscheln.

Der obere Raum ist außen zehneckig, innen rund, und gekrönt von der Kuppel aus einem einzigen Stück istrischen Kalksteins, der offensichtlich über das Meer befördert und mit Hilfe von zwölf aus der Oberseite herausragenden Griffen hochgehoben wurde. Innen an der Unterseite der monolithen Kuppel sieht man die Spuren eines großen Kreuzes und eines himmlischen Kreises.

Um den oberen Raum lief eine Galerie aus kleinen Tonnengewölben, welche außen auf kleine, dem äußeren Umfang des unteren Zehnecks folgende Säulchen gestützt waren: Die mittleren Tonnengewölbe waren zylindrisch, die an den Ecken öffneten sich dagegen fächerförmig und hatten eine trapezförmige Vorderseite, eine Form, die gut zu den Spuren paßt, wie De Angelis d'Ossat gezeigt hat.

Die Anlage der Vorderseite und ihr Verhältnis zur Tür bleiben unsicher. Eine rohe Konsole war scheinbar dazu bestimmt, den Grat eines Giebels zu tragen. Auch die Galerie muß von einem Dach geschützt gewesen sein, dessen Gerüst auf dem großen Ring ruhte, den man heute noch hervorragen sieht. In das obere Stockwerk gelangte man über eine Treppe in einem Turm, von dem Reste ausgegraben wurden und der dem von Agnellus erwähnten Leuchtturm entsprechen könnte.

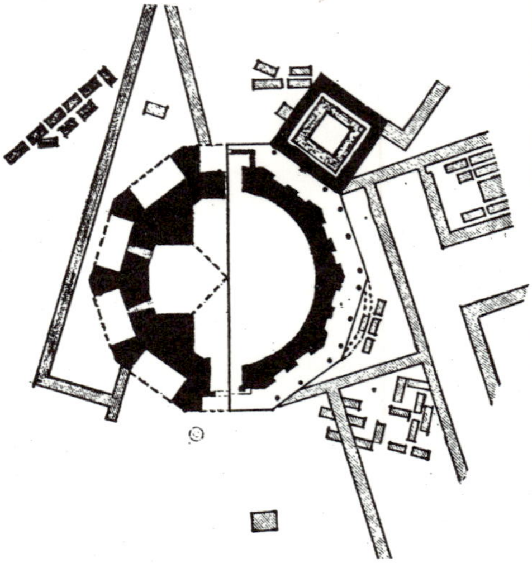

Fig. 23, 24 – Mausoleum des Theoderich, links Rekonstruktion der Außenansicht, rechts Grundriß

Das allgemeine Konstruktionsschema ist spätrömisch und byzantinisch: Die zwei theodosianischen Mausoleen in St. Peter in Rom und das bei Istanbul von Makry-Köy haben uns die Erinnerung an solche Grabbauten mit rundem Grundriß bewahrt: Jenes von Makry-Köy hat auch die kreuzförmige Cella, und ebenso das Mausoleum beim Romolus-Tempel gegenüber der Via Appia in Rom.

Das Mausoleum des Theoderich zeigt aber auch charakteristische Eigentümlichkeiten, die an die Verwirklichung eines »gotischen« Begriffs denken lassen. Die Idee mag von Kuppelzelten gekommen sein: In der Tat verwendeten gewisse Nomaden des Ostens Zelte (ein Exemplar ist im Museum von Afyon ausgestellt), die aus einem leichten Holzgerüst – mit Lederriemen verbundene Bögen und Gitterwerk – und einem Filzbezug bestanden. Es kann sein, daß diese offensichtlich älteste Bauart von Hunnen und Goten benutzt wurde und daß das königliche Zelt, wie Ferri vorschlägt, von diesem Typus gewesen ist, wenn auch von außergewöhnlichen Ausmaßen und vielleicht von einer Galerie umgeben.

Wie dem auch sei: Es zeigt sich an diesem Denkmal eine gewisse Originalität des Geschmacks. Nicht nur die Eierstäbe oder die anderen

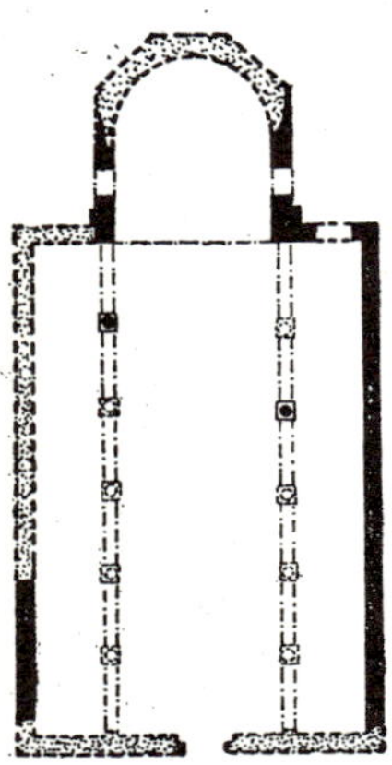

0 1 5m

Fig. 25 – Basilika S. Massimo, Collegno

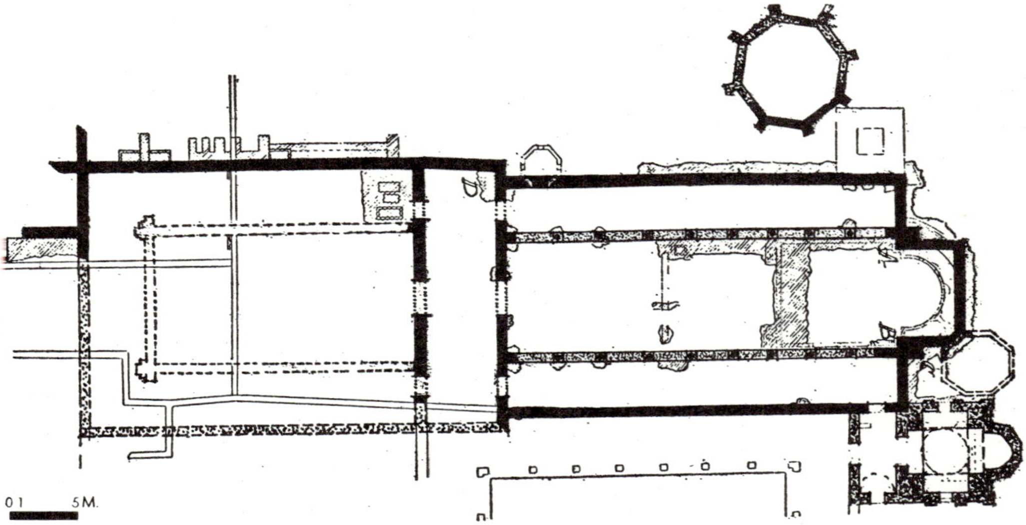

Fig. 26 – S. Felice e Fortunato, Vicenza. Zweite Bauperiode

Reliefdekorationen sind in einer Art stilisiert, die weit von den römischen Urbildern entfernt ist, sondern auch ihre Verwendung in Streifen an den vorgetäuschten Fenstern des ersten Stockwerkes hat keine Vorläufer in der klassischen Kunst; besonders der große Ornamentfries, der die Kuppel umgibt, ist von einer den Griechen und Römern unbekannten Art, aber er findet sich wieder in einer feinen Goldfiligran- und Granat-Arbeit, die einst im Nationalmuseum von Ravenna (»Panzer des Theoderich«) aufbewahrt wurde.

Palast des Theoderich in Ravenna

Auch den Bau des Königspalastes bei S. Apollinare Nuovo schreibt man Theoderich zu, aber die zwischen 1908 und 1914 ausgeführten Grabungen haben gezeigt, daß das Bauwerk, von dem wir ein großes, von Sälen ungleicher Ausdehnung umgebenes Peristyl kennen, weit vor dem 5. Jahrhundert entstanden ist. Es zeigte sich auch, daß Theoderich im wesentlichen eine durchgreifende Restaurierung unter Erneuerung der Fußböden und Hinzufügung einiger neuer Räume durchführte, darunter vielleicht ein Triclinium mit drei Apsiden wie jenes von Piazza Armerina. Dieses Triclinium war mit einem Mosaik geschmückt, das die vier Jahreszeiten und ihre Früchte allegorisch darstellte und mit lateinischen Inschriften erläuterte.

Kirchen des späten 5. Jahrhunderts in Norditalien

Zwei Friedhofskirchen Norditaliens können ebenfalls auf das dritte Viertel des 5. Jahrhunderts zurückgeführt werden.

Die dreischiffige Basilika S. Massimo in Collegno in der Nähe Turins

Collegno, S. Massimo

ist während der Restaurierungsarbeiten an einer romanischen Kapelle zum Vorschein gekommen. Ausgegraben wurde der Grundriß mit Standspuren der Säulen (Fundamentsteine und zwei wiederverwendete römische Basen in situ), von denen sich fünf an jeder Seite befanden, und auch das sich deutlich abzeichnende Presbyterium. Außen war es wahrscheinlich polygonal, innen gebogen, und seitlich öffneten sich zwei Türen mit hufeisenförmigen Bögen. Nach der Tradition wurde in der Kirche St. Maximus, Bischof von Turin, begraben; es gab jedoch dort einen zweiten Bischof gleichen Namens (452–465), und da es üblich war, daß die Bischöfe in alter Zeit in einer von ihnen selbst errichteten Kirche bestattet wurden, kann man Bau und Grab etwa auf das Jahr 465 beziehen. Vielleicht war in der ursprünglichen Phase die Kirche ein dreiteiliges Rechteck ohne hervorragende Apsis.

S. Felice e Fortunato I und II in Vicenza

Bei der zweiten Bestattungskirche handelt es sich um S. Felice e Fortunato in Vicenza; nachdem die Grundmauern ganz freigelegt waren, ergab sich, daß die ursprüngliche Anlage nur aus einem einfachen Raum von bescheidenen Ausmaßen bestand. Von ihm ist nur der Mosaikfußboden erhalten, der aus ineinander verschlungenen Achtecken und Kreisen besteht (erste Hälfte des 5. Jahrhunderts).

In einer zweiten Phase wurde der Bau erweitert und erhielt drei geräumige Schiffe und ein großes Atrium. Es war ein Säulenbau, mit einem querliegenden Narthex und einem dreiseitigen Säulenatrium davor.

Die Apsis der Kirche war rechteckig und, den großen Strebepfeilern nach zu urteilen, vielleicht mit einem Tonnengewölbe bedeckt. Der Fußboden in quadratischen Feldern mit großen Kreisen in den Schnittpunkten weist den Stil der zweiten Hälfte des 5. Jahrhunderts auf.

Zu den wenigen Zeugnissen der »Kleinkunst« bei den katholischen Gemeinschaften in Norditalien am Ende des 5. Jahrhunderts gehört

Elfenbeineinbände in Mailand

das »Fünfteilige Diptychon« des Domes von Mailand. Es handelt sich um den Elfenbeineinband einer Handschrift.

Der eine der beiden Deckel trägt im Mittelfeld eine Goldschmiedearbeit in Cloisonné-Technik (das göttliche Lamm, ausgeführt in Silberzellen mit orientalischen Granaten) innerhalb eines Kranzes von Blättern, Früchten und Rebranken. Darüber sind die Symbole der Evangelisten Matthäus und Lukas, darunter die entsprechenden Büsten in Kränzen.

Der obere Streifen zeigt die Geburt Christi, der untere den Kindermord, die seitlichen, jede in drei Streifen übereinander, die Verkündigung, die Heiligen Drei Könige, die den Stern beobachten und die Taufe Christi. Rechts ist die Vorstellung der Jungfrau im Tempel,

Christus zwischen den Schriftgelehrten und der Einzug in Jerusalem. Der andere Deckel hat in der Mitte ein juwelenbesetztes Kreuz über den vier Quellen des Paradieses. Oben und unten sind die Symbole und die Bildnisse der anderen beiden Evangelisten. Die obere Szene zeigt die Anbetung der Weisen mit Maria auf dem Thron, die untere die Hochzeit von Kana. Auf einer Seite sind einmal drei Wunder des Heilandes dargestellt, zum anderen Christus über der Himmelskugel zwischen zwei Kränze darbietenden Heiligen, Christus und die Apostel beim Abendmahl um das »stibadium«, unten ist das Scherflein der Witwe.

Die Ikonographie dieser Szenen ist typisch westlich (Norditalien und Provence) und die Wissenschaft nimmt für das Werk eine Datierung ins letzte Viertel des 5. Jahrhunderts an.

Gallien zwischen 450 und 470

Zwischen 450 und 470 war Gallien noch dem Kaiserreich untertan; ausgeschlossen blieben der von den Westgoten beherrschte Teil und die Rheinzone, wo sich die Germanen niedergelassen hatten.

Kultur der Aristokraten

In dieser Zeit, in der die Kultur unterging und hier und dort die Völker, die den Rhein überschritten hatten, eindrangen, blieben die großen bevorrechtigten Landbesitzer des christlich gewordenen Galliens der klassischen Welt geistig verbunden. Cassianus, der Gründer des Klosters von St. Victor in Marseille, schrieb, daß ihm sogar in den Augenblicken der tiefsten Reue vor Gott »die Verse eines Dichters« oder die Erinnerungen an die Kämpfe der Heroen in den Sinn kamen. Im Kreise dieser am Alten Festhaltenden schlug die neue christliche Kultur Wurzel. Sidonius Appolinaris läßt uns (Ep. V., XVII) einen jährlichen Gedenkgottesdienst der Märtyrerkirche von St. Justus miterleben, der sich wenig von denen in Italien oder im Osten unterschied. Die Beteiligung an der Prozession war so groß, daß die Menschen in der Kirche und in den Krypten keinen Platz finden konnten, »obwohl sie von unendlich großen Säulengängen umgeben waren«. Nach dem Gesang der Psalmen, sagt Sidonius, »zogen wir uns zurück, um bereit zu sein, wenn um die dritte Stunde der Gottesdienst beginnen würde«; während der Wartezeit improvisierte der Dichter Verse, einige Freunde spielten Würfel oder Ball.

Diese Gesellschaft, die Tradition und Christentum zu vereinbaren, die Übermacht weniger Auserwählter zu erhalten und sich mit der Unzufriedenheit der Masse abzufinden suchte, brach nach 478 zusammen, als der letzte Westkaiser von der Bildfläche verschwand und die Franken, Burgunder, Alemannen und Westgoten Herren der Situation blieben.

Den Franken gelang es bekanntlich, sich in weniger als dreißig Jahren die anderen Reiche einzuverleiben. Chlodwig (482–511), ein Mann von Geist, Energie und außergewöhnlicher Voraussicht, dehnte seine Eroberung bis in den Norden Galliens aus und verband im Jahre 498 die militärischen Operationen mit der Bekehrung zum Katholizismus, einem Akt von hohem moralischen und politischen Wert.

Nachdem er so die Unterstützung der gallisch-römischen Bevölkerung und überhaupt der katholischen erhalten hatte, konnte er die Alemannen im Zaum halten (496–497, Schlacht von Tulpiacum bei Köln) und dann mit Hilfe der Burgunder, die auch Katholiken geworden waren, die arianischen Westgoten in Vouillé (507) besiegen und sie fast alle zwingen, nach Spanien zu ziehen. Sein Werk wurde von seinen Erben zu Ende geführt, die 534 den letzten König der Burgunder absetzten und sich das Reich teilten.

Die religiöse Baukunst kam in dieser Zeit der Parteienkämpfe natürlich zum Stillstand; während der Zeit der Eroberungen wurden die Städte überdies weitgehend zerstört und blieben teilweise unbewohnt. Die burgundischen und fränkischen Könige jedoch suchten in den Grenzen einer sich im Fluß befindenden politischen und auch wegen der Ausrottung der alten Oberschicht wirtschaftlich unglücklichen Situation, in manchen Orten von größerer Bedeutung die religiöse Baukunst anzuregen, welche auch ein Mittel für die Ausübung ihrer Macht war.

Schriftliche Nachrichten über die Kirchen

In den wichtigsten Städten müssen die Kirchen des späten 5. Jahrhunderts noch recht prunkvoll gewesen sein; Sidonius erwähnt die Bischofskirche in Lyon, die um das Jahr 470 (Ep. lib. V., I) unter Bischof Patiens entstand und mit von ihm verfaßten Versinschriften geschmückt war. Die Schiffe mit ihren vergoldeten Kassettendecken wurden durch einen »Wald von Säulen« voneinander getrennt; »innen verkleidete verschiedenfarbiger Marmor die Fußböden und Wände, und oben herrschte ein Mosaik aus blauen und grünen Steinen, welche verschiedene Figuren darstellten. Das Atrium hatte Säulen aus Marmor »von Aquitanien«.

Gregor von Tours (Hist. Franc. II, 12) berichtet uns von der Kirche des Bischofs Namatius in Clermont (ca. 450); sie war kreuzförmig mit halbkreisförmiger Apsis und hatte siebzig Säulen und acht Portale. Einige Angaben liefert derselbe Autor (Die virtut. Sancti Martini) noch für die Kirche St. Martin in Tours, die von Bischof Perpetuus (461–491) begonnen und zwanzig Jahre danach beendet wurde. Leider hat die monumentale Überlieferung im heutigen Frankreich nicht dieselbe Bedeutung wie die literarische. Die kleine Kapelle (drei Schiffe mit Tonnengewölbe) von St. Victor in Marseille schreibt man

Fig. 27 – Kirche von Lugdunum Convenarum

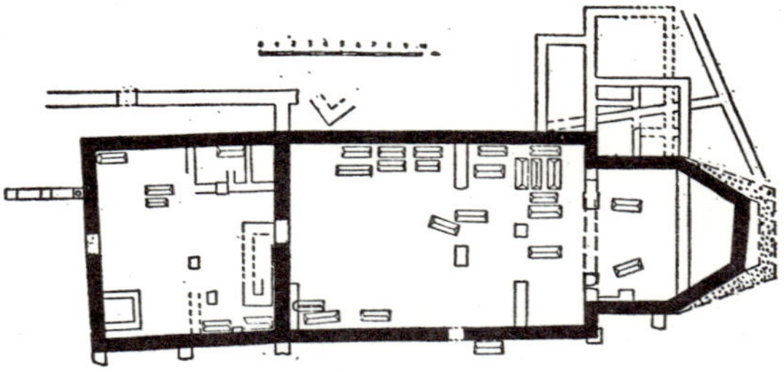

Mangelnde monumentale Überlieferung: St. Victor in Marseille

dem Mönch Cassianus zu, dem Gründer des Klosters, der von 415 bis 439 im Amt war. Aber das kostbare Mosaikfragment des alten Atriums (auf Goldgrund Ranken, die aus einer Vase herauswachsen) und die Stuckornamente eines Bogens scheinen dem Stil nach einer späteren Zeit anzugehören.

Lugdunum Convenarum

Die Kirche von Lugdunum Convenarum (heute St. Bertrand de Comminges) an der spanischen Grenze wurde zum Teil 1913 durch Dielaufoy und Lysop freigelegt, aber der Bericht läßt manches im ungewissen. Zum Vorschein kam ein rechteckiger Raum (innere Maße 31,60 × 12,40 m) mit einem herausragenden fünfeckigen Chor, der offensichtlich von einem Dach oder einer Zwischendecke und nicht von einem Gewölbe bedeckt war; dieses Presbyterium hatte eine doppelte Umfassungsmauer. Dielaufoy hat das Mauerwerk nicht klar scheiden können, aber es scheint, daß das unregelmäßige äußere Polygon jünger ist; das regelmäßige innere hat eine nach innen vorspringende Grundmauer wie die Mauern der Kirche. Weiter haben die Ausgräber eine Mauer entdeckt, die älter als die Kirche ist und sich zwischen Schiff und Apsis befindet. In dieser Mauer fanden sie unten vier Steinplatten; eine weitere Platte war unter der Nordseite der Kirche.

Es wurden in der Kirche zahlreiche Sarkophage mit Deckeln in Form von »Zeltdächern« gefunden, d.h. mit vier abgeschrägten Seiten (auf einem von ihnen war ein Christusmonogramm). Die Kirche hatte zwei übereinanderliegende Fußböden und die Sarkophage waren so aufgestellt, daß sie den unteren durchbrachen. Daraus geht hervor, wie es auch von Grenier zugegeben wird, daß die ursprüngliche Kirche einschiffig war und von der innersten Apsis begrenzt wurde. Diese Kirche ragt auf dem Boden eines Bauwerks auf, welches vorher dort stand und möglicherweise eine zum Teil mit Säulengängen versehene Villa war. Die Steinplatten waren Fundamente der Säulen dieses älteren Baus, auf den man vielleicht Münzen, welche zwischen 306

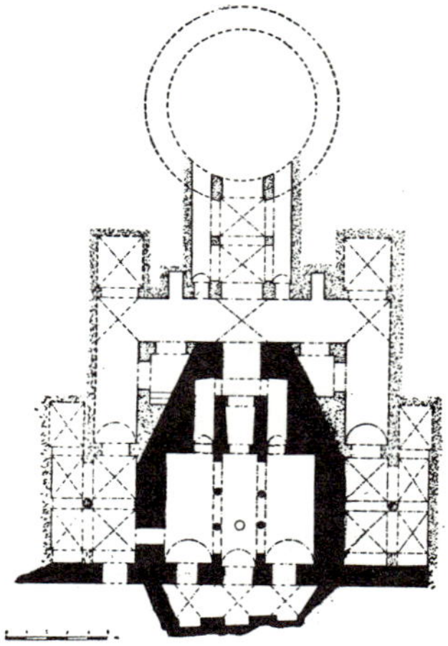

Fig. 28 – St. Germain d'Auxerre. Wahrscheinlich Reste des 5. Jahrhunderts innerhalb der karolingischen Krypta

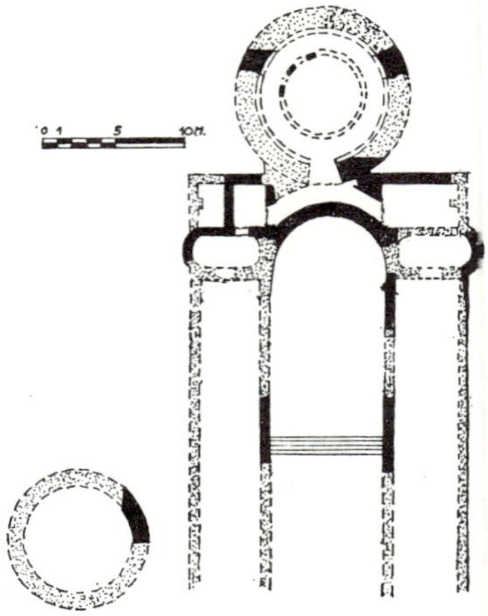

Fig. 29 – Genf, St. Peter

und 383 zu datieren sind, und eine Grabinschrift von 347 beziehen kann.

Die ursprüngliche Halle kann wegen ihres gut entwickelten Presbyteriums in die Mitte des 5. Jahrhunderts datiert werden; auf das 6. Jahrhundert dagegen geht die Wiedererrichtung mit erweiterter Apsis, höherem Fußboden und den Einlassungen für Sarkophage zurück. Offensichtlich war es zur Zeit der ersten Kirche nicht erlaubt, im Kultraum zu bestatten. Nach dem Wiederaufbau hatten sich dagegen die Sitten geändert. Ein Datum »ante quem« scheint 585 zu sein, das Jahr der gänzlichen Zerstörung der Stadt durch Gontranus, König der Burgunder. Der Bischofssitz selbst muß damals aufgehoben worden sein; bis in die Neuzeit (1788) wurde er nicht wieder eingerichtet.

St. Maurice d'Agaune

Ein weiterer Bau des 5. Jahrhunderts mit einer sowohl außen als auch innen polygonalen Apsis könnte die Kapelle St. Maurice d'Agaune gewesen sein, die an den Felsen gelehnt und aus kleinen Steinblöcken errichtet war; außen sind Lisenen. Die Anhaltspunkte sind zu dürftig und erlauben keine zeitliche Festlegung; man kann auch nicht ausschließen, daß es sich gar nicht um die eigentliche Kirche (das Heiligtum war schon im 5. Jahrhundert berühmt), sondern um irgendeine hinzugefügte Kapelle handelt.

St. Germain d'Auxerre

Eine weitere Kirche dieser Art gab es vielleicht in St. Germain d'Auxerre. In der karolingischen Krypta erkennt man den äußeren Kern einer fünfeckigen Anlage, die ich für die Grundmauer des alten Presbyteriums halte. Es ist wahrscheinlicher, daß es sich um die von Königin Clothilde (gest. 645) erbaute Kirche handelt, als um das ursprüngliche »oratorium perexiguum«.

Ein außerordentlich interessantes Problem bietet St. Pierre in Genf. Die Ausgrabungen haben die Reste einer ältesten einschiffigen kleinen Kirche mit Apsis (St. Pierre I) und eines geräumigen Bauwerks mit drei Schiffen, welche in Apsiden endeten, freigelegt. Dieses war durch einen außen angefügten Rundbau mit ringförmigem Wandelgang, offensichtlich einem Mausoleum, abgeschlossen. Je zwei gleichförmige Sakristeien, zwei ovale und zwei rechteckige, befanden sich am Ende der Seitenschiffe sowie ein Wandelgang, der um die Apsis lief und die beiden rechteckigen Sakristeien mit dem Rundbau vereinigte.

Genf, St. Pierre II

Dieser komplizierte Bau ist auf den Burgunderkönig Siegismund zurückgeführt worden, der ihn nach dem Brand der Stadt im Auftrag seines Vaters Gundebald in den Jahren 513–515 errichtet hätte. Man weiß, daß Papst Symmachus für den Altar die Reliquien St. Peters stiftete.

Wenn wir diese Datierung annehmen (das Ganze der nach Osten gerichteten Räume ist von einer Kompliziertheit, die besser in eine etwas spätere Zeit passen würde), so hätten wir in Genf eines der ersten Beispiele jener Mausoleen, die außen an die Apsis angefügt sind. Diese Anlage weist hin auf Räume, welche für die Bestattung seitlich vom Schiff in der Nachbarschaft des Presbyteriums erbaut wurden oder auf kaiserliche Mausoleen, die an den Seiten der großen Heiligtümer in Mailand (S. Lorenzo, S. Vittore) oder in Rom (St. Peter, Theodosianische Grabmäler) errichtet wurden, aber hier lag das kaiserliche Grab in der Achse der Kirche nahe den Reliquien unter dem Altar.

Die in Frankreich und in ihrem Königreich Toulouse ansässigen Westgoten, die mit ihrer Lage wenig zufrieden waren, wendeten sich kurz vor der Erhebung Odoakers, während das Westreich zusammenbrach, nach Spanien, wo sie die Provinz Tarragona unterwarfen und gegen 470 fast das ganze Land überschwemmten. Der von Heinrich (467 bis 485) gebildete Staat, mit seiner Hauptstadt Toulouse, reihte sich so für einige Jahre unter die mächtigsten politischen Systeme Europas ein.

Spanien: Westgoten dringen nach Spanien ein

Die Einmischung der Franken jedoch veränderte die Situation schnell. Chlodwig, der wie schon erwähnt, katholisch geworden war und von der großen christlichen Mehrheit Galliens gestützt wurde, besiegte und tötete 507 den König der Westgoten, Alarich II., in Vouillé (Vogladum); die Westgoten verließen so – mit Ausnahme der Settimania (Narbona) – den Boden Galliens, zogen sich auf die Iberische Halbinsel zurück und ließen nur Galizien (Reich der Sveben) und Cantabrien an der Nordküste außerhalb ihrer Kontrolle.

Chlodwig nimmt Toulouse ein

Schlechte Lebensbedingungen auf der Iberischen Halbinsel

Aber Spanien war damals kein blühendes Land. Schon vor dem Einfall der Westgoten hatte es schwer durch die Einbrüche der Barbaren gelitten, und da es weit entfernt von Italien und noch weiter vom Byzantinischen Reich lag, hatte es keine Unterstützung erhalten können. Seit 257 über die Pyrenäen eindringend, hatten Franken und Alemannen einen Plünderungszug nach Katalanien unternommen; Alanen, Sveben und Vandalen, die auch aus Gallien kamen, waren in großer Zahl in das Herz des Landes eingebrochen und hatten sich dort niedergelassen. Paulus Orosius, der in den ersten Jahrzehnten des 5. Jahrhunderts schrieb, beklagt sich über die kleinen Bischofssitze *(parvae et pauperes sedes)*, die sich in den Ruinen der großen Städte eingenistet hatten.

Die uns durch die Ausgrabungen zugänglich gemachten Kirchen sind in der Tat äußerst einfach, meist nur einschiffig mit Apsis; sie gleichen den bescheidensten Kirchen Frankreichs und Norditaliens. So zum Beispiel jene von Ampurias, die ein Schiff hatte, welches von einer innerhalb des rechteckigen Umrisses angeordneten Apsis begrenzt war und vor der ein geräumiger Narthex (oder ein Atrium) lag.

Ampurias

Elche

Die winzige Kirche von Elche zeigt gleiche Anlagen. Die Einrichtung des Bischofssitzes zwischen 514 und 520 könnte ein chronologischer Anhaltspunkt sein.

Egara

Die ursprüngliche Kathedrale von Egara mag vielleicht in den unmittelbar auf 450 folgenden Jahren entstanden sein, einem Zeitpunkt, als Egara durch den Bischof Nundinarius von Barcelona zur Diözese unter Bischof Irineu erhoben wurde.

Die Kirche hatte einen rechteckigen Grundriß mit einer kleinen herausragenden, innen trapezförmigen Apsis; wohl in einer späteren Zeit wurde seitlich eine gebogene Apsis für Bestattungszwecke angefügt. Der Mosaikfußboden besteht aus miteinander verflochtenen Achtecken, Bandwerk, Schuppen und einem großen runden Feld mit radial angelegten Ornamenten, alles herkömmliche spätrömische Motive; außerdem aus Rechtecken, Rhomben und ineinander verschlungenen Margeritenblüten, Muster der Volkskunst, welche sich im 6. Jahrhundert durchsetzten. Die Zuweisung an die zweite Hälfte des 5. Jahrhunderts scheint daher selbstverständlich, um so mehr, als Irineu lange, vielleicht bis zum Ende des Jahrhunderts, lebte. Im Jahre 464 wurde er für den Bischofssitz in Barcelona vorgeschlagen, aber er wurde nicht angenommen und mußte in Egara bleiben. Puig-y-Cadafalch bezieht ein Grabdenkmal der Kirche mit Mosaikinschrift auf ihn.

Hinter der Apsis gab es ein Baptisterium von einfacherem Typus mit

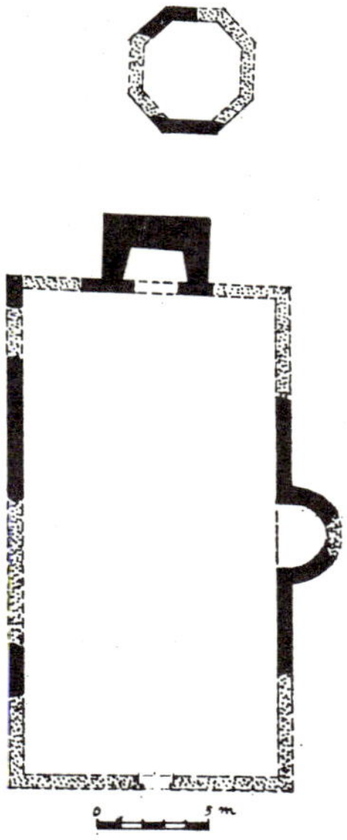

Fig. 30 – Egara, ursprüngliche Kathedrale

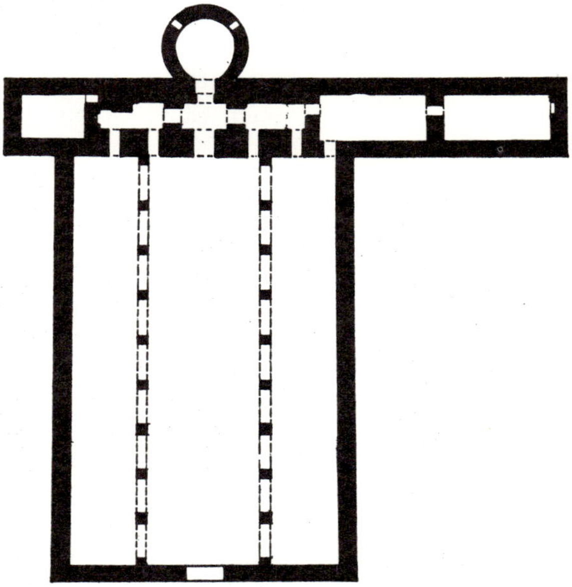

Fig. 31 – Cabeza in Griego, Kirche. Der oberste Teil zeigt die Krypta

achteckigem Grundriß und viereckigem Becken (mit leicht konkaven Seiten), bedeckt, wie es scheint, von einem Ciborium auf vier Säulen.

Größere Kirchen

In den wichtigsten Orten und in jenen, die von Kriegsschäden verschont geblieben waren, wurden wahrscheinlich bedeutendere dreischiffige Bauten errichtet, aber die Ausgrabungen haben von ihnen recht wenig zutage gebracht.

Cabeza in Griego

Die Kirche von Cabeza in Griego wurde im 18. Jahrhundert entdeckt und unwissenschaftlich ausgegraben. Sie war eine große dreischiffige Säulenkirche, die in der Zone des Presbyteriums von einer Begräbniskrypta durchquert wurde. Diese Krypten waren damals in Europa nicht gebräuchlich, aber man fand sie häufig in den Kirchen Nordafrikas. Unsere war eng, erstreckte sich aber seitlich weit über die Mauern der Basilika hinaus; von ihr ging man nach Osten hin durch eine Tür mit hufeisenförmigem Bogen zu einem weiteren, ovalen Raum mit zwei Sarkophagen, vielleicht das Untergeschoß eines Mausoleums (Typus von St. Pierre in Genf). Im nach Norden gelegenen Teil des Hauptganges befand sich der Epitaph des Bischofs Sofronius, welcher 550 gestorben war, dem »terminus ante quem« für die Kirche. Einige Muster an den Altarschranken erlauben uns, die Datierung vor das

Jahr 550 zu verlegen. Eine Platte hatte im Relief ein Gebilde aus verflochtenen Achtecken, eine andere quadratische Unterteilungen mit kleinen Rosetten und zwei Pfauen, die einem von einem Lorbeerkranz umgebenen Christusmonogramm zugewendet sind.

Balearen

Eine besondere Behandlung verdienen die Balearen. Nachdem sie 423 zunächst von den Vandalen verwüstet wurden, blieben sie im Besitz des Kaiserreiches bis 455; dann wurden sie von den Vandalen besetzt, bis Justinian sie zurückeroberte.

Auf den Balearen hat man die Reste von einigen frühen Kirchen gefunden.

S. Maria de Palma

Die erste Kirche, S. Maria de Palma, ist zerstört worden, aber Zeichnungen sind erhalten geblieben, die eine Vorstellung geben vom Grundriß und dem großen Mosaik, welches das Mittelschiff schmückte. Figürliche Darstellungen, die in mehreren Zonen aufgeteilt waren, zeigten das irdische Paradies, Adam und Eva sowie die Josefsgeschichte. Auf den Böden der Seitenschiffe befanden sich ornamentale Muster, unter anderem ein Motiv aus Salomonsknoten zwischen vier für das 5. Jahrhundert charakteristischen Pelten.

Manacor

In Manacor wurden die Grundmauern einer zweiten Kirche mit einem im Stil dem von S. Maria de Palma ähnlichen Mosaikfußboden gefunden: In der gleichen Ortschaft, in San Peretò, hat man eine dreischiffige Kirche mit einem vorgelagerten Baptisterium von rechteckigem Grundriß, mit Taufbecken in der Mitte und einem Wandelgang wiedergefunden. Die Apsiszone ist flach mit quadratischem Presbyterium, welches von zwei gleichfalls quadratischen Räumen, die Kapellen oder Sakristeien gewesen sein mögen, flankiert wird. Eine Art Krypta, ein unterirdischer Raum für Reliquien, war unter dem Presbyterium angelegt. Ähnliche christliche Bauten sind kürzlich von Mme. Moraccini auf Korsika ausgegraben worden.

Die Anordnung der Kirchen von Manacor scheint an die Kirchen Syriens, Ägyptens und Algeriens anzuknüpfen. Das unmittelbar an die Fassade angefügte Baptisterium läßt an das von Fréjus denken.

Eine in situ gefundene Inschrift von 493, die sich auf einen Priester Sabas bezieht, der vielleicht ausgeschickt war, um sich nach der Eroberung durch die Vandalen für die Katholiken zu verwenden, bildet einen »terminus ante quem« oder jedenfalls eine kostbare chronologische Grundlage für die Datierung des Bauwerks.

Sogenannte germanische Goldschmiedearbeiten in Italien und Gallien

Die Kunstfertigkeit der Germanen wird am deutlichsten an Werken der Goldschmiedekunst, an ornamentgeschmückten Gegenständen aus Metall und an Waffen. Manchmal sind diese Gegenstände in kleinen Depots versteckter und nicht wieder abgeholter Schätze gefunden worden, noch häufiger in Gräbern. Es war nämlich bei jenen Völkern

Brauch, den Leichen der Männer ihre Waffen (Heergewate) und denen der Frauen ihren persönlichen Schmuck (Gerade) beizugeben; nach dem 8. Jahrhundert wurde diese Gewohnheit aufgegeben und die Dinge den Erben oder der Kirche übergeben.
Zu Beginn des 5. Jahrhunderts n. Chr. gehörten im allgemeinen zur männlichen Kleidung Bügel- oder Scheibenfibeln. Die Bügelfibeln (mit Armen in Form eines lateinischen Kreuzes) bestanden aus einem teils flachen, teils zur Aufnahme der Stoffalten gebogenen Metallstreifen, einer Nadel und einer oberen Abschlußplatte, die am äußeren Rand mit birnenförmigen oder pagodenartigen Knöpfen verziert war. Normalerweise waren diese Fibeln aus einfacher oder vergoldeter Bronze und sie wurden sehr häufig von Soldaten benutzt. Höhergestellte Persönlichkeiten hatten goldene oder silberne, aber immer von der gleichen Form. Auf dem Diptychon von Monza tragen Stilicho und sein Sohn Eucherius auf der rechten Schulter eine solche Fibel, die in ihrer Form so vielen anderen im Osten und Westen gleicht: Eine von ihnen, deren Fuß auch mit leichten Voluten geschmückt war, wurde in Desana gefunden.
Die Scheibenfibeln waren dagegen für Festgewänder bestimmt und hatten buntes Glas oder Edelsteine in Zelleneinfassungen (Schild des Theodosius in Madrid). Ihr polychromer Stil ist für das 4. Jahrhundert in Europa eindeutig nachgewiesen und ihre sarmatische oder skythische Herkunft wird allgemein angenommen, aber es fehlen, besonders in den älteren Zeitabschnitten, die Zusammenhänge; byzantinische Reliefs vom Anfang des 4. Jahrhunderts (die Porphyrgruppen von S. Marco in Venedig) zeigen Wiedergaben von reichen kaiserlichen Insignien in Gold und Stein (Waffen, Gürtel, Fußbekleidungen), die man als hervorragende Beispiele des polychromen Stils ansehen muß. So waren auch die Thronsitze aus Gold und bunten Steinen, die im Mosaik der ravennatischen Baptisterien und im Relief an kaiserlichen Porphyrstatuen wiedergegeben sind.
Neben diesen Meisterwerken von besonderer Farbenpracht sind im 5. Jahrhundert weitere wertvolle Kunstwerke, nämlich durchbrochene Goldschmiedearbeiten, zu nennen, die spätrömische durchbrochene Bronzearbeiten verfeinert fortsetzen. Eine in Reggio Emilia gefundene Fibel (etwa 490) zeigt eine in drei vertikale Streifen geteilte und von einem kleinen vorspringenden Rahmen umgebene Fußplatte. Die beiden seitlichen Streifen sind mit kleinen Blüten geschmückt. Im Mittelteil sieht man Bogen mit zartestem Blattwerk und ein Kreuz. Ein Armreif dieser Art war Teil des Schatzes von Desana (etwa 450). Das Ornament besteht aus einem wellenförmigen Rebzweig, belebt von

Putten und einem pickenden Vogel, die sich vor leichten Ranken abheben.

Im dritten Viertel des 5. Jahrhunderts brachte der polychrome Stil wirklich überaus fein gearbeitete Gegenstände für den persönlichen Gebrauch hervor. In diesen Gold- und Almandinarbeiten stehen die Steine nicht vor wie bei manchen sarmatischen Arbeiten, sondern sind in feinen Zellen derart gefaßt, daß sich eine glatte farbige glänzende, von Goldfäden durchzogene Oberfläche (Cloisonné) bildet. Ein prächtiges Schwert dieser Art ist kürzlich in Altlußheim (Baden) gefunden worden, aber die berühmtesten Beispiele wurden 1685 in Tournai im Grab des Childerich, Vater des Frankenkönigs Chlodwig, entdeckt.

Zu der reichen Grabausstattung, von der sich noch Teile in Paris befinden, gehörten außer dem Ring mit dem Bildnis eines langhaarigen Mannes und der Inschrift »Childerici Regis«, einige Waffen, eine Bügelfibel, eine montierte Kristallkugel und dreihundert goldene Zikaden, das Symbol der Ewigkeit, welche den königlichen Mantel schmückten. Das erhaltene Schwert hat am goldenen Griff und am Ortband der Scheide Granaten; diese sind in Zellen angeordnet, deren Trennwände gewellt sind. Unter den verlorengegangenen Gegenständen war eine Stiermaske bemerkenswert, ein von vorn gesehener Kopf mit einer Art Rad zwischen den gesenkten Hörnern.

Funde italienischer polychromer Goldschmiedekunst zeigen weiter, daß der Stil der Cloisonné-Arbeiten in Gold und Almandinen nicht nur in den Rheinlanden blühte, sondern allgemein verbreitet war. In Ravenna zum Beispiel fanden einige Arbeiter 1854 zwei Fragmente von Armbändern und zwei sich gleichende ovale Stücke aus Gold und Granaten, Beschläge eines Gebrauchsgegenstandes (früher glaubte man an einen Panzer, jetzt an einen Sattel). Das Metall war in feiner Filigrantechnik gearbeitet und mehrere Streifen liefen symmetrisch nebeneinander her: fischgrätenartig angeordnete Zellen und kleine Dreiecke mit einem Kreis an der Spitze wie am obersten Ornamentstreifen des Theoderichmausoleums. Zusammen mit dem Goldschmuck von Reggio Emilia, der außer der großen durchbrochenen Fibel Ohrringe in Zikadenform aus Gold und Almandinen in Zellen und Perlenschmuck umfaßt, wurden Münzen gefunden, die das Grab um 490 datieren. Beinahe gleichzeitig ist das Lamm des schon erwähnten Mailänder Elfenbeindeckels. Seine Locken sind aus kleinen Dreiecken in »Cloisonné« gebildet.

Einige wirklich bescheidene Arbeiten, die aus Bronze oder Silber gegossen und vergoldet sind und bei denen man glaubt, die ersten »germanischen« Stilmerkmale zu finden, verdienen eine besondere Hervorhebung. Es handelt sich um Bogenfibeln mit halbkreisförmiger und mit Vorsprüngen (drei oder noch häufiger fünf; daher der Name »Fingerfibel«) geschmückter Kopf- und rhombischer oder ovaler Fußplatte.

Bei den aus den Donauländern und dem Norden stammenden Prototypen besteht die Verzierung meist aus geraden und gebogenen Linien, und am Fußende ist ein typischer flacher, von vorn gesehener Tierkopf angebracht. Ein Paar großer Fibeln dieser Art aus vergoldetem Silber war in dem Schatz von Reggio Emilia; bei ihnen waren die Ornamente der Kopfplatte jedoch von »italienischem« Stil; sie bestanden aus »konstantinischem« Bandwerk und nicht aus Voluten, und vier kleine rundgeschnittene Almandine waren um das Fußstück herum verteilt.

Die beiden großen Fibeln des Schatzes von Desana mit einem tragenden Gerüst aus vergoldetem Bronzecloisonné mit roten und grünen Glaseinlagen (oder Almandinen) zeigen auf dem Fußende ein »konstantinisches« Flechtornament (doppeltes Flechtband mit sich genau entsprechenden Elementen innerhalb eines Randes aus kleinen Kreisen). Die halbkreisförmige Kopfplatte hat innerhalb des gewohnten Randes gewellte Zellen. Außen sind vier paarweise gegeneinandergestellte Vogelköpfe.

Eine weitere Gruppe ornamentaler Metallarbeiten, die von Bedeutung für die Frage nach den Ursprüngen des hochmittelalterlichen Stiles sind, bilden die rechteckigen Gürtelschließen, die sogenannten gotischen Schnallen.

Gemeinhin haben sie fünf gefaßte Almandine, die in Form eines Andreaskreuzes in einem Feld angeordnet sind, und ringsherum einen ornamentalen Streifen mit vier weiteren kleinen runden Steinen in den Ecken. Entweder haben die ornamentalen Streifen (Ascoli Piceno, Romagna, Barete bei Aquila, alle mit Flechtband) oder die Steine im Feld (Tressan, Desana) das Übergewicht. Weitere Gürtelschließen sind in Cloisonnétechnik oder in Zellenschmelz (billige Nachahmung der Cloisonnétechnik), d.h. mit Gold und Steinen oder mit Gold und Glas (Leuc, Monceau usw.) gearbeitet.

Verschiedene Gürtelschließen haben zwei sich gegenüberstehende Vogelköpfe (diejenigen, die aus Norcia, Spoleto und Barete stammen) aus eingefaßten Steinen oder Zellenschmelz (Lambrate): Es wird allgemein zugegeben, daß diese sich gegenüberstehenden Raubvögelköpfe pontischen Ursprungs sind, aber die Datierung bestimmter sarmatischer Fibeln ins 2. oder 3. Jahrhundert müßte noch nachgewiesen werden. Andererseits waren die Raubvögelköpfe mit lebhaftem Auge aus Almandinen sehr beliebt an Schwertgriffen (byzantinische Porphyrstatuen von S. Marco in Venedig im 4. Jahrhundert), und Löffelstielen des 5. Jahrhunderts (»ligulae« von Desana); die Randtiere des römischen Bronzehandwerks waren weit verbreitet und mit charakteristischen Abwandlungen in den skandinavischen Ländern nachgeahmt worden.

Adler in ganzer Gestalt bilden dann eine besondere Gruppe von Fibeln; man findet sie in Goldcloisonné, Bronze und Zellenschmelz (Mailand, bei S. Ambrogio, Cesena, usw.).

Analoge Stücke zu den eben erwähnten findet man in Spanien, aber zeitlich scheinen sie etwas hinter den italienischen und französischen Funden zurückzuliegen, weil die Westgoten Spanien erst nach der Schlacht von Vouillé (507) einnahmen. Wie Zeiss nachgewiesen hat, benutzten sie in der Tat vor 500 nur glatte Fibeln und Gürtelschnallen vom Typ I; solche mit fünf Almandinen, die im Feld ein Andreaskreuz bilden, fand man erst in Gräbern, die 500–550 datiert werden, zusammen mit einigen Gürtelschließen von ovaler Form und mit einem glatten Dorn für den Riemen.

Abschließend kann man feststellen, daß eine unvoreingenommene Untersuchung dieses Kunsthandwerks des 5. Jahrhunderts unter den gebräuchlichen Motiven keine ausschließlich germanischen Elemente findet. Band- und Flechtwerk waren Teile des weit verbreiteten mittelmeerischen Formschatzes, während der »polychrome Stil«, das Filigran und die Raubvögelköpfe auch von den Byzantinern verwendet wurden.

NEUE VERBREITUNG DER KULTUR VON KONSTANTINOPEL IN DEN MITTELMEERLÄNDERN IM ZUSAMMENHANG MIT DEM VORÜBERGEHENDEN WIRKEN JUSTIANS I. (527–568)

In den Jahren zwischen 526 und 554 gelang es Justinian, dem Kaiserreich die Mittelmeerländer durch den Goten- und Vandalenkrieg zurückzuerobern.

Der Feldzug in Afrika war blitzartig: in den Jahren 531–534 wurde der Vandalenkönig Geiserich besiegt, und die eroberten Trophäen, unter anderem die (seiner Zeit erbeuteten) kaiserlichen Insignien des Palatiums in Rom im Triumph nach Konstantinopel gesandt. Ein Aufstand der Berberstämme (534–535) verlangte dann harte Gegenmaßnahmen, aber schließlich wurde wieder Ordnung im Land hergestellt, die arianischen Kirchen ausgesöhnt, die Städte wieder aufgebaut und durch gut angeordnete Festungen verteidigt. Auch Sardinien und die Balearen wurden von den Kaiserlichen zurückgenommen und diese Eroberungen belebten den Handel im Mittelmeerraum von neuem und erlaubten es, die Versorgung für die letzten militärischen Operationen sicherzustellen.

Eindringen der Byzantiner nach Spanien

550 drangen die byzantinischen Truppen nach Spanien ein, aber nach den anfänglichen Erfolgen gegen König Agila und nach der Einnahme von Cartagena, Cordova, Malaga und Ossidona wurden sie von den Westgoten unter der energischen Führung des neuen Königs Athanagildus aufgehalten.

Amalasunta. Ihre philo-römische und philo-katholische Politik

Der italienische Feldzug begann 535. Beim Tod König Theoderichs (526) war die Macht in die Hände seiner Tochter Amalasunta übergegangen, die aus Familientradition und wegen ihrer römischen Erziehung gefühlsmäßig dem Kaiser von Konstantinopel ergeben war. Gebildet und zielbewußt erstrebte sie ein Zusammenleben von Römern und Goten und vielleicht auch den Übertritt ihres Volkes zum orthodoxen Glauben, da sie mit seherischem Geist die Gefahren der Lage begriff; die Gotenführer trafen jedoch ihre Anordnungen in ganz anderer Richtung. Amalasunta suchte Unterstützung in Konstantinopel und so entwickelte sich, besonders in Ravenna, eine energische Tätigkeit der Byzantiner, die finanziell und vielleicht auch durch Truppenlandungen unterstützt wurde. Dieser Zeitabschnitt ging nach dem frühzeitigen Tod des Sohnes der Amalasunta, Atalarich (534), mit der Übersiedlung und der Ermordung der Kaiserin in einer Festung am Bolsener See (535) zu Ende. Es entfesselte sich so der

Ihr Tod

»gotische Krieg«, zwanzig Jahre der dauerte und Italien gänzlich entkräftet zurückließ.

Künstlerische Tätigkeit

Was die Architektur und die Kunst im allgemeinen betrifft, so erkennen wir, abgesehen von dem unheilvollen Zeitabschnitt der kriegerischen Auseinandersetzungen (der Überfall, den die Goten in Rom auf die Engelsburg unternahmen, wurde von den Byzantinern dadurch abgewehrt, daß sie Statuen in Stücke schlugen und herabwarfen, wie Prokop erwähnt), zwei Perioden künstlerischer Tätigkeit: diejenige der Herrschaft Amalasuntas (526–535) und diejenige, welche auf den Endsieg der Byzantiner über die Goten (554) folgte, wobei aber zu berücksichtigen ist, daß Ravenna von den Kaiserlichen seit 540 eingenommen war.

Während der Herrschaft Amalasuntas

Während der Herrschaft der unglücklichen Tochter Theoderichs vertrat offenbar ein gewisser Julianus Argentarius (Bankier) die Interessen Justinians in Ravenna und bediente sich dabei eines damals schon sehr wirksamen Mittels; es war die Religion, die ihre Wirkung auf die römische Bevölkerung hatte. Julianus Argentarius gab nämlich Geldmittel für die Errichtung wichtiger Kirchen, die im Zusammenhang stehen mit neuen volkstümlichen Kulten, denen die Arianer nicht zustimmen wollten: dem Kult der Jungfrau und dem der Märtyrer.

Ravenna, S. Maria Maggiore

Der Kult der Theotokos verbreitete sich in Italien sehr schnell. Bischof Ecclesius errichtete während der Herrschaft Amalasuntas mit Hilfe von Julianus die Kirche S. Maria Maggiore auf eigenem Grund und Boden (»*in suo proprietatis iura*« sagt Agnellus), und in Rom wurde wahrscheinlich die neue Kirche S. Maria in Cosmedin im Viertel der Griechen (ecclesia Graecorum) erbaut.

Rom S. Maria in Cosmedin

Nach Ausschaltung der Goten und der Wiedereroberung durch die Byzantiner wimmelte es von neuen Kirchen, die der Maria gewidmet waren und einige von ihnen bestehen heute noch (Rom, S. Maria Antiqua auf dem Palatin; Parenzo, Dom, Rekonstruktion; Ancona, Dom, Ausgrabungen; Castelseprio, Brioni). Außerdem wechselten wahrscheinlich während der Zeit der byzantinischen Besatzung viele Kirchen ihren Namen, indem die Bischofskirche der höchsten Gottesmutter geweiht wurde; auch das Baptisterium der Arianer in Ravenna wurde im 6. Jahrhundert neu geweiht als S. Maria in Cosmedin, und darüber hinaus wurden den Friedhofskirchen Kapellen beigefügt, die der Theotokos geweiht waren (S. Maria Mater Domini in S. Felice und Fortunato in Vicenza).

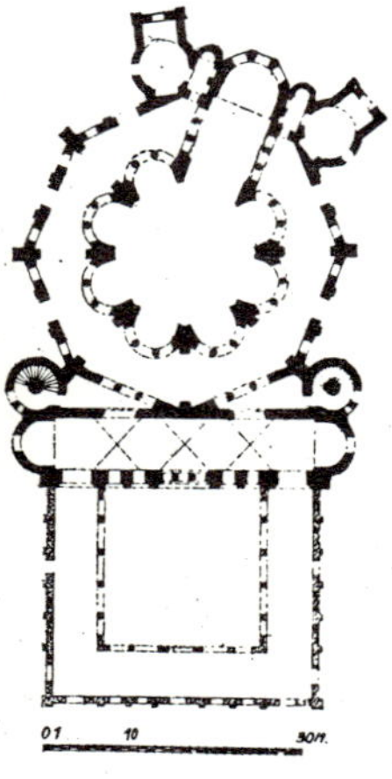

Fig. 32 – Ravenna, S. Vitale

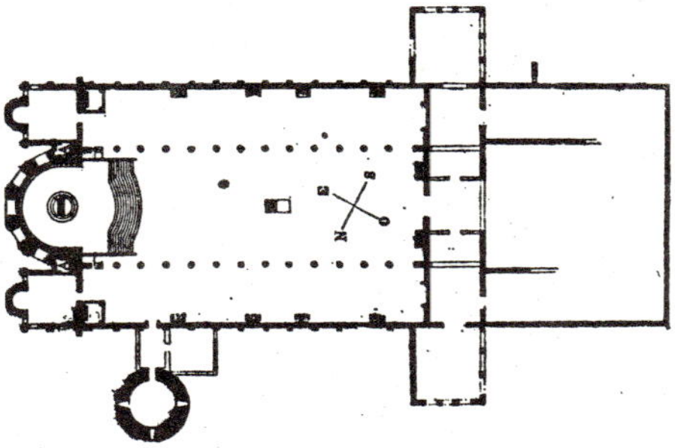

Fig. 33 – Ravenna, S. Apollinare in Classe

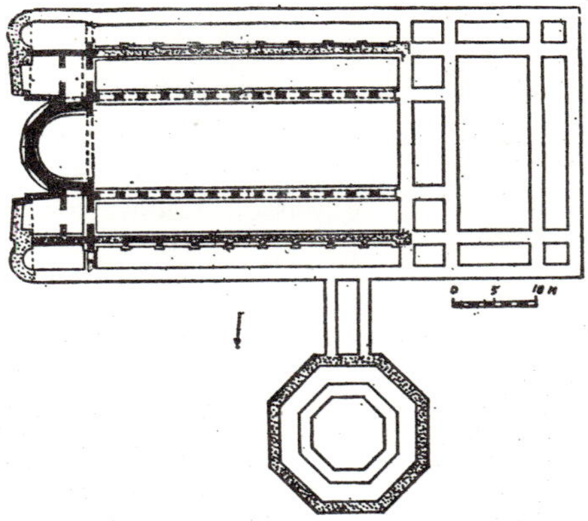

Fig. 34 – Classe, neu gefundene Basilika (Cortesi)

Märtyrerkult

Neben dem Marienkult entwickelte sich der Märtyrerkult. Unter denen, die ihr Leben dem Christentum geweiht hatten, befanden sich auch Goten, aber wir wissen nicht, ob die arianischen Ostgoten die Märtyrer und auf welche Art sie sie verehrten, und noch weniger wissen wir, ob die Arianer all den anderen Märtyrern einen richtigen Kult erwiesen. Ich halte es für angebracht, daran zu zweifeln. Die uns bekannten Goten haben in der Regel nicht die Namen östlicher Märtyrer, wie Stefan, Damian und Eufemi aoder westlicher wie die römischen Lorenz oder Agnes oder die Mailänder Victor und Satyrus, sondern germanische Namen Uvimond, Theudila, Sindila oder solche, die aus dem Alten Testament genommen sind (Daniel); wie schon erwähnt, weiß man auch, daß Theoderich als Vergeltung gegen die Katholiken die Reliquien von St. Stefan aus der gleichnamigen Veroneser Kirche herauswerfen ließ *(»Iussit . . . oratorium Sancti Stephani idest altarium subverti* « [Anon. Val. R. I. S. S. II. Ausg. p. 19]) was er, so kann man denken, nicht getan haben würde, wenn er sich zu dem Kult des Protomärtyrers bekannt hätte. Nur die Apostel sind in den arianischen Kirchen dargestellt.

Julianus Argentarius errichtet Märtyrerkirchen in Ravenna

Julianus Argentarius errichtete in den Jahren der Herrschaft Amalasuntas in Ravenna auf dem gleichen, wahrscheinlich dem Bischof gehörenden Gelände, wo schon S. Croce stand, außer S. Maria Maggiore eine Kirche, die eben diesem Protomärtyrer St. Stefan geweiht war, und noch eine dritte für einen örtlichen Märtyrer, S. Vitale.

Legende von S. Vitale

Dieser S. Vitale soll nach einer legendenhaften »Passio beatorum martyrum Gervasii et Protasii«, die nach 526 geschrieben wurde, ein ravennatischer Märtyrer, Gemahl der heiligen Valeria und Gefährte im Martyrium eines weiteren, vermutlich ravennatischen Heiligen,

Ursicinus, gewesen sein; die große, zu seinen Ehren errichtete Märtyrerkirche sollte nicht nur der Frömmigkeit der ravennatischen Bürger dienen, sondern auch ihren Stolz befriedigen.
In der Nähe der drei Kirchen errichtete Julianus zusammen mit einem gewissen Bacauda eine vierte Kirche für empfangene Wohltaten zu Ehren St. Michaels (S. Michele d'Affricisco). Gleichzeitig entstand in Rom eine Kirche, die den Heiligen Cosman und Damian geweiht wurde.

Byzantinische Mauertechnik

Die ravennatischen Kirchen des Julianus Argentarius sind in der Regel in byzantinischer Mauertechnik errichtet, d.h. aus dünnen quadratischen Ziegeln mit dicken Mörtelschichten. In dieser Art ist der obere Apsisteil der Kirche S. Agata und die Kirche von S. Arcangelo di Romagna gebaut. Wahrscheinlich wurden die Ziegel von Byzantinern gebrannt und versetzt (Maurer oder Militärpersonal).
Auch in Classe, dem Militärhafen Ravennas, begann Julianus mit dem Bau einer prunkvollen Basilika zu Ehren eines Bischofs, S. Apollinare, die wir als erste beschreiben wollen.

S. Apollinare in Classe

Die Basilika wurde zur Zeit des Bischofs Ursicinus (etwa 532–536) begonnen und unter Maximinianus (9. Mai 549) geweiht; sie hat drei Schiffe mit prächtigen Säulen, die aus dem Osten gesandt waren; diese stehen auf kräftigen Basen, und ihre Kapitelle sind mit typischen »vom Wind gedrehten Blättern« verziert. Es sind keine Matroneen vorhanden, jedoch scheinen die oberen Mauern aus späterer Zeit zu stammen. Die beiden Seitenschiffe sind außen mit den in Mailand und Ravenna üblichen Blendbögen verziert.
Vor der heutigen Fassade lagen ein Narthex mit seitlich vorspringenden zweistöckigen Räumen und eine vierseitige Säulenhalle. Heute ist nur noch einer der seitlichen Räume übrig geblieben, der weitgehend in jüngster Zeit erneuert ist. Der Narthex und die zwischen zwei Apsidenräume eingezwängte polygonale Apsis sind die charakteristischsten Merkmale. Die kleinen Räume, die zwischen der Tribüne und den Seitenräumen eingeschlossen sind und denen von S. Vitale entsprechen, lassen an einen einzigen Architekten für beide Baudenkmäler denken.

Neue Basilika in Classe

S. Apollinare sehr ähnlich ist eine nur zwei Kilometer entfernte, kürzlich durch Teilgrabungen des verdienten Dr. Cortesi freigelegte weitere Basilika in Classe. Obwohl es für ein abschließendes Urteil noch zu früh ist, scheint es doch, als wäre die ursprüngliche dreischiffige Anlage später fünfschiffig vergrößert worden. Rätselhaft ist auch das Oktogon mit doppelter Mauer.

S. Vitale in Ravenna

Die Kirche S. Vitale in Ravenna, die nach 526 begonnen, deren Bau

Ravenna. Presbyterium von San Vitale

langsam fortgeführt (viele Kämpfer haben das Monogramm von Victor, 538–545) und die nach 547 von Maximinianus geweiht wurde, ist das Meisterwerk der Byzantiner in Italien.

Der Grundriß des Bauwerks ist achteckig und der innere gleichfalls achteckige Raum ist von acht halbkreisförmigen, durch Bögen unterbrochenen Nischen umgeben. Die Nische des Presbyteriums ist ausladender als die anderen, die sich girlandenförmig ausbreiten. Der Umgang ist zweistöckig, hat also Matronenloggien wie im Orient und einen Narthex (»ardica« nach der Ausdrucksweise des Chronisten Agnellus), mit einem vorgelagerten Säulenhof, der den Zugang zum Bau von Westen bildet. Weitere geräumige Türen öffnen sich in der Umfassungsmauer, je eine an jeder Seite; diese Vielzahl von seitlichen Zugängen, wie man sie auch in S. Apollinare in Classe findet, ist typisch byzantinisch, wie auch die Anlage von zwei Nebenräumen (runde Kapellen mit rechteckiger Apsis und kleinem Nebengelaß) zu den Seiten des herausragenden Presbyteriums.

Kostbare Marmorverkleidungen, ähnlich denen der Hagia Sophia in Konstantinopel (violetter oder grüner afrikanischer Breccia-Marmor), waren an den Wänden verschwenderisch verteilt und zum Teil sind noch heute die Spuren ihrer eingelegten Zierborten erhalten. Das Presbyterium hat äußerst kostbare Porphyr- und Serpentinverkleidungen, durchbrochene Altarschranken und Mosaike. Die bildhauerischen Arbeiten wurden schon fertig aus dem Osten herbeigeschafft, und in erster Linie die Säulen mit ihren Kapitellen, deren à jour gearbeiteter Schmuck sich wie leichte, losgelöst im Raum stehende Spitzen von dem Tiefendunkel abhebt. Auch manche schwerfällig gearbeiteten Stuckverzierungen in Form von Rankenwerk mit spitz zulaufenden Blättern sind im Stil byzantinisch. Sie sind jenen ähnlich, die den Seiteneingang der Hagia Sophia in Konstantinopel rahmen.

Der untere Umgang und die Galerie waren ursprünglich mit Zwischendecken aus Holz versehen, während acht große Bögen die Kuppel stützten. Die Gegenwart des Westens spürt man nur in der Kuppelkonstruktion aus Tonröhren und an den Blendbögen der äußeren Verzierung des Tamburs, aber die leichte Bauweise der Kirche findet sich auch in östlichen Märtyrerkirchen des 6. Jahrhunderts wieder, z. B. in Korykos. Westlich scheint auch, und das werden wir später noch sehen, der Stil der figürlichen Szenen einiger Mosaike. Offensichtlich wurden die örtlichen Verhältnisse in Fragen, die den Kult angingen, berücksichtigt.

S. Michele d'Affricisco in Ravenna und SS. Cosma e Damiano in Rom

Die beiden einfachen dreischiffigen Kirchen S. Michele d'Affricisco in Ravenna und S. Cosma e Damiano in Rom sind wegen ihrer Mosaike wichtiger als wegen ihrer Architektur. Die ravennatische Kirche hat jedoch sehr schöne durchbrochen gearbeitete Kapitelle in Form einer umgekehrten Pyramide.

Sehr wertvoll ist dagegen wegen seiner herrlichen Marmorverkleidungen, Stuckverzierungen und Mosaike der Dom von Parenzo, der von 543–554 von Bischof Eufrasius errichtet wurde (wie eine große Inschrift im Fries der Apsis ausdrücklich betont). Der Grundriß ist neu; er hat drei Schiffe mit Säulen, die nicht von einer, sondern von drei Apsiden (die in der Mitte ragt vor und ist außen polygonal, die seitlichen sind aus dem Mauerwerk ausgespart) abgeschlossen werden. *Parenzo III*

Die Säulen mit ihren pyramidenförmigen durchbrochen gearbeiteten Kapitellen und die Gitter des Presbyteriums sind offensichtlich in östlichen Marmorbrüchen gearbeitet und schon fertig nach Parenzo transportiert worden. Die Stuckverzierungen, die die Bogenfüllungen des Schiffes schmücken, gehören zu den wenigen erhaltenen Zeugnissen dieser Kunstgattung. Sie zeigen rhombische oder kreisrunde Kassetten mit Rosetten, Formen von noch klassischem Stil.

Von großer Schönheit ist die Verkleidung der Apsis in »opus sectile«. Große Felder sind aneinandergereiht unter einem Streifen von kleinen Vierecken, der oben durch Blätter aus Stuck begrenzt wird.

Die Felder sind belebt durch Einlassungen von Perlmutt in Form von runden Scheiben und Tropfen. Die Motive sind spätrömisch (runde Scheiben innerhalb von Rhomben mit geflammtem Rahmen) oder rein primitiv und volkstümlich (Gruppen von Rechtecken). Auch das Äußere war reich an Farben. Auf dem vorderen Giebel der Fassade war ein (jetzt zum Teil erneuertes) Mosaik mit der Verklärung, und ein weiteres mit der Anbetung der Weisen befindet sich auf dem rückwärtigen Giebel.

Eine andere wichtige istrische Kirche, die der von S. Apollinare in Classe gleicht, war S. Maria Formosa in Pola, die ebenfalls von dem in Pola gebürtigen Bischof Maximinianus von Ravenna (546–556) erbaut wurde und die heute fast vollständig verschwunden ist; sie hatte drei Schiffe, die durch Säulen getrennt waren und eine von je zwei Paaren runder und kreuzförmiger Kapellen flankierte Apsis; von dem ganzen Bau steht heute nur noch eine einzige dieser kleinen kreuzförmigen Kapellen mit Spuren von Stuckornamenten.

Auch die kleine Kirche S. Maria delle Grazie in Grado hat drei Schiffe von gedrungenen Ausmaßen und eine von zwei Kapellen begleitete

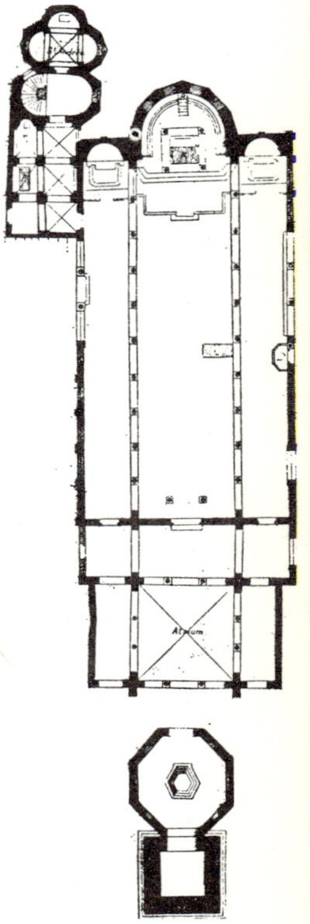

Fig. 35 – Dom von Parenzo. Dritte Bauperiode

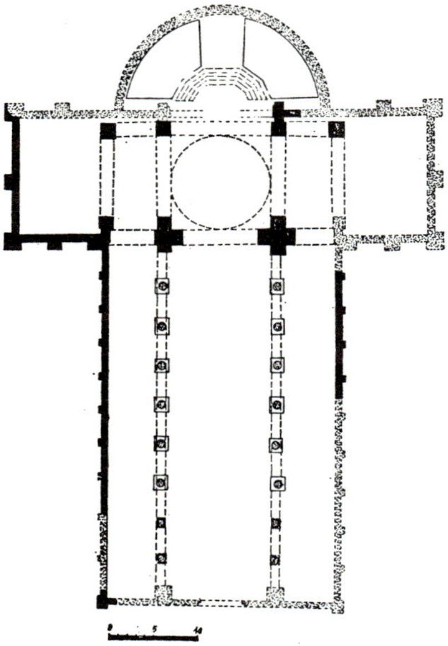

Fig. 36 – Kirche des »fondo Tullio« in Aquileia

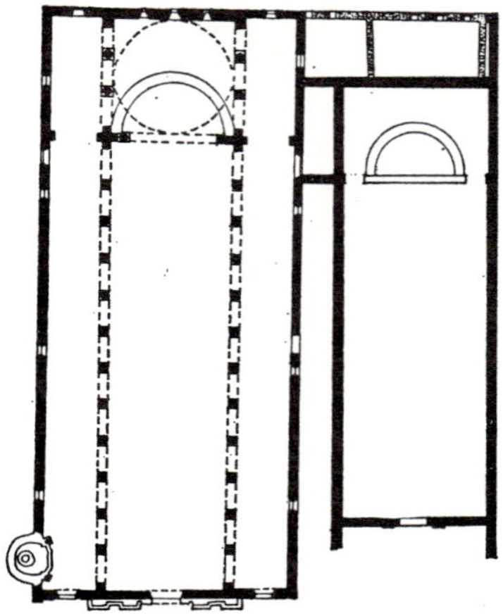

Fig. 37 – Dom von Pola ▶

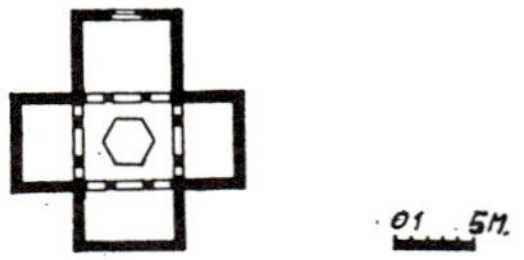

Apsis, die gegen Osten nach byzantinischem Brauch gänzlich von einer flachen Mauer abgeschlossen waren.

Tiefe Presbyterien des späten 5. und des 6. Jahrhunderts

Wenn man die Bauwerke des späten 5. und des 6. Jahrhunderts mit den theodosianischen des 5. Jahrhunderts vergleicht, so bemerkt man bei ihnen allgemein eine größere Tiefe des Presbyteriums: z. B. in Ravenna das Baptisterium der Arianer, S. Vitale, und S. Apollinare in Classe. Diese Abänderung wurde durch den Wechsel in der Liturgie erforderlich. Ein Teil der gottesdienstlichen Handlung wurde außerhalb des Blickfeldes der Gläubigen vollzogen; an einem von Säulen getragenen Balken am Anfang des Presbyteriums, der Ikonostase, hingen Vorhänge, die (nach einem Brauch, der auch von Silentiarius in der »Beschreibung der Hagia Sophia« bezeugt wird) geschlossen und dann wieder geöffnet wurden.

Narthex (»ardica«)

Eine größere Uneinheitlichkeit findet man im 6. Jahrhundert auch in der Anordnung des Narthex, aber leider wurden im Westen diese Teile der frühen christlichen Bauten zerstört oder verändert und die »ardicae«, die in Ravenna erhalten sind (S. Apollinare in Classe und S. Vitale), reichen nicht aus, um alles gänzlich zu klären.

Kuppelbasiliken

Der Geist des 6. Jahrhunderts äußerte sich jedoch in seiner Eigenheit besonders in der Verbreitung eines neuen Typs monumentaler Kir-

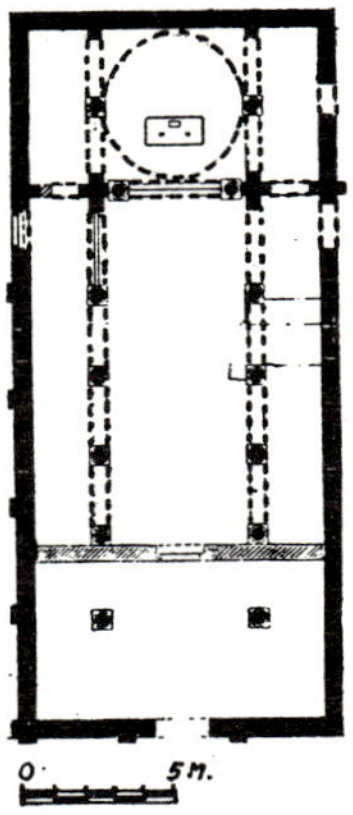

▲
Fig. 38 – Kirche im Val Madonna auf der Insel Brioni

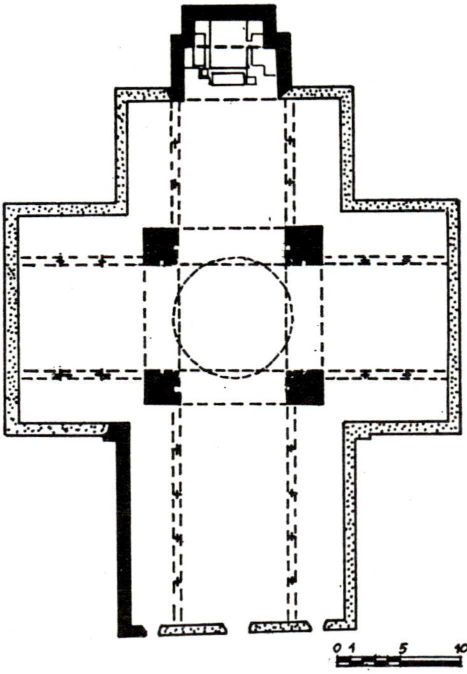

Fig. 39 – Cagliari, San Saturnino ▶

chen, der Kuppelbasilika, die das Basilikaschema mit der Märtyrerkirche verschmolz und deren älteste Beispiele auf das letzte Viertel des 5. Jahrhunderts zurückgehen. Diese Kirchen waren normalerweise kreuzförmig und die Kuppel befand sich über der Vierung wie in den romanischen Kirchen. Die Stützpfeiler haben meistens einen relativ kleinen Durchmesser, weshalb man das Vorhandensein einer herausragenden Kuppel bezweifeln konnte, aber diese Kuppeln bestanden aus einem hölzernen Gerüst, das außen mit Bleiplatten und an der inneren Wölbung mit Stuck und Rohrgeflecht verkleidet war. Die Vergänglichkeit dieser Materialien erklärt, daß solche Konstruktionen heute verschwunden sind.

Aquileia, Kirche des »fondo Tullio«

Sehr groß war die Kirche des »fondo Tullio« in Aquileia, die 1903 ausgegraben wurde.

Im vorderen Teil bestand der Bau aus drei Schiffen (das Mittelschiff doppelt so groß wie die seitlichen) mit zwei »Begräbniskapellen«, die Querschiffen ähnlich sind und sich mit zwei Bögen auf einer Mittelsäule öffnen. In der Zone des Presbyteriums lassen vier Bündelpfeiler die Anwesenheit der leichten Kuppel vermuten. Die Apsis war halbkreisförmig und das Fußbodenmosaik – 58 cm tiefer als das Schiff – beweist, daß es dort einen polygonalen Umgang gab, der vielleicht unter einem hinter dem Altar befindlichen Synthronos mit vielen polygonalen Stufen lag.

Das Äußere des Bauwerks war durch lisenenförmige Widerlager belebt, die in den Vierungsarmen besonders kräftig waren. Das Mosaik des Wandelganges mit Rankenwerk und Lämmern bildet das Hauptelement für die Datierung; das zähe Blattwerk der Akanthusbüschel, aus denen die Stengel mit verkümmertem Weinlaub und spärlichen Trauben wachsen, die gedrungenen Lämmer, Enten und Rebhühner deuten scheinbar – nach Zovatto – auf den Anfang des 6. Jahrhunderts.

Pola. Dom. Zweite Bauperiode

Der Dom von Pola weist im Presbyterium eine Anordnung von Stützen auf, die an einen überhöhten Tambur und an eine leichte Kuppel denken läßt. Der Rhythmus der Marmorsäulen in den Schiffen wird unterbrochen durch zwei kreuzförmige Pilaster, die miteinander durch den Triumphbogen verbunden sind und die mit der rückwärtigen Mauer der Kirche ein quadratisches Joch bilden.

Diese Form eignet sich gut dafür, mit einer Kuppel bedeckt zu sein, im Gegensatz zu den rechteckigen Jochen der Vierung von S. Maria Maggiore oder von S. Pietro in Vincoli in Rom. Die Datierung des Gebäudes ins 6. Jahrhundert wird auch durch die Schriftpulte des Presbyteriums mit Entenreliefs nahegelegt.

Brioni, S. Maria

Auf der Insel Brioni, vor Pola, gibt es Ruinen einer weiteren Kirche dieser Art (Val Madonna). Sie ist dreischiffig, und das wahrscheinlich von einer leichten Kuppel bedeckte Presbyterium war quadratisch. Der Triumphbogen ruht auf zwei Säulen, und seitlich sind zwei Bögen mit Mittelsäule angeordnet. Der Stil der Kapitelle deutet, nach den Wiedergaben Garbers zu urteilen, auf eine spätere Zeit hin (6. oder 7. Jahrhundert) und auch auf eine lokale Bauweise, die sich weit von den Feinheiten byzantinischer Bildhauer entfernt.

S. Giovanni in Castelseprio

Ein interessantes Monument ist auch S. Giovanni in Castelseprio mit seinen Umbauten. In der ersten Phase war es ein rechteckiges Schiff (Mirabella-Roberti).

Zuerst wurde ein achteckiges Baptisterium angefügt (das man wegen seiner vorspringenden äußeren Apsis auf das Ende des 5. Jahrhunderts beziehen könnte). Es hatte ein sechseckiges Taufbecken zum Untertauchen, vor dem ein rundes Becken lag (vielleicht für die Füße, nach der Taufe), zu dem es ein Gegenstück in Albenga gibt.

Später wurde die größere ebenfalls erheblich herausragende Apsis hinzugefügt, die wegen der verhältnismäßig oberflächlichen Verbindung später als das Baptisterium zu sein scheint. Sie hat zwei Reihen Bogenfenster. Die Schiffe wurden später durch ziemlich nah beieinanderstehende Stützen (Säulen) geteilt (deren Fundamente man gefunden

Fig. 40 – Concordia Sagittaria.
Zweite und dritte Bauperiode

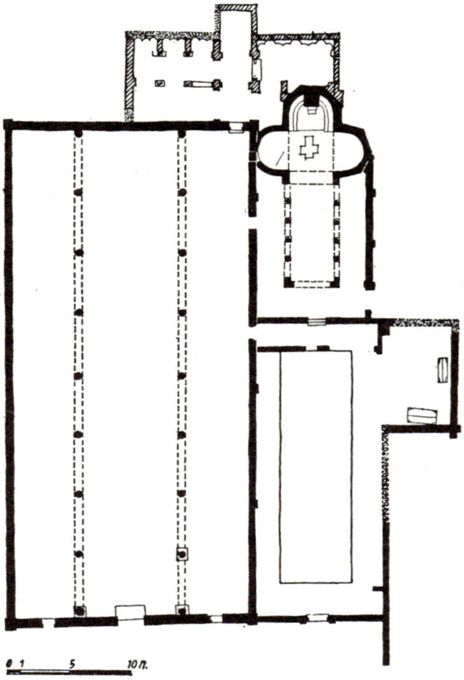

hat), aber vor dem Presbyterium war dort ein breiteres Joch mit Pilastern, von dem man annehmen kann, daß es von einer leichten Kuppel bedeckt war (lichte Weite 700 × 550 cm).

Cagliari, S. Sartunino

Eine wichtige Märtyrerkirche eigenartiger Form befindet sich in Cagliari; sie hat noch heute den gut erhaltenen Mittelteil mit vier Pilastern, die eine gemauerte Kuppelwölbung tragen, und Fundamente der Umfassungsmauern. Die vier Hauptbögen hatten Verbindung mit vier kurzen dreischiffigen Basiliken, die ein Kreuz bildeten. An seiner Stelle steht heute eine entsprechende, auf den alten Fundamenten errichtete Anlage aus romanischer Zeit. Der östliche Arm hatte ein kleines herausragendes Presbyterium von rechteckigem Grundriß, unter dem eine Krypta (die aus drei Räumen mit Tonnengewölbe bestand) lag, eine ungewöhnliche, von der afrikanischen Liturgie beeinflußte Anlage.

Von der Ausschmückung sind noch vier kleine Ecksäulen an Ort und Stelle und die Rahmung der Widerlager von noch klassischem Stil an den Pilastern der Vierung erhalten; Kämpfer der alten Säulen der Schiffe mit stilisierten Akanthusblättern, deren Spitzen sehr gebogen sind, liegen außerdem verstreut am Boden.

Das Monument ist immer ins 5. Jahrhundert datiert worden, jedoch scheinen die kleinen an den Ecken der Pilaster eingefügten Säulen (eher hochmittelalterliche als spätrömische Manier) und die Blätter der Kämpfer mit ihren ziemlich gebogenen Spitzen auf das 6. Jahrhundert zu weisen, man kann sogar nicht ausschließen, daß es sich um eine Rekonstruktion aus den Jahren um 650 bis 660 handelt, einer Zeit, wo – wie von Langoni bewiesen wurde – der Körper des hl. Augustinus von Ippona wegen des Eindringens der Araber weggebracht wurde. König Liutprand kaufte ihn dann für einen »magno pretio« los und brachte ihn nach Pavia.

Concordia Sagittaria

Im 6. Jahrhundert muß in mehreren Perioden die Begräbnisstätte hinter dem Trichorum von Concordia Sagittaria fertiggestellt worden sein. Vorher war dieses schon durch das Hinzufügen von drei Schiffen auf Säulen im vorderen Teil in eine Kirche umgewandelt worden. In einer späteren Zeit wurde eine wahrscheinlich Sarkophage enthaltende Säulenvorhalle angebaut. So kam man dazu, einen offenen Begräbnisraum zu schaffen, der mit dem heiligsten Teil der Märtyrerkirche wie in Genf (St. Pierre) oder später in Jouarre in Verbindung stand. Später wurde diese Säulenvorhalle durch Wände geschlossen; dieser Raum mit großen, roh behauenen Türpfosten im Stil des 6. Jahrhunderts enthält drei merkwürdige Nischen mit jeweils dreifach gebogener Rückwand gegen Osten. In der mittleren steht ein Säulensarkophag des 6. Jahrhunderts mit Muschelnischen und großen Kreuzen, die den Namen einer gewissen Faustiniana tragen.

Zuletzt wurde noch ein ähnlicher Grabraum nach Norden hin errichtet und dazwischen eine rechteckige, ein wenig vorspringende Kapelle eingefügt.

Die Anlage wurde so zum Vorbild für jene merkwürdigen, sich in verschiedene Teile gliedernde Anlagen, die wir in S. Stefano in Bologna wiederfinden werden.

Bauwerke mit zentralem Grundriß

Die Kapelle von S. Maria Mater Domini in Vicenza

Im 6. Jahrhundert sind die Kapellen mit »zentralem« Grundriß verhältnismäßig selten. Eine von ihnen ist seitlich der Apsis von S. Felice e Fortunato in Vicenza erhalten, mit ihr durch einen kleinen achteckigen Raum verbunden. Sie ist der S. M. Mater Domini geweiht, der »Theotokos«, die bei den Byzantinern besonders verehrt wurde. Das Baudenkmal hat einen kreuzförmigen Grundriß mit herausragender, außen polygonaler Apsis. Ein kleiner Raum (in Form eines Querganges) liegt davor. Senkrechte Lisenen schmücken außen die Kanten. Das mittlere Gewölbe ist achteckig in Form eines Zeltdaches und ist auf plumpe Weise als Halbkugel gebildet. Alle anderen sind Tonnengewölbe.

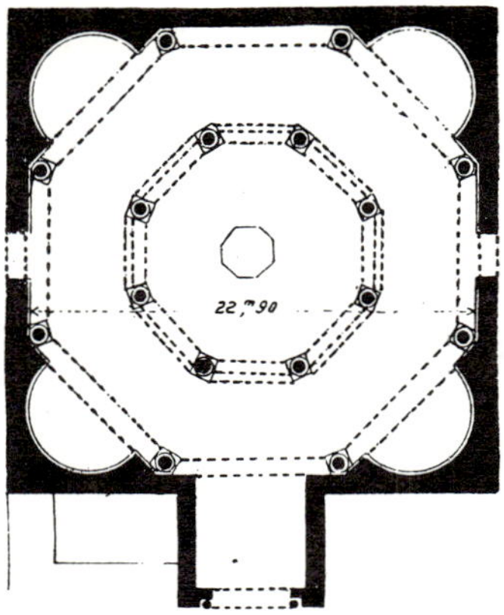

Fig. 41 – Baptisterium in Marseille

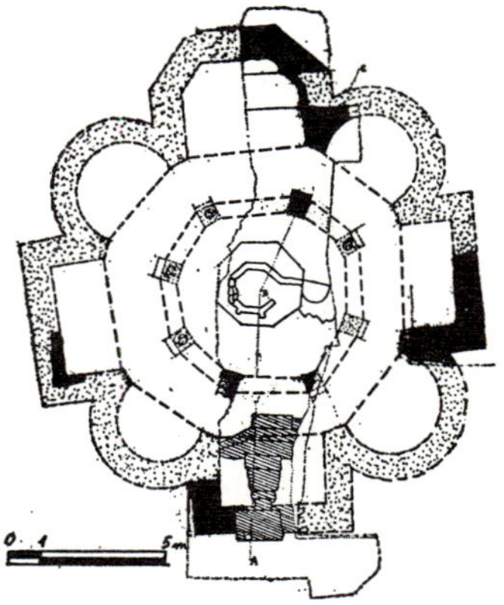

Fig. 42 – Baptisterium von Nevers

Die Wände und die Apsis sind innen mit Platten aus Proconnes-Marmor verkleidet und von einem kleinen Gesimskranz gekrönt. Hier und dort sind kostbare Mosaikfragmente erhalten geblieben. Im nordöstlichen Zwickel ist das Symbol von St. Markus und darüber ein Teil eines Rundbildes mit einer Heiligen. In der nordwestlichen Ecke sind Reste von Weintrauben, an den Gurtbögen Fragmente von Fresken mit Füllhörnern von Schilden.

Die Datierung ins 6. Jahrhundert steht außer Zweifel wegen der Titelheiligen, der Bauweise und der Ausschmückung.

Die Baptisterien des 6. Jahrhunderts

Die Baptisterien werden im 6. Jahrhundert auch deshalb selten, weil die Erwachsenentaufen durch Untertauchen, die ein geräumiges Becken und vielfältige Nebenräume für Vorbereitung und Auskleiden erforderten, nur noch ganz vereinzelt vorkamen, und der Taufritus für Kinder mit Untertauchen in einem kleinen Becken oder mit Besprengen sehr viel einfacher war.

Einige Bauten waren übrigens ziemlich kompliziert, und es hat den Anschein, daß der Nischenraum und der übliche Wandelgang in ein einziges Raumgebilde zusammengefaßt waren. Schon das Baptisterium der Arianer in Ravenna scheint den Übergang zwischen dem Typ des 5. Jahrhunderts und dem des 6. zu bilden, denn es hat vier Bögen in der Mauer zwischen innerem Kern und Umgang.

Marseille

Das Baptisterium in Marseille (die Provence blieb kulturell lange Zeit der »Koiné« des Mittelmeeres zugehörig), das 1850 ausgegraben wurde, hatte einen Grundriß, der außen quadratisch und innen achteckig war, mit vier Nischen in den Ecken und herausragenden Presbyterium. Acht für sich stehende Säulen und acht in den Winkeln bereicherten den Innenraum. Das ziemlich umfangreiche achteckige Becken hatte einen Boden aus »opus sectile«. Reste eines Fußbodens aus »opus alexandrinum« mit verflochtenen Zwölfecken wurden auch gefunden.

Riez Ein weiteres Baptisterium dieser Art, das in romanischer Zeit umgebaut wurde, steht noch in Riez (Basses Alpes); außen lief wohl der übliche quadratische Wandelgang um.

Classe Auch das Baptisterium von Classe, von dem Agnellus spricht, war vielleicht eine solche Anlage. Der ravennatische Chronist, der es auf Petrus II. bezieht, beschreibt es so: *mira magnitudinis, duplicibus muris et altis menibus structis artmedice artis* (es ist jedoch wahrscheinlich, daß wir das Werk eher Petrus III. verdanken; eine so reiche Bauweise zur Zeit des Theoderich wäre kaum denkbar).

Nevers Das Baptisterium von Nevers (Ausgrabungen 1947–1949) bestand aus einem mittleren achteckigen Raum von 5,40 m Durchmesser im Inneren und einer von Säulen getragenen Kuppel; ein Umgang mit acht abwechselnd gebogenen und rechteckigen Nischen lief girlandenförmig außen herum. Die polygonale Hauptapsis war stärker ausgebildet als die anderen (Louis).

Bildhauerkunst des 6. Jahrhunderts in Ravenna. Altarschranken Die Bildhauerkunst um die Mitte des 6. Jahrhunderts in Ravenna zeigt sich uns vor allem in den berühmten durchbrochenen Altarschranken von S. Vitale mit Netzwerk aus Maschen in einfacher Rhomben- oder Vierpaßform, die von leichten, teils spitz zulaufenden, teils kreuzförmigen »byzantinischen Akanthusblättern« eingenommen werden. Auch in S. Apollinare Nuovo gibt es prächtige Schranken. Eine mit Kreuz, Rebranken und Mäander erinnert an Platten des Presbyteriums der Hagia Sophia in Konstantinopel, das Motiv einer weiteren aus dichten Rebranken mit Trauben, die aus einem Gefäß herauswachsen, mit einem Kreuz und zwei Pfauen, findet man am Kopfende des Sarkophagdeckels der Agnelli in S. Apollinare in Classe wieder.

Sarkophage Die wenigen ravennatischen Sarkophage des 6. Jahrhunderts wiederholen die symbolischen Kompositionsschemata mit Pfauen, Lämmern, Kreuzen und Palmen. Der des Bischofs Ecclesius (gest. zwischen 532 und 534) mit flachem Relief (wie der Altar von S. Vitale) hat einen Fries von typischen kleinen Rosetten aus vier Blättern. Feiner ist die Arbeit an der Frontseite eines Sarkophages des Cleveland Museum of Art vom Typus mit Säulen und Nischen (zwei »runde«, davon eine mit Muschel und eine in Form einer »Mitra«), an welchem zwei große glatte Kreuze an den Seiten bereits den neuen Geschmack des 6. Jahrhunderts, die abstrakten Neigungen der Ikonoklasten, ankündigen.

Bischofsstuhl des Maximinianus

Der Bischofsstuhl von Ravenna, das größte erhaltene Werk der Elfenbeinkunst aus dem Altertum, ist halbzylindrisch gebogen. Reich mit Rebzweigen, Pfauen, Hirschen und kleinen Vögeln verzierte Einfassungen rahmen zahlreiche figurengeschmückte Felder. An der Vorderseite sind fünf Felder mit Muschelnischen, in denen der Täufer mit dem Lamm in der Mitte und die vier Evangelisten erscheinen. Darüber, in der Mitte des einen großen Streifens mit allerfeinsten Ornamenten, befindet sich das Monogramm des Maximinianus, wie es auch in S. Vitale vorkommt.

Die figürlichen Felder bilden drei Zyklen und sind wahrscheinlich das Werk ebenso vieler Meister. An der Vorderseite der Rücklehne sind Tafeln, die sich auf die Theotokos beziehen (ursprünglich acht); seitwärts sehen wir die Josephsgeschichten in zehn Feldern, fünf auf jeder Seite, während auf der Rückseite der Lehne ursprünglich vierundzwanzig Felder angebracht waren, die sich auf das Leben und die Wunder Christi beziehen. Das Werk, das früher als alexandrinisch angesehen wurde, wird heute eher mit Konstantinopel in Verbindung gebracht, auch wenn man annimmt, daß einige Teile von ägyptischen Werkstätten der byzantinischen Hauptstadt ausgeführt wurden. Die Weinranken sind von kleinasiatischer Form und viele Gestalten im Zyklus der Theotokos, wenn nicht die Evangelisten selbst, haben mehr von der anmutigen Eleganz Kleinasiens als von der Lebhaftigkeit Alexandriens. Andererseits bieten die Josephsgeschichten viele »ägyptisierende« Einzelheiten, während der Stil der kleinen Reliefs, die sich auf das Leben Christi beziehen, noch umstritten ist.

Elfenbeindeckel von St. Lupicin

Ein weiteres Denkmal byzantinischer Bildhauerkunst des 6. Jahrhunderts in Elfenbein ist der Einband des Evangeliars von St. Lupicin (Jura), jetzt in der Bibliothèque Nationale von Paris; die beiden Deckel bestehen, wie üblich aus fünf Teilen, und wie jene des Mailänder Domes bezieht sich der eine auf Christus und seine Wunder, der andere auf den Zyklus der Theotokos; auf beiden Seiten halten in der oberen Platte zwei Engel einen Kranz mit Kreuz, wie zwei Viktorien klassischer Zeit (z. B. der Elfenbeindeckel Barberini im Louvre, Ende des 4. Jahrhunderts).

Der zweite Deckel hat in der Mitte die Jungfrau mit dem Kind zwischen zwei Engeltrabanten und an den Seiten die Verkündigung, die Prüfung durch das Fluchwasser, die Flucht nach Ägypten, alles nach den Regeln byzantinischer Ikonografie dargestellt, auf die wir noch hinweisen werden.

Die untere Platte, die offensichtlich von dem »Christus-Deckel« eines anderen Einbandes stammt, zeigt den Einzug des Heilandes in

Fig. 43 – Evangeliar von St. Lupicin

Jerusalem. Weitere byzantinische fünfteilige Einbände sind ähnlich.

Ravenna
Etchmiadzin

In Ravenna wird im Museo Nazionale ein »Christus-Deckel« aufbewahrt, der ziemlich plump ist, und in Etchmiadzin in Armenien gibt es zwei Einbände, die denen von St. Lupicin beinahe gleich sind. Jener mit der Jungfrau zeigt seitlich die Verkündigung, die Prüfung durch das Fluchwasser, die Flucht nach Ägypten, die Geburt, unten die Anbetung der Weisen mit den Hirten und einem Engel.

Die Ikonen

Die Malerei erlebt im 6. Jahrhundert eine im Vergleich zu der frühchristlichen grundlegende Umwälzung. Vom Ende des 5. Jahrhunderts an findet man in den Mosaiken und der großen Malerei Bilder einer neuen Gattung, die dem Beschauer und nicht ausschließlich den anderen Figuren des Bildes zugewandt sind, wie es in der erzählenden Malerei die Regel war, und um 550 breiteten sich die »Ikonen« aus, kleine Tafeln oder Gemälde mit einzelnen Bildern von Heiligen, die von vorn gesehen sind. Diese Gegenstände der Verehrung, Werke einer neuen Kunstgattung, waren sehr weit verbreitet und von großer Wirkung, so daß sie bald auch in den Gemälden und Mosaiken nachgeahmt wurden.

Den Ursprung der Ikonen muß man wahrscheinlich mit den Kaiserbildnissen in Verbindung bringen, die in den offiziellen Kundgebungen im Zug mitgetragen wurden und die Anwesenheit des Kaisers anzeigten. Bei diesen Gelegenheiten brachte man dem »lauraton« (»offizielles« Bildnis mit den kaiserlichen Insignien) Huldigungen mit Kniefall und Kerzen dar. (Du Cange, Glossarium Graecitatis, sub. v.) Auf einer Miniatur des Evangeliars von Rossano stehen die beiden Brustbilder des kaiserlichen Paares auf Staffeleien hinter dem Stuhl des richtenden Pilatus.

»Lauraton«

Während des 4. und 5. Jahrhunderts waren entsprechende Bildnisse für Heilige nicht erlaubt. Christus, die Jungfrau, die Heiligen waren nur in der erzählenden Malerei oder in symbolischen Szenen, wie der des Guten Hirten im Mausoleum der Galla Placidia in Ravenna realistisch dargestellt, aber der »individuelle« Ausdruck ihrer Körper wurde ängstlich vermieden. Christus wurde durch die »Etimasia« ersetzt, d.h. durch den Thron unter dem Kreuz, der für ihn am Tag des Jüngsten Gerichtes bereitet war (von ἑτοιμάζω) oder durch das Lamm (Opfer) oder durch das edelsteinbesetzte Kreuz (Triumph des Martyriums) und so weiter.

Vergeistigung der heiligen Figuren

Die Frontaldarstellung auf den Ikonen war nicht etwas Nebensächliches, sondern etwas ganz Wesentliches, und sie ist begründet in dem für die spätrömische Welt bezeichnenden Interesse an der Vergeistigung der Gestalten und in der Bedeutung, die man dem Ausdruck der Augen zumaß.

Jetzt ist bei den Heiligen des 6. Jahrhunderts der Blick nicht mehr zum Himmel gerichtet wie bei manchen spätrömischen Skulpturen, sondern dem Beschauer mit Unbewegtheit und erregender Eindringlichkeit zugewandt (verstärkt durch Weitung der Augen und durch Weglassen aller Ausdrucksmittel des Gesichts), so daß er eine absolute Spannung bewirkt, eine Intensität der geistigen Beziehungen von äußerster Kraft.

Meisterschaft als Erbe klassischer Kunst

Dieses Ergebnis war möglich, weil Künstler, denen noch der reiche Schatz klassischer Malerei zur Verfügung stand, sich daran machten, den neuen religiösen und ästhetischen Ideen Gestalt zu geben; aber die Synthese, die sie schufen, konnte nicht lange Bestand haben. Die Kraft und die Gefühlsbetontheit der Ikonen und der Figuren des 6. Jahrhunderts verschwanden in den nur gefälligen Wiederholungen des 7. und 8. Jahrhunderts.

Ikonen des 6. Jahrhunderts

Keine Ikone, die man mit Sicherheit in das 6. Jahrhundert datieren könnte, ist uns im Westen überliefert, aber eine Gruppe frühester römischer Madonnen, die auf Holz oder Leinwand gemalt sind, gibt uns von ihnen eine Vorstellung. Es handelt sich um Bildnisse, die seit frühester Zeit zur Verehrung aufgestellt waren und die kürzlich restauriert und untersucht worden sind. Sie stammen aus sehr früher Zeit, d.h. aus dem 6.–8. Jahrhundert.

Rom, Madonna von S. Sisto

Die älteste ist vielleicht die von S. Sisto, nach Bertelli Nachahmung der Blacherniotissa von Konstantinopel. Der außerordentlich tiefe und sanfte (und dabei von Traurigkeit umschattete) Ausdruck der Augen, die feine Linie der Nase und des kleinen Mundes verleihen dem Kopf eine außerordentliche Schönheit. Die summarische Modellierung des rundlichen Gesichtes und des Halses war vielleicht Absicht, um die ausdrucksvollsten Bestandteile des Gesichtes, die großen Augen und den Mund, hervortreten zu lassen, deren Wirkung so intensiv ist, daß sie gut dem 6. Jahrhundert entsprechen könnte.

Weitere frühe römische Ikonen

Weitere sehr alte römische Ikonen wurden von byzantinischer Hand ausgeführt oder gehen auf byzantinischen Einfluß zurück. So die große Madonna von S. Maria in Trastevere, die den Madonnen der beiden Elfenbeine von St. Lupicin und Etchmiadzin (6. Jahrhundert) ähnlich ist, jene vom Pantheon, und die von S. Francesca Romana; Werke, die man auf Prototypen der Zeit Justinians zurückführt, die aber aus späterer Zeit zu sein scheinen.

Mosaike: S. Cosma e Damiano in Rom

Eines der ersten italienischen Werke der Mosaikkunst, das von den neuen, den Ausdruck betonenden Tendenzen geprägt war, ist jenes in der Apsis von S. Cosma e Damiano in Rom, das während der Herrschaft der Amalasunta durch Papst Felix IV. (526–530) im Zusammenhang mit dem Wiederaufleben des byzantinischen Einflusses ausgeführt wurde.

Das Bild, das von wenigen monumentalen Figuren beherrscht wird, weicht im geistigen Gehalt und in den Formen von den herkömmlichen ab. In der Mitte der Apsiswölbung sieht man Christus in einer Tunika mit Purpurstreifen und einem goldenen Mantel. Er schwebt vor einem dunkelblauen Himmel, der im Mittelteil von dünnen und länglichen Wolken, vom Morgenrot beleuchteten Streifen, belebt wird; zu seinen Füßen fließt der Jordan. Diese Gestalt, die die Szene beherrscht, umschließt mit der Linken die Schriftrolle und hält die andere Hand erhoben in einer emphatischen Pose der kaiserlichen »adlocutio«. Dem Beschauer sind die großen Augen zugewandt, die leicht gedrehte und in natürlicher Weise ausgewogene Haltung des Körpers scheint jedoch auch eine Verbindung zu den anderen Figuren anzudeuten; das heißt, daß Christus gleichzeitig eine in eine Handlung eingefügte Gestalt und eine Ikone ist.

Die anderen Figuren handeln wie in einer Zeremonie der »admissio« am Hof. Petrus und Paulus führen in respektvollem Abstand Cosmas und Damian ein, die mit verschleierten Händen Kränze darbieten. An den äußersten Enden der apsidialen Wölbung befand sich auf der einen Seite der Papst, der in der Hand das Modell der Kirche trug (die heutige Figur ist ein Wandgemälde, welches zweimal wiederhergestellt wurde, 1572–1585 und 1655–1658), und auf der anderen Seite St. Theodorus, der Märtyrer aus Amasia in Pontos, wie er die Opfergabe darreicht (St. Theodorus war vielleicht von den Goten besonders geschätzt. Sein Name wurde später gewählt, um eine Kirche in Ravenna neu zu weihen).

Das Ganze scheint wegen seiner meisterhaften Farbgebung das Werk eines Byzantiners zu sein. Der goldene Mantel von Christus verbindet sich mit dem Himmel, den Wolken, dem Silber des Jordans, den grünen Gewändern der beiden heiligen Ärzte zu einem herrlichen Zusammenklang, und der wohl ausgewogene freie Raum um die Mittelfigur hebt sie hervor und betont ihre besondere Bedeutung.

Ravenna, S. Michele d'Affricisco

Bilder von St. Cosmas und Damian erscheinen auch auf einem weiteren Werk der Mosaikkunst; es handelt sich um das Mosaik von S. Michele d'Affricisco in Ravenna, einem Bau, der 545 geweiht wurde. Aus dem Gebäude herausgenommen, wurde es nach langen Abenteuern und weitgehenden Restaurierungen ins Berliner Kaiser-Friedrich-Museum gebracht, wo es sich heute befindet.

Es ist auch deshalb interessant, weil es von einem Kult zeugt, der von den Byzantinern verbreitet wurde, dem der Engel. Die Gründer Julianus und Bacauda wollten die Kirche wegen einer von ihm erwiesenen Wohltat dem St. Michael weihen, wie die alte, von Agnellus wiedergegebene Inschrift sagt.

Die Apsis im Berliner Museum bietet nun neue ikonografische Elemente. In der Mitte der Rundung ist der unbärtige Christus mit Kreuznimbus dargestellt, der mit der Rechten ein edelsteingeschmücktes Kreuz (Christus Victor) und mit der verschleierten Linken ein Buch mit einem Spruch aus dem Johannes-Evangelium (XIV 19 und X 30) hält, der vielleicht nicht ohne antiarianische Bedeutung ist: »*Qui vidit me vidit et patrem ego et pater unum sumus*«; zu den Seiten sieht man zwei Erzengel mit den Namen Michael und Gabriel und auf dem Fries zehn Tauben in Seitenansicht.

Das Mosaik des Bogens enthält, außer den zwei Seitenfeldern mit den beiden heiligen Ärzten, im oberen Streifen kleinere Gestalten. Den bärtigen Christus auf edelsteingeschmücktem Thron zwischen zwei Erzengeln mit dem hohen Zeremonienstab. Auf diese frontal dargestellten Figuren hin bewegen sich in zwei Gruppen die sieben posaunenblasenden Engel der Apokalypse (VIII, 2). Sie schreiten zwischen den himmlischen Wolken, wellenförmigen roten, grünen und blauen Streifen.

Ravenna, S. Vitale

Die reichste unter den ravennatischen Mosaikkompositionen ist die von S. Vitale aus justinianischer Zeit. Auf den Seitenwänden des Presbyteriums sind – westlicher Tradition zufolge – zwei Geschichten aus dem Alten Testament dargestellt, aber die »zusammengesetzte« Anordnung der Szenen und die unvergleichliche Farbenpracht der Hintergründe mit den Felskulissen, dem merkwürdigen aufragenden Baum, der das Bild von Abraham beherrscht, gehören zu einer Welt, die von der klassischen bereits weit entfernt ist und die auch unserem Geschmack ganz besonders nahe kommt.

»Rundbilder« mit Figuren von Heiligen

Eine Serie von fünfzehn Rundbildern (mit den Büsten des Erlösers, der zwölf Apostel und der Heiligen Gervasus und Protasus, legendenhaften Söhne des St. Vitalis) schmückt den großen Bogen des Zuganges zum Presbyterium. Die Figuren sind frontal dargestellt, nur Petrus und Paulus sind leicht gedreht.

Diese Bildnisse in rundem Feld sind in Wirklichkeit ebenfalls »Ikonen«, aber sie leiten sich von den »imagines clipeatae« her, auf Schilde gemalte heroische Bildnisse der klassischen Zeit, die der Ehrung dienten oder im Grabkult verwendet wurden.

Die »Ikonen im Rund« von S. Vitale sind eingefügt in einen reichen dekorativen Zusammenhang mit Delphinen und kleinen Muscheln; ringsherum lief ein prunkvolles Band aus reinem Ornament.

In der Vierung des Presbyteriums vor der Apsis entfaltet sich ein sehr reiches Rankenwerk an den Stichkappen, während die Kanten von sich verjüngenden Girlanden bedeckt sind, welche am Rand des runden Mittelfeldes (Darstellung des Himmels mit dem göttlichen Lamm) einmünden; vier kleine Engel, die nach den Hauptachsen des Gewölbes ausgerichtet sind und auf bunten Kugeln stehen, halten in den erhobenen Händen das symbolische Paradies empor.

In der Apsis thront der unbärtige Christus auf einer großen Himmelskugel vor goldenem Grund und reicht St. Vitalis den Kranz; dieser ist sehr vornehm mit seiner Offizierschlamys und seiner reich mit Stickerei verzierten Tunika gekleidet. Auf der anderen Seite bringt Bischof Ecclesius, der Erbauer der Kirche, ein Modell von ihr. Beide werden

Langobardentempel, Cividale. Vgl. Seite 208 ff.

von zwei Engeltrabanten mit langem Stab eingeführt, die eine Hand auf ihre Schulter legen und sie vorstellen. Aus dem Felsen unter Christus fließen die vier mystischen Flüsse, die sich in einer von niedrigen Felsenstreifen durchzogenen und von tiefen senkrechten Rissen unterbrochenen Wiesen verlieren. Blühende Sträucher beleben den grünenden Boden.

Unterhalb der eben beschriebenen göttlichen Szene entwickeln sich seitlich der Apsis-Fenster die beiden berühmten Züge von Justinian und Theodora. Neben dem Kaiser mit Nimbus und Purpur, der von zwei Würdenträgern und seiner Leibwache begleitet wird, gehen der Bischof Maximinianus und Geistliche; die Kaiserin, die in einem Kantharos eine reiche Weihgabe trägt, steht purpurbekleidet mit Nimbus und Krone unter einer Muschel-Ädikula und reicht ihre Geschenke der Kirche. Ihr voran schreiten Würdenträger und hinter ihr die Hofdamen. Die Schönheit dieser beiden Meisterwerke ist größer als ihr Ruhm; die beiden Herrscher, die drei Hofleute Justinians, Maximinianus und die beiden jungen und schönen Damen im Gefolge Theodoras sind ebenfalls unsterbliche Bildnisse, während das Bild als Ganzes wegen der Lebhaftigkeit und Leuchtkraft der Farben zu den erhabensten Farbsymphonien gehört, die jemals geschaffen wurden.

Die Wiedergabe in Vorderansicht und die Kraft des Blickes bei dem Kaiserpaar und einigen Gestalten des Gefolges stellt auch einen Bezug zu den »Ikonen« her, der gewiß nicht zufällig ist. Diese Verwandtschaft zwischen dem irdischen Hof und dem himmlischen ist durch die Epiphanie, die auf das Paludamentum der Kaiserin gestickt ist, angedeutet.

Ravenna, S. Apollinare in Classe

Das Mosaik von S. Apollinare in Classe, vollendet in der Zeit Maximinians und zusammen mit der Kirche am 9. Mai 549 geweiht, ist von besonders großem Interesse, weil es in sich zwei Epochen vereint. Die des Symbolismus und die darauffolgende der Ikonen.

In der Apsis-Nische ist der ravennatische Protobischof von vorn mit erhobenen und zum Gebet geöffneten Armen dargestellt, während er mit tiefem und melancholischem Ausdruck die Gläubigen, die sich ihm zuwenden, betrachtet. Seine großen Augen verraten eine übermenschliche Gemütsbewegung, die jeden, der die Figur betrachtet, stark beeindruckt. Die umgebende abstrakte Landschaft unterstreicht – ohne zu stören – diese Vertiefung, diese geistige Einsamkeit. Sie stellt eine große Wiese dar, nahezu leer und belebt nur durch einige Sträucher, Steine und große Blüten, die hier und da aufbrechen. Aber im luftigen Himmel darüber stellt eine große gestirnte Scheibe mit einem edelsteingeschmückten Kreuz (eine winzige Ikone Christi befindet sich in seiner Mitte) den Sitz der Gottheit dar, während die Büsten von Elias und Moses zwischen den Wolken und drei kleine Schafe (Petrus, Jakobus, Johannes) am Rand der mystischen Wiese die Verklärung wiedergeben.

Zwölf Lämmer, die S. Apollinare zugewandt sind, versinnbildlichen seine Getreuen in einer angedeuteten Analogie zu den Beziehungen zwischen Christus und den zwölf Aposteln. Über dem Apsisbogen ist oben in der Mitte noch eine runde Scheibe mit einer »Christus-Ikone«, die ihn mit spitzem Bart zeigt – eine ähnliche, aber wichtigere Darstellung wie die in der Mitte des edelsteinbesetzten Kreuzes –, und seitlich erscheinen zwischen Wolken vier Evangelistensymbole; darunter steigen auf dem Rand des Bogens zwei Reihen Lämmer, die zwölf Apostel, empor, die aus dem symbolisch wiedergegebenen Bethlehem und Jerusalem heraustreten. Ein Rand von den für das 6. Jahrhundert typischen spitzen Ranken umgibt die Komposition. Auf den Feldern seitlich der Apsis sieht man die beiden Erzengel, welche Standarten mit dem dreifachen Anruf »῞Αγιος«-heilig-tragen.

Dieses Werk, dem es gelingt, eine heilige Figur in der Welt des Gedankens und der Abstraktion triumphieren zu lassen, ist ein Meisterwerk des Glaubens und des theologischen Scharfsinns.

Parenzo III, Mosaike

Ein großes Werk der Mosaikkunst, das mit denen Ravennas wetteifern kann, befindet sich in der von Bischof Eufrasius (um 550) errichteten Kathedrale von Parenzo.

Es verherrlicht die Muttergottes und steht offensichtlich in Beziehung zur Benennung der Kirche. Maria sitzt in der Mitte der Apsiswölbung auf einem reichen edelsteingeschmückten Sessel mit Fußschemel und Kissen, aber ohne Armlehnen: Zwei Engeltrabanten bilden ihre Wache. Ihr zur Rechten nahen sich St. Maurus, welcher einen Kranz darbietet, der vermutliche Stifter mit einem Modell der Kirche und ein Archidiakonus mit seinem Sohn; zur Linken drei Heilige ohne Bezeichnung. Unten, zu den Seiten der Fenster, wo in Ravenna die Festzüge Justinians und Theodoras erscheinen, sind zwei große Szenen angebracht, die in menschlichem und bewegendem Ton die Verkündigung und die Heimsuchung darstellen.

In den Bögen des Presbyteriums, vor der Apsis, sind große »clipei«: die oberste enthält das göttliche Lamm in einem Kranz von Sternen, der seitlichen die Büsten der zwölf heiligen Märtyrerinnen mit ihren Namen. Ein Kranz von Frauen, die der göttlichen Mutterschaft der Maria heilig sind. Auf dem Triumphbogen ist Christus auf der Himmelskugel zwischen zwölf Aposteln.

Die kleine südliche Apsis hat ebenfalls kostbare Mosaikreste. Den jugendlichen Christus, wie er die beiden Heiligen, St. Severus und, vielleicht, St. Orsus – zwei ravennatische Bischöfe – krönt. Ein Kranz von stilisierten Ranken im typischen Geschmack des 6. Jahrhunderts umrahmt sie.

S. Apollinare Nuovo in Ravenna

Das letzte große ravennatische Mosaikwerk, das vor dem Einfall der Langobarden in Italien ausgeführt wurde, wird von den beiden heiligen Zügen in S. Apollinare Nuovo gebildet; Bischof Agnellus (553–566), der sie sofort nach der Auflösung der arianischen Kirche hatte anfertigen lassen, wollte jede Erinnerung an den abtrünnigen Theoderich in der Kirche, die seine Palastkapelle gewesen war, auslöschen. Die Kirche wurde St. Martin, dem Patron der katholischen Franken geweiht, der selbst dem Zug der Märtyrer voranschreitet und ein purpurfarbenes Gewand trägt, während die anderen weiß gekleidet sind. Die Prozession schreitet langsam auf Christus zu, der in seiner Herrlichkeit zwischen vier Engeln steht: 26 Heilige – davon 16 aus dem ambrosianischen Kanon, wie aus den darüber angebrachten Namen hervorgeht – tragen Kränze als Opfergaben. Der Hintergrund ist golden, unwirklich, und zwischen den Heiligen steht je eine Palme mit herabhängenden Datteln.

Alle laufen wie schwebend über eine Wiese mit großen Blumen, himmlischen Fluren, ähnlich jenen in der Apsis von S. Apollinare in Classe. Auf der anderen Seite des Schiffes entwickelt sich die Prozession der Märtyrerinnen (22, von denen 11 im ambrosianischen Kanon aufgezählt sind), die auf die thronende Jungfrau mit dem Kind zugehen und von den Weisen angeführt werden. Sie sind reich in bunte bestickte und juwelengeschmückte Seidenstoffe gekleidet, kaiserliche Gewänder, die ihren durch das Opfer errungenen Triumph ausdrücken. Auch hier trägt jede Märtyrerin mit verschleierten Händen einen Kranz.

Die Bedeutung dieser Verherrlichung der Märtyrer und der Theotokos tritt klar in Erscheinung, wenn man bedenkt, daß diese beiden Kulte bei den arianischen Goten nicht zugelassen waren und daß man sie anstelle der älteren Szenen mit der Verherrlichung des Theoderichs gesetzt hat, wodurch der endgültige Sieg seine Weihe erhielt.

Die einzigen von der Seite dargestellten Figuren sind die Weisen, die orientalisch gekleidet und der Gruppe der Jungfrau zugewandt sind, der sie die Geschenke darbieten. Christus dagegen und die Jungfrau mit ihren Engeltrabanten sind frontal dargestellt, und die Märtyrer und Märtyrerinnen, auch wenn sie mit ihrem Körper in langsamer Bewegung ein wenig nach einer Seite gedreht sind, richten nach Art der Ikonen ihre intensiv belebten Blicke auf den Beschauer. Die Gefühlsbetontheit dieser beiden Kompositionen, die fast magnetische

Kraft der einzelnen Figuren, die durch die Wiederholung gesteigert wird, ist in der christlichen Kunst des Hochmittelalters nie übertroffen worden.

Die formale Einheit zwischen den Märtyrern und den beiden göttlichen Gruppen, denen sie sich zuwenden, ist zudem derart, daß die verbreitete Meinung, Christus und die Jungfrau mit den Engeln gehörten zu der ältesten Phase der Mosaiken von S. Apollinare Nuovo, nicht überzeugt und die Einzelbeobachtungen, die man in derselben Hinsicht machen könnte, in den Hintergrund treten (Figuren aus der Zeit des Theoderich sind viel kleiner, gleiche Behandlung der himmlischen Wiese mit großen Blumen auf der ganzen Bildlänge, ähnliche Anordnung der Gruppe der Jungfrau wie die im Dom von Parenzo).

Wandgemälde der Commodillakatakombe in Rom

Eine ähnliche Madonna zwischen zwei Engeln befindet sich als Wandgemälde in den Katakomben der Commodilla, die von Johannes I. erneuert wurden (523–526); sie sitzt im Nimbus mit dem Kind auf dem Schoß zwischen den Märtyrern Felix und Adauctus; letzterer stützt eine Hand auf die Schulter der Witwe Turtura, deren Gesicht – belebt durch den überirdischen Ausdruck ihrer großen Augen – berühmt ist wegen seiner realistischen Züge, welche die Meisterschaft des Künstlers verraten. Die Heiligenfiguren sind Ikonen im wahren Sinn des Wortes.

S. Maria Antiqua in Rom. Madonna des »Palimpsest«

Eine weitere Ikone der Jungfrau als Wandgemälde ist in S. Maria Antiqua, gleichfalls in Rom. Es ist dies das älteste Gemälde des berühmten Bauwerkes, welches innerhalb des »Palatium« liegt und deshalb hauptsächlich, wenn nicht ausschließlich, von Militär und byzantinischen höheren Beamten des Palatins und ihren Familien besucht wurde.

Die Kirche wurde in zwei große Räume der Kaiserzeit hineingebaut, die neben der direkt vom Forum zum Palatium hinaufführenden Rampe liegen, welche gleichsam als Schutz für dieses diente. Das Wandgemälde, von dem die Rede ist, wurde auf die Rückwand des zweiten Raumes, rechts von einer Art Nische, gesetzt. Die Malerei, die später mehrmals überdeckt wurde, zeigt die Jungfrau als »Maria Regina« zwischen zwei geneigten Engeln, die im Begriff sind, Opfergaben darzureichen; man datiert sie übereinstimmend in die Mitte des 6. Jahrhunderts (der Zeit, in der die Byzantiner vom Palatin durch Belisar oder Narses Besitz ergriffen hatten) oder in die unmittelbar darauffolgenden Jahre. Die Ikonografie der Madonna mit der Krone und die Technik der fast flächenhaften Farbgebung des Wandgemäldes scheinen eher für einen lokalen als für einen byzantinischen Künstler zu sprechen. Die gleiche Kirche, Festung der Griechen, wurde später

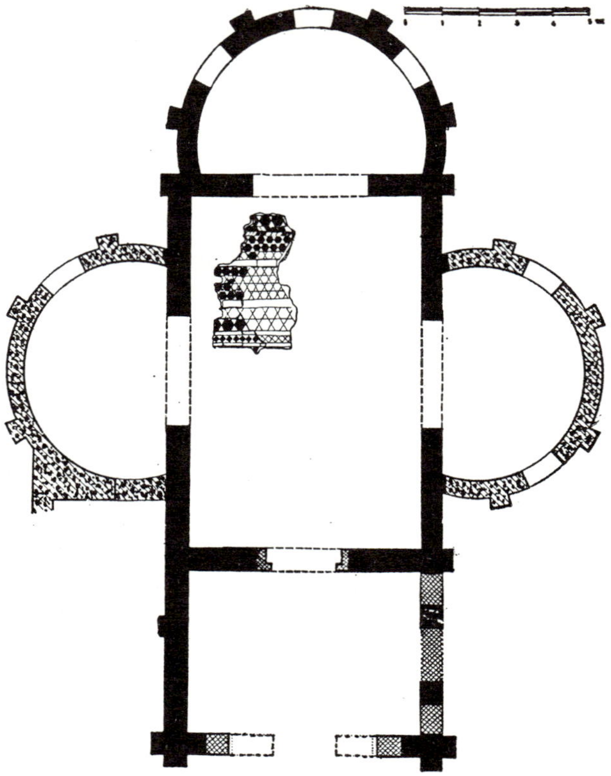

Fig. 44 – S. Maria in Castelseprio

mit weiteren Wandgemälden, die in gelöster und sicherer Art gemalt sind, geschmückt. Sie gehören einer besonderen künstlerischen Strömung an, die eine kurze, aber aufmerksame Prüfung verdient.

Klassizistische Strömung des 6. u. 7. Jahrhunderts

Das ganze 6. Jahrhundert hindurch und noch zur Zeit von Heraklius (610–641) bestand im Osten eine klassizistische Schule, die von einem Kreis hochgebildeter Adliger gefördert wurde und die auch mythologische Themen mit plastischen Formen noch hellenistischen Geistes wiederbelebte; diese Strömung entwickelte sich neben der der Ikonen, die zum Abstrakten und zum linearen Farbstil neigte und sich durch äußerlich nicht weniger großartige Schöpfungen an die Volksmassen wandte.

Durch Stempel datiertes Silber

Der Ausgangspunkt zu diesen Unterscheidungen waren für die Wissenschaftler die klassizistischen Silberteller in der Ermitage, die von

Mazulevitch zusammen mit der Aufstellung der kaiserlichen Prüfstempel von Justinian bis Heraklius veröffentlicht wurden. Weitere Untersuchungen und Entdeckungen haben für diese Ansicht neue Beweise gebracht. Zu dem Silber sind die Mosaike des Palatium Magnum von Konstantinopel gekommen, die, wenn sie auch aus verhältnismäßig früher Zeit sind (die Zuschreibung von Baster an den Beginn des 5. Jahrhunderts ist sehr viel wahrscheinlicher als die kürzlich erfolgte ins 6. Jahrhundert), doch die Lebenskraft des hellenistischen Stiles zeigen, die über die gewöhnlich angenommenen Grenzen hinausgeht.

Mosaike des Palatium von Konstantinopel

Jetzt, im 6. Jahrhundert, wurde in Italien im Gefolge der Heere Justinians eine Reihe von Malern tätig, die zu dieser verfeinerten Kunstrichtung gehörten; ihr bedeutendstes Werk ist in S. Maria in Castelseprio, einem kleinen Ort in der Lombardei, der Festung und Sitz einer byzantinischen Garnison war, erhalten geblieben.

Castelseprio, S. Maria

Die Architektur des Kirchleins zeigt Formen, die nicht mit dem lokalen Brauch übereinstimmen. Ein rechteckiges Schiff mit hufeisenförmiger Apsis, die von diesem durch einen großen engeren Bogen getrennt ist. Seitlich waren zwei gleichfalls hufeisenförmige Nischen, deren Grundmauern man gefunden hat, und ein kleiner Narthex mit Mauerarkaden liegt vor dem Bau. Die Bautechnik macht einen bescheidenen Eindruck; die Kirche hat Mauern aus rohen Steinen, überall flache Holzdecken, auch über den Apsiden, wie es lombardischem und gallischem Brauch entspricht. Die Ausschmückung war einfach, aber nicht vernachlässigt und der Fußboden bestand aus »opus sectile«, aus kleinen Stücken in geometrischer Gestalt; einige der nicht großen Fenster haben weit ausladende Bögen.

Der Ruhm des kleinen Baudenkmals gründet sich auf die Fresken, die den Zyklus der Theotokos nicht nur mit der unvergleichlichen formalen Erlesenheit, die wir vorher erwähnt haben, beschreiben, sondern mit typischen Episoden aus der byzantinischen Ikonografie, die zum Teil aus den apokryphen Evangelien stammen. Die Gläubigen Kleinasiens liebten gewisse Interpretationen des Geheimnisses der Geburt vor »menschlichem Hintergrund« und wollten sie dargestellt sehen: So die Prüfung durch das Fluchwasser durch den Priester oder Joseph für die Reinheit des göttlichen Geschlechts oder die Geschichte der an der Jungfrauenschaft Marias zweifelnden Hebamme, die bestraft und dann geheilt wurde, das Bad des göttlichen Kindes, welches man auf althergebrachte Tradition zurückführt und so weiter. Und die Byzantiner verbreiteten in Italien diese so liebenswerten Darstellungen bei der ortsansässigen Bevölkerung.

Nun sind in Castelseprio die Malereien genau nach den byzantinischen Regeln in Feldern auf der Wand der gebogenen Apsis angebracht. Im oberen Streifen ist: 1) die Verkündigung; 2) die Heimsuchung; 3) die Prüfung durch das Fluchwasser; 4) die Erscheinung eines Engels, der dem auf einer Lagerstatt im Freien (wie es im Orient Brauch ist) schlafenden Joseph Mut einflößt; die fernen Architekturen des Hintergrundes scheinen von hellenistischen Malereien inspiriert zu sein; 5) die Flucht nach Ägypten mit der Jungfrau auf dem Esel zwischen einem Engel, der vor, und Joseph, der hinter ihr geht. Im unteren Streifen ist die Geburt (6) dargestellt. Die Jungfrau, die müde auf ein Lager ausgestreckt ist; das Kind zwischen Ochs und Esel, die Hebamme mit der vertrockneten Hand und oben ein Stern mit Kreuz. Davor zwei Frauen, die das Kind waschen, Joseph und die Hirten, denen der Engel die Botschaft verkündet. Es folgt darauf die Epiphanie (7) mit den Weisen, die der Jungfrau, welche mit dem Kind in feierlicher Haltung dasitzt und von einem schwebenden Engel beschützt wird, Geschenke darbringen. Die Darstellung im Tempel, die letzte erkennbare Szene, zeigt die Madonna, wie sie ihren Sohn dem Simeon hinreicht, unter einer Muschelnische.

Die Namen, die einigen Figuren beigeschrieben sind, haben lateinische Buchstaben, wenn auch manche sprachlich griechisch sind: Emea (die Hebamme), Zumeon für Simeon usw. Oben ist als Rundbild eine Büste von Christus mit der Schriftrolle in der Hand; auf der Rückseite des Triumphbogens befinden sich ein Kranz und ein Kreuz auf einem Thron und an den Seiten in gleicher Anordnung zwei Engel, die Kugeln mit Kreuzen tragen. Unten in der Apsis läuft eine Girlande, darunter öffnen sich verkleinerte Bögen in Perspektive und ein Vorhang hängt an einer Stange, auf der kleine Vögel sitzen. In der Mitte des Sockels ist außerdem die »Etimasia«, ein Thron mit einem Buch auf purpurfarbenem Kissen, dargestellt.

Datierung in das 6. Jahrhundert

Das Werk ist sicher von byzantinischer Hand, aber die Meinungen über die Zeitstellung schwanken zwischen dem 6. und dem 10. Jahrhundert, eine Datierung zwischen 526 und 580 ist sehr wahrscheinlich.

In dieser Kirche wurde im vorigen Jahrhundert ein Sarkophag des 7. Jahrhunderts ausgegraben, dessen Weichheit in der Ausführung, dessen hellenistische Art, die Figuren in den Raum mit einem Hintergrund aus leichten Architekturen und kleinen Bäumen einzufügen, auf eine von der Klassik nicht weit entfernte Zeit hinweisen.

Es ist andererseits unwahrscheinlich, daß die Langobarden, als unversöhnliche Feinde der Byzantiner, einen Künstler dieses verhaßten

Castelseprio, Christus. Fresko

Volkes an einem Ort wie Castelseprio beschäftigt hätten, der weit entfernt war von den Gegenden, wo sich der griechische Einfluß noch gehalten hatte. Manche Einzelheiten sind auch bezeichnend für die Schule von Konstantinopel. Die angedeuteten Architekturen, die aus verkleinerten, schräg stehenden Bögen bestehen (z.B. bei der Flucht nach Ägypten), welche Vorläufer in den Mosaiken des Palatium Magnum haben (um 400) und die man in plumperer Weise auf den Wandgemälden in Münster (um 800) wiederfinden wird.
Den hauptsächlichsten Beweis, daß die Malereien von Castelseprio ins 6. Jahrhundert gehören, wird von der für den Zyklus der Theotokos typischen Ikonografie erbracht, die nur in Denkmälern dieser Zeit mit derselben einfachen und großen Eindringlichkeit dargestellt wird.

Fig. 45 – Ravenna, Elfenbeinreliefs von der Maximinians-Kathedra

Ravenna, Kathedra des Maximinian

In den sechs Feldern der Kathedra des Maximinian sieht man die Verkündigung (die Heimsuchung fehlt jetzt), Josephs Traum, die Reise nach Nazareth, die Geburt, die Epiphanie und die Heiligen Drei Könige, und alle diese Szenen, wenn auch mit geringen Mitteln dargestellt, sind reich an menschlicher Wärme, genau wie in Castelseprio. Maria, die göttliche Mutter, drückt die Gefühle einer Frau aus und ist kein überirdisches Wesen. Sie zeigt Verwunderung bei der Verkündigung, sie stützt sich auf Joseph bei der Flucht nach Ägypten, erscheint erschöpft bei der Geburt, sanft bei der Anbetung der Weisen, wie sie das Kind mit einer Hand hält und den Kopf zu ihm hinneigt.

Weitere Denkmäler des 6. Jahrhunderts

Aber die Kathedra von Ravenna ist nicht das einzige Denkmal des 6. Jahrhunderts, das man den Malereien von Castelseprio an die Seite stellen kann; wir haben schon die fünfteiligen byzantinischen Elfenbein-Buchdeckel von St. Lupicin und Etchmiadzin erwähnt, mit Maria in ihrer Herrlichkeit und den typischen Episoden der östlichen Ikonografie, die von den apokryphen Evangelien beeinflußt ist. Ein weiteres Werk ist jetzt zu dieser Gattung hinzugekommen, das silberne mit Gold eingelegte Weihrauchgefäß, das man in Korydalla in Lykien

FIG. 43

zusammen mit anderen Stücken eines herrlichen kirchlichen Silberschatzes des 6. Jahrhunderts gefunden hat und das im Museum von Antalya ausgestellt ist.

Weihrauchgefäß von Korydella

Das Weihrauchgefäß ist zylindrisch (Durchmesser ungefähr 20 cm) und hat auf dem Rand die Weihinschrift eines »unbedeutenden« Bischofs der Kirche der »Theotokos«, Eutychianus. Es ist durch die Stempel des Justinian, die der Direktor des Museums erkannt hat, datiert. Sechs Szenen sind in Gold dargestellt: 1) die Verkündigung mit dem Engel und der Jungfrau unter einem Bogen mit einem Wollkorb; 2) die Prüfung der Wasser; 3) die Heimsuchung; 4) die Reise nach Nazareth (diese Szenen entsprechen denen von Castelseprio); 5) die Geburt mit der auf ein Lager ausgestreckten Maria; zur Linken Joseph und eine große Architektur, zur Rechten zwei Frauen, die das Kind in einem großen geriefelten Kantharos baden; 6) die Botschaft an die Hirten. Das Kind liegt in einer Wiege zwischen Esel und Ochsen unter einem Stern. Ein Hirte weist mit dem Finger auf dieses himmlische Zeichen, ein anderer, der ein Geschenk auf dem Rücken trägt, folgt.

Fragment eines Evangeliars. Konkordanztafeln des Eusebius von Caesarea. Vatikan, Apostolische Bibliothek. (Vat. Lat. 3806)

S. Maria Antiqua, Rom

Weitere byzantinische Wandgemälde nach klassischer Manier finden sich in der römischen Diakonie S. Maria Antiqua, deren Gemälde der Himmelskönigin in der frühen Kapelle wir schon erwähnt haben. Die eigentliche Kirche, die von Boni zu Anfang dieses Jahrhunderts ausgegraben wurde und die einen unvergleichlichen Schatz hochmittelalterlicher Malereien enthielt, wurde 570 erbaut, wobei die beiden großen Räume, die sich vorher dort befanden, in durchgreifender Weise verändert wurden: Der erste (ursprünglich Taufraum) wurde in ein Atrium, der zweite, der eine Art Peristyl gewesen war, in einen Kultraum umgewandelt. Man ersetzte vier Pilaster durch Säulen, befreite eine der Seiten von den Stützen und öffnete nach hinten eine Apsis (diese durchschnitt zum Teil das alte Wandgemälde der Himmelskönigin Maria). Das Datum dieses Umbaus ergibt sich aus drei Münzen Justins II. (565–578), die unter einer der seitlichen Säulen gefunden wurden, und natürlich wurde schon während dieser Bauperiode die Kirche mit Wandgemälden geschmückt. Zwei Felder, genau an der Stelle auf den Seitenwänden des Triumphbogens, die am meisten ins Auge fallen, müßten zu dem Bauabschnitt Justins II. gehören oder wenige Jahre danach entstanden sein. Es handelt sich um zwei bekannte Wandgemälde, die gemeinhin Martinus I. (649 bis 653) zugeschrieben werden. Das erste ist jenes der Verkündigung mit dem aufrecht stehenden Engel, welcher teils in anliegende, teils in hinter der Gestalt flatternde Gewänder gehüllt ist, die wie von einem Wind bewegt werden. Seine ineinander verfließenden Flügel und ein unendlich großer Nimbus ließen die zarte Gestalt besonders edel wirken. Von der Jungfrau ist kaum mehr als der Thron mit dem Fußschemel übriggeblieben.

Die symmetrisch entsprechende Füllung der anderen Seite des Triumphbogens ist besser erhalten und stellt die »Heilige Solomone« mit den Söhnen des Makabäus und mit Eleazarus dar. Die Mutter, eine langgestreckte edle Gestalt, trägt eine gut drapierte Tunika und ist in einen dunklen Mantel mit »palla« gehüllt, der den Kopf bedeckt und nur das Gesicht frei läßt. Rechts steht eine Figur, die von einem

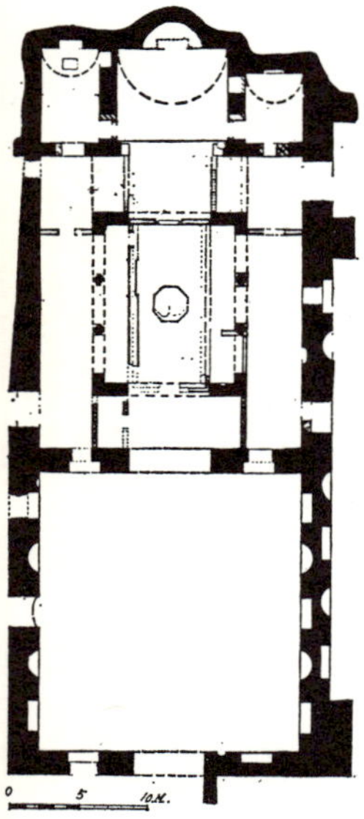

Fig. 46 – Rom, S. Maria Antiqua

·CAN·X·IN Q·IOHAN·PRO·

hellen Pallium umgeben ist, welcher auch die linke Hand einhüllt, während die rechte auf Solomone zeigt; davor steht ein Knabe, der über der elfenbeinfarbenen Tunika eine rote »casula« trägt und gleichfalls auf die Mutter weist; ein zweiter Knabe steht an der Seite. Links sehen wir Eleazarus mit rosafarbener Tunika und hellbraunem Pallium, außerdem zwei weitere, fragmentarische Figuren. Das Werk, dessen Inschriften alle griechisch sind, ist in gelöster und verfeinerter Weise gemalt, inspiriert von hellenistischer Tradition auch wegen seiner luftigen Komposition. Seine edlen Figuren sind frei gruppiert und doch zusammengeschlossen in ihrer gemeinsamen Bezogenheit auf die Mutter hin, die als einzige den Nimbus trägt, offensichtlicher Hinweis auf die Theotokos. Die plastisch wiedergegebenen Gestalten sind mit ihren roten und dunklen Tönungen umgeben von einem in breiten Streifen übereinandergesetzten Blau.

Mosaike von Casaranello

Eine besondere Stellung, die eher an den christlichen Symbolismus angelehnt ist als an die verwickelten Figurenszenen des 6. Jahrhunderts, nehmen die Mosaike in der kleinen Kirche von Casaranello auf der Salentinischen Halbinsel ein (einst kreuzförmig wie das Mausoleum der Galla Placidia).

Das Gewölbe des Presbyteriums hat ausschließlich geometrische Motive wie ein orientalischer Teppich; der Rand hat fünf Streifen: Edelsteinband, Flechte aus drei Bändern, perspektivische kleine Konsolen, danach »laufender Hund« (Wellenband) und noch einmal Edelsteinband. Das Gewölbefeld selbst ist in drei Zonen aufgeteilt; die mittlere hat bunte Streifen, die seitlichen ein Geflecht, welches große und kleine Kreise bildet; die breiten Bänder des Geflechts sind abwechselnd verschwommen oder deutlich als Flechtwerk zu erkennen. In den so gebildeten Feldern sind kleine Zweige mit Früchten, Fischen oder kleinen Tieren: Kaninchen, Enten usw.

Die Kuppel erinnert an Albenga; in der Mitte befindet sich ein Kreuz aus gelben Steinen in einer blauen Scheibe mit drei Reihen von Sternen (der Mittelpunkt des Himmels). Außen herum läuft ein breites blaues, sehr viel dunkleres Band mit zwei Reihen von Sternen (der Luftraum). Unten schließlich ein regenbogenfarbiger Ring.

Aus den Dreiecken der Zwickel entfalten sich Ranken, die in einer besonderen Art stilisiert sind und den Stukkaturen von S. Vitale in Ravenna oder denen des Haupteinganges am Narthex der Hagia Sophia in Konstantinopel gleichen: Voluten mit gezackten Blättern und einem kleinen, einer Mohnkapsel ähnlichen Knopf am Ende. Die Gurtbögen tragen Blattwerk zwischen Edelsteinbändern. Das abstrakte Bild des Himmels und manche Elemente der dekorativen Syntax

(»laufender Hund«, Ornamentstreifen mit Blättern, Edelsteinband) scheinen auf das 5. Jahrhundert hinzuweisen, aber das Vorhandensein von Flechten und Bandwerk an einem Mosaik des Gewölbes und vor allem die typischen gezackten Ranken führen auf die Mitte des 6. Jahrhunderts.

Miniaturmalerei

Die italienische Miniaturmalerei der liturgischen Handschriften hat bescheidene Zeugnisse hinterlassen; das Fragment des Evangeliars der Vatikanischen Bibliothek (Lat. 3806) aus dem 6. Jahrhundert zeigt in einer vierfachen Säulenarkade mit vergoldeten Kapitellen die »Kanonestafeln«; der Bogen darüber ist mit reichem Blattwerk geschmückt und zwei zierliche blaue Vögel (auf einer anderen Tafel Pfauen) ragen am Bogenansatz weit heraus.

Gallien. Die Franken

Im 6. Jahrhundert befestigten die von den Merowingern geführten Franken ihre Herrschaft über Gallien, indem sie 523 das Reich der Burgunder eroberten. Nur die Provence wurde noch kurze Zeit von den Goten des Theoderich beherrscht. Die Franken versuchten während des gotischen Krieges, sich auch in der Po-Ebene niederzulassen, aber sie wurden von Narses wieder verjagt; sie hielten jedoch die Provence, die von den Ostgoten geräumt war, und blieben so nach 553 endgültig am Mittelmeer, nun nicht mehr als Vasallen des Reiches, sondern als Eroberer. Wegen der heftigen dynastischen Kämpfe und der uneinheitlichen Bevölkerung normalisierte sich jedoch während des ganzen 6. Jahrhunderts die Lage des fränkischen Reiches nicht; die übriggebliebenen Römer verschmolzen nicht mit den Germanen, so sehr auch die enge Verbindung Chlodwigs mit dem christlichen Episkopat das religiöse Hindernis, welches am stärksten die Völker voneinander trennte, beseitigt hatte. Die Städte blieben auf diese Weise meistens verlassen, weil die Franken gewöhnlich außerhalb wohnten, und die Bischöfe, die allgemein aus alten gallo-römischen Adelsgeschlechtern hervorgingen, wurden Beherrscher der Kirche und der Gesellschaft, Verteidiger der Bürger und ihrer Rechte und Helfer der Notleidenden.

Aufgabe der Städte

Die Bischöfe

Diese Bischöfe versuchten die alten Stadtkerne zu erhalten oder sie wieder zu beleben, indem sie die zerstörten oder ausgeplünderten Bischofssitze neu gründeten. Die der südlichen Provinzen blieben in normalen Beziehungen zur päpstlichen Regierung. Die mittleren und nördlichen mußten dagegen den fränkischen Königen gehorchen, die sich als Beschützer der französischen Kirche betrachteten.

Neue Kirchen in Paris

Die merowingischen Könige erbauten große Basiliken, die jetzt alle zerstört, von denen aber einige Nachrichten überliefert sind. St. Geneviève in Paris, um 510 von Chlodwig über dem Grab der Heiligen erbaut, hatte ein vorgelagertes Atrium aus Marmor und mosaikverkleidete Wände mit Geschichten »der Patriarchen, Propheten, Märtyrer und der Glaubensbekenner«. St. Croix et St. Vincent (das heutige St. Germain de Près) in Paris wurde auf Betreiben Childeberts errichtet und gegen 558 vollendet. Die Kirche hatte Mauern mit reichen Marmorverkleidungen, Fußbodenmosaiken und Bronzeziegel auf dem Dach.

Toulouse, La Daurade Einige etwas genauere Nachrichten haben wir über die Kirche Nôtre Dame de la Daurade in Toulouse. Ihr Name kam von den Mosaiken, die das Innere schmückten. Es handelt sich um einen merkwürdigen zehneckigen Kuppelbau, mit einer Öffnung im Scheitelpunkt der Wölbung und drei Reihen Arkaden mit Marmorsäulchen an den Wänden.

Das schon in romanischer Zeit veränderte Baudenkmal wurde 1761, wohl nach mißglückten Restaurationsversuchen, abgerissen. Die Mosaike, die von einem Klosterbruder, Don Lamothe, beschrieben wurden, schmückten die Nischen. Sie stellten im oberen Teil die Anbetung der Hirten und Weisen, die Heiligen Drei Könige vor Herodes und den Kindermord dar, im mittleren Christus und die Jungfrau mit vier Erzengeln (Uriel, Michael, Gabriel und Raphael), zwölf Apostel oder Evangelisten. In der dritten Reihe waren Geschichten des Alten Testamentes; Propheten, Joseph und Benjamin und die drei Juden im Feuerofen.

Einige erhaltene Säulchen und Basen zeigen uns den Stil des bildhauerischen Schmuckes. Die Kapitelle erinnern in der Behandlung des Blattwerks an den klassischen Stil, die Schäfte sind mit Arabesken von Weinranken verziert.

Das Baudenkmal kann, wie schon E. Mâle erkannt hat, nicht im 5. Jahrhundert errichtet worden sein, weil die Weihung und die Marienbilder während der Herrschaft der noch arianischen Westgoten nicht erlaubt waren; der Bau kann frühestens auf ungefähr 560 bezogen werden. Die merkwürdige Bauweise mit übereinandergestellten Arkaden und die Ikonografie, die ganz westlich in den Themen ist, aber einzelstehende Figuren zeigt, sowie die Anwesenheit der vier Erzengel, unter ihnen Raphael, würden überdies dazu führen, die Daurade ins 7. Jahrhundert oder sogar an den Beginn des 8. Jahrhunderts zu datieren. Daß sie identisch ist mit der Basilika, in die sich gegen 584 Rigonthe, die Tochter Chilperichs, geflüchtet haben soll (Gregorius von Tours, Hist. Franc. III, 10), ist nur eine Vermutung.

Genf, St. Germain Eine seltsame Kirche wurde 1906 unter St. Germain in Genf ausgegraben. Das Bauwerk muß quadratisch mit einer Seitenlänge von ungefähr 10 m gewesen sein und eine herausragende Apsis gehabt haben; zu den Seiten des kleinen Presbyteriums war ein kleiner Raum, eine Art »prothesis«. Ein kleiner Narthex lag vor dem Bau.

Man hat nach dem Grundriß den Eindruck einer Kapelle, die von einer Kuppel bedeckt war, wie die von S. Vittore bei S. Ambrogio in Mailand, die als Begräbniskapelle des Heiligen bestimmt war. Tatsächlich wurden in Genf Fragmente eines etwa 1,25 m hohen Denkmals mit Hirschen und Lämmern gefunden, die vor einem Hintergrund mit dürren, in drei kleinen Blättern endenden Bäumen einem edelsteingeschmückten Kreuz gegenüberstehen. Weiter wurden gefunden: ein hoher Ornamentstreifen und große stilisierte Blätter (in der typischen »unklassischen« Art), die abwechselnd nach oben und nach unten gerichtet sind und von dürren Bändern in S-Form getrennt werden. Die Blätter sind in Kerbschnitt-Technik ausgekehlt.

B.A. 21

B.A. 19

Weitere Bruchstücke mit Weinreben und Trauben, die aus einem Kantharos hervorkommen, zeigen den byzantinischen Einfluß des 6. Jahrhunderts, aber die kleinen Endvoluten der Rebranken sind nicht nur ein Zeichen einer ganz besonderen Stilisierung, sondern auch einer verhältnismäßig späten Zeit (Mitte oder Ende des 6. Jahrhunderts).

Das Denkmal ist sehr wichtig wegen der tiefgehenden Umwandlungen der byzantinischen Motive durch die fränkischen und burgundischen Künstler und wegen der neuen charakteristischen Eigenart ihrer Schöpfungen.

Gräber in Süddeutschland

In Süddeutschland ist die Typologie der Grabfunde, vor allem der Fibeln, durch Münzen datierbar. In die Zeit von 520 bis 550 gehen silbervergoldete Fibeln mit kleinen Granaten und Vogelkopf-Fuß oder mit Spiralen verzierte Bronzefibeln und Fibeln in S-Form zurück. Zwischen 550 und 560 datiert man die Fibel mit rhomboidem Körper und einem Fuß in Form eines flachen Kopfes, die in S-Form und die am Bogen mit vorstehenden Knöpfen verzierte Fibel.

Eine besondere Erwähnung verdienen die S-förmigen Schnallen, die einen Körper in Form einer Schlange und zwei sich gegenüberstehende Köpfe mit geöffneten Schnäbeln haben, welche oft mit einem runden Auge aus Granaten versehen sind (Werner).

Gräber aus Köln und das Grab der Königin Arnegundis

Die hervorragendsten Zeugnisse dieser Kunst wurden in den bekannten Fürstengräbern von Köln und in dem von St. Denis gefunden (Königin Arnegundis, gestorben zwischen 565 und 570). Am wichtigsten ist unter den Fundstücken des letzteren die große silberne Gürtelschließe mit Auflagen von Gold mit Filigran und kleinen Granaten. Das Muster, das sehr verschieden von den üblichen Arbeiten in

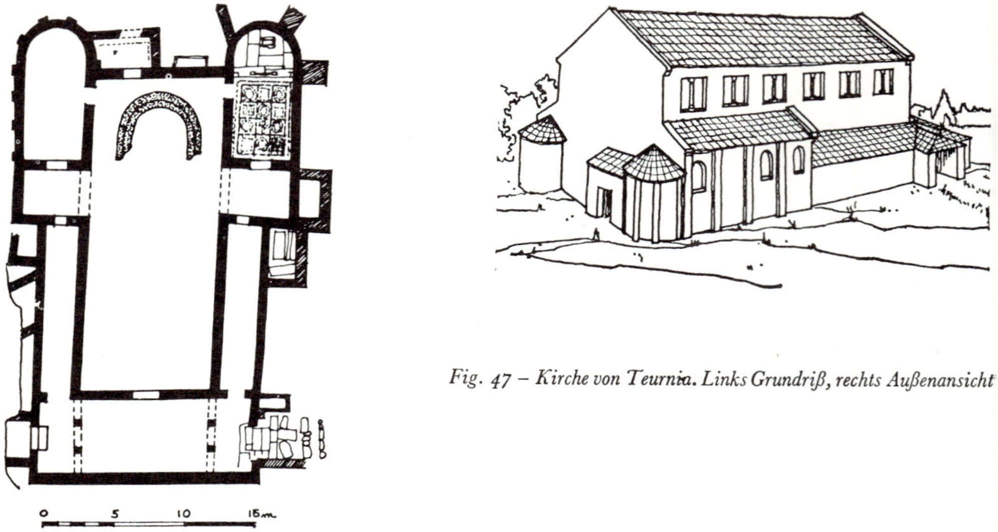

Fig. 47 – Kirche von Teurnia. Links Grundriß, rechts Außenansicht

»Cloisonné« ist, bestätigt die schöpferische Originalität der fränkischen Goldschmiedekünstler und darüber hinaus ihre Meisterschaft auf diesem Gebiet.

In dem sich entwickelnden feinen Silberornament, das Spannung und verborgene Kraft ausdrückt, fehlen nicht gewisse Anklänge an den »Tierstil«. An den Enden befinden sich symmetrische Vogelköpfchen im Profil mit langem halbgeöffnetem Schnabel. In der mittleren Partie sind kleine Stierköpfe von vorn gesehen. Die kleineren Schnallen zeigen am Ende der gebogenen Hälse symmetrisch angeordnete im Profil gesehene Vogelköpfe, die in ihrem langen Schnabel ein Volutenband halten. Man kann den Fortschritt in der Lebendigkeit dieser Köpfe erkennen, wenn man jene Raubvögel vergleicht, die in gotischer Zeit üblich waren und deren Wildheit (weil der Raubvogelart angeboren) man mehr ahnte, als daß sie sich wirklich äußerte.

Eroberung Spaniens durch die Byzantiner und Verteidigung durch die Westgoten

Während ihrer Ausdehnung im Mittelmeerraum besetzten die Byzantiner die Balearen und einige katalanische und spanische Gebiete an der Küste, aber sie wurden durch die Verteidigung der Westgoten aufgehalten, die das Gebiet nur schrittweise preisgaben.

Mit der Zeit wurde die Anwesenheit der Byzantiner auf dem Festland immer schwieriger, weil sich der Druck der Westgoten verstärkte. Diesen gelang es schließlich, einen großen Teil des verlorenen Gebietes zurückzuerobern und durch Sisebut (612–620) und Swintila (621 bis 631) die letzten Stützpunkte der Byzantiner wieder zu beseitigen.

Leovigild selbst gewann auch Cantabrien (574) und Galizien (585) für sein Reich und vereinte so unter seinem Zepter fast die ganze Iberische Halbinsel.

Byzantinischer Einfluß

Die unmittelbare Berührung mit den Byzantinern hatte jedoch, unabhängig von der militärischen Eroberung, auf die Westgoten großen Einfluß. Nur scheinbar weisen die Kirchen in dem besetzten Gebiet (Algezares, D. Pedro de Alcantara usw.) eher nordafrikanische als byzantinische Formen auf.

Leovigild, der Befreier, übernahm sogar das byzantinische Zeremoniell, und es wurden Münzen geprägt, die die kaiserlichen Stempel nachahmten.

Byzantinische Plastik oder ihre Nachahmung im Spanien des 6. Jahrhunderts

Die dekorative Plastik des fortgeschrittenen 6. Jahrhunderts umfaßt Stücke, die aus Byzanz importiert waren (ein Kapitell der großen Kirche der Merced zu Barcelona aus der Zeit Justinians und ein weiteres im Diözesan-Museum von Palma de Mallorca aus der Zeit Justins II.) oder Nachahmungen (Sarkophag des Ithacius im Pantheon de los Reyes der Kathedrale von Oviedo, Relief von Salmasas [Lugo] mit Tierbildern ähnlich wie die Ambonen von Ravenna).

In der westgotischen Bronzekunst des 6. Jahrhunderts folgen die Beschlagplatten dem üblichen rechteckigen westgotischen Typus, und in der zweiten Hälfte des Jahrhunderts haben sie rohe, am äußeren Rand vorspringende Vögel.

Die Bronzen und Kreuze, durchbrochene sowie undurchbrochene, gehören dagegen in die Zeit nach 550, wie auch die byzantinisierenden Lyra-Fibeln.

Architektur in Noricum: Teurnia

Die bedeutendste Kirche aus dem 6. Jahrhundert, die in Noricum ausgegraben wurde, die von Teurnia, hatte nur ein Schiff, das mit einer geraden Mauer abschloß; im Ostteil war die übliche Bank für die Geistlichkeit.

Im vorderen Teil des Bauwerkes befanden sich seitlich des Kultraumes und ohne Verbindung zum Schiff zwei lange und schmale Gänge, die nur mit dem Narthex verbunden waren, einem weiten Raum quer vor dem Bau mit zwei Säulenpaaren in der Mitte.

Seitlich des Presbyteriums waren zwei Kapellen, deren gebogene Apsiden nahtlos an die Mauern anschlossen. Es wurden dort Spuren von Altären und Reste von Platten aufgefunden, die mit Kreuzen, Tauben und dreifachen Akanthusrosetten im Relief verziert sind.

DIE GEFÄHRDUNG DES MITTELMEERISCHEN KULTURKREISES DURCH DIE ARABER UND GERMANEN. ERSTE ZEUGEN EIGENSTÄNDIGER KULTUREN IN NORDEUROPA (568–700)

Die schwerwiegenden politischen Ereignisse des 7. Jahrhunderts und die sich ergebende Veränderung des Geschmackes tragen dazu bei, diese Zeit zu einem bedeutenden Einschnitt in der Entstehungsgeschichte der mittelalterlichen Kunst zu machen.

Nach dem Tod Justinians (565) und nach dem Ende der Gewaltherrschaft dieses tatkräftigen Kaisers fielen die Langobarden in das durch den Gotenkrieg erschöpfte Italien ein.

Einfall der Langobarden in Italien

Am 2. April 568 kamen diese rauhen Krieger unter der Führung König Alboins aus Pannonien in das Friaul und nach Venetien. Nach der Einnahme von Aquileia dehnte sich ihre Eroberung auf die Lombardei und auf weite Teile des Festlandes aus. Mailand ergab sich am 13. September 569.

Auf den 572 ermordeten Alboin und auf Clefi (572–574) folgte das sogenannte Jahrzehnt »der Herzöge«, in welchem die Langobarden sich unter unabhängigen Heerführern aufteilten und nach Mittel- und Süditalien eindrangen. Einige der in dieser Phase der Ausbreitung gegründeten Kleinstaaten hatten noch nach Wiederherstellung der Monarchie (584) Bestand.

Die Langobarden, die in einzelnen Scharen von mutigen Führern geleitet wurden, drangen überall ein, aber sie konnten die Erfolge nie vollständig ausnutzen und den Byzantinern die wichtigsten Städte am Meer und überhaupt die Stützpunkte nicht wegnehmen, von denen aus jene sich mit der Flotte verteidigten.

Teilbesetzung der Halbinsel

Zum Schluß, als die Langobarden ihre Ausdehnung beendet hatten, blieben sie unter der kaiserlichen Oberhoheit dieser Gebiete, die meist am Meer lagen und in einer Stadt oder einem wichtigen Hafen ihren Mittelpunkt hatten; und hier lebte man noch »auf byzantinische Art«. In der Tat betrachteten die Kaiser von Konstantinopel die Langobarden nur als vorübergehende Eroberer (im Testament des unglücklichen Kaisers Mauritius ist Italien das Vermächtnis für den Zweitgeborenen) und erst nach dem Angriff der Araber brachen diese Illusionen zusammen.

Chaotische Lage

Während die Ostgoten das Land durch die »Römer« hatten verwalten lassen, beuteten es die Langobarden mit Hilfe von örtlichen Tributen systematisch aus, richteten aber keine wirtschaftliche oder verwaltungstechnische Organisation ein; so wiederholte sich im 7. Jahrhundert in

Italien dieselbe chaotische Situation, die in Gallien im 5. und 6. Jahrhundert herrschte, das heißt, es herrschte Unordnung als Folge der Invasionen, die es unmöglich machten, die gestörten Verhältnisse wieder zu festigen, die Städte wurden entvölkert oder sogar von den alten Bewohnern gänzlich verlassen, und die Eroberer konzentrierten sich in Festungen oder befestigten Lagern oder in kleinen, für die Verteidigung günstigen Städten.

In dieser Atmosphäre konnten Kunst und Architektur gewiß nicht gedeihen, aber sowohl Byzantiner als auch Langobarden versäumten es nicht, in den von ihnen beherrschten Städten einige neue Bauwerke, vor allem Kirchen, zu errichten, wobei sie jedoch Spolienmaterial, schon benutzte Säulen und Marmorteile verwendeten. *Neue Kirchen*

In den westlichen Kirchen hatte man es bis etwa 550 oft vermieden, teure Marmorsäulen zu verwenden, indem man nach sehr einfachen architektonischen Grundrissen baute, nämlich dem der Hallenkirche; wenn es sich um große oder prunkvolle Bauten (Säulenbasiliken oder Märtyrerkirchen) handelte, kamen Schäfte und Kapitelle, wenn sie eigens angefertigt wurden, meist aus dem Osten und selten (Verona) aus örtlichen Marmorbrüchen und Werkstätten. *Spolienmaterial*

Der Gebrauch von Spoliensäulen war ursprünglich nur in Städten üblich, die reich an klassischen Baudenkmälern waren. So zeigt z.B. in Rom die Kirche S. Sabina (um 440) eine Reihe schöner korinthischer wiederverwendeter Säulen, die alle gleich sind, und in S. Stefano Rotondo (um 475) sind die Säulenschäfte in Serien angeordnet und die Architrave gleichmäßig. Im allgemeinen jedoch wurde die Wiederverwendung klassischer Stücke nur für die Erbauung der wichtigsten Basiliken in Ravenna und Rom genehmigt.

Eine Anordnung von Majorianus aus dem Jahre 458 (nov. III, 11. Juli) droht demjenigen schwere Strafen an, der in Rom antike Denkmäler beschädigt *(aedificia quaeve in templis aliisque monumentis a veteribus condita)*, um damit Gebäude auszubessern. Die Ausnahmen mußten von den höchsten Stellen genehmigt sein und waren mit der Verpflichtung verbunden, die künstlerisch durchgebildeten Teile *(»ornamentum«)* an andere Baudenkmäler zu überführen. *Verordnung von 458*

All dies änderte sich völlig nach der Mitte des 6. Jahrhunderts, wo die Verwendung von Spolien zur Regel wurde und man die überlieferten Bauten ohne Rücksicht zerstörte.

Die letzten Tempel, die man als edle Erinnerungen an die Vergangenheit bewahrt hatte, wurden zerstört; man plünderte sie sowie kaiserliche Bauten und solche, die für das Volk bestimmt waren. Auch die Häuser in den verwüsteten Städten wurden ihrer Säulen beraubt, und *Zerstörung der Tempel und der klassischen Bauten* die Wegnahme dieser begehrten marmornen Stützglieder hatte in den meisten Fällen den gänzlichen Zusammenbruch der Bauten zur Folge. Die immer seltener werdenden Spolien beeinflußten weitgehend die Architektur vom Ausgang des 6., des 7. und des 8. Jahrhunderts.

Mangelhafte Proportionen der Bauten

Die Kirchen, die unter Benutzung wiederverwendeter Stücke errichtet wurden, hatten zuerst uneinheitliche Stützen; später, mit dem Seltenerwerden des verfügbaren Materials, wurden die Mißverhältnisse immer größer. Noch dazu verbreitete sich mit der Zeit die Angewohnheit, zwischen die Pilaster große oder kleine Marmorsäulen zur Verzierung einzufügen, bis dann bei den Basiliken der alte vornehme Rhythmus der marmornen Stützen aufgegeben und durch ein unruhiges Spiel von Kontrasten ersetzt wurde.

In Kirchen umgewandelte Tempel

Neben der Wiederverwendung einzelner Bauglieder stand die Umwandlung der klassischen Tempel in christliche Kultstätten.

Das Heidentum war von den theodosianischen Kaisern verboten worden (schon 399 war die Zerstörung der ländlichen Heiligtümer, wenn auch »*sine tumulta et turba*«, angeordnet worden), aber trotz der Behauptung Theodosius II. (cod. Theod., XVI., 10, 22): »Wir glauben nicht, daß es noch Heiden gibt« und den schweren angedrohten Strafen, lebte es noch bis in die Zeit Justinians.

Endgültiges Verbot des Heidentums

Dieser ordnet einen unerbittlichen Kampf an; die heidnischen Adligen wurden bloßgestellt und bestraft, die Philosophen, die sie verteidigten, verfolgt, und auch die Rechtsschule von Athen wurde geschlossen (529), die noch stehenden Tempel wurden entweder zerstört oder in Kirchen umgewandelt. Wir müssen auch daran denken, daß in dieser Zeit die Tempelanlagen mit ihren Podien, Säulenstellungen und Giebeln den Christen nicht mehr so abstoßend erschienen, weil selbst die kirchlichen Autoritäten verlangten, daß die Tempel in Kirchen umgebaut wurden. So schenkte Focas das Pantheon Gregor dem Großen (613), der es allen Märtyrern und den Engeln weihte.

Diese letztere Weihung ist auch bezeichnend für den Kult der Engel, der gerade in dieser Zeit Fuß zu fassen begann.

Verbreitung des Engelkultes durch die Byzantiner

Diese unwirklichen Geschöpfe waren schon seit ältester Zeit Gegenstand theologischer Überlegungen gewesen und dargestellt worden. Die guten Engel lebten für die Gläubigen des 5. Jahrhunderts in der feuerstrahlenden Sphäre, wo der Sitz Gottes ist, und da sie erhitzt waren von dieser Wärme, wurden sie in Rot dargestellt; die bösen Engel waren dagegen blau wie die Luft, die sie bildete, so die Engel der Gerichtsszene in S. Apollinare Nuovo in Ravenna.

Ravenna, S. Michele

Mit dem 6. Jahrhundert wurde ihr Kult durch die Byzantiner im Westen verbreitet, und in Ravenna stellte man nicht nur Engel als

Wachen für Christus und die Jungfrau dar, sondern weihte auch eine Kirche mit reichen Darstellungen von Engeln dem St. Michael (»in Affricisco«).

Traktat des Pseudo-Dionysius

Die Abhandlung über die himmlischen Hierarchien des Pseudo-Dionysius (Ende 5. Jahrhundert), welche die Natur der neun himmlischen Chöre genau angab, wurde auch in Konstantinopel durch Gregor den Großen (579–586) bekannt, der daraus Schlüsse zog und die Ergebnisse verbreitete; danach wurden die himmilschen Wesen im Westen Gegenstand eines sehr verbreiteten Kultes, der sich so weit steigerte, bis diese eine Stellung als »Vermittler der Gnade« erreichten, die jener der Märtyrer glich.

Verbreitung des Engelkultes im Westen

Im 7. und 8. Jahrhundert entstanden in allen Städten des Westens den Engeln geweihte Kirchen und Oratorien. Diese Kultzentren wurden oft auf höher gelegenen Orten errichtet, weil es den Erzengeln, Bewohnern des Himmels, gefiel, so und sie mit Vorliebe in den Bergen in Erscheinung traten (Monte Gargano, im Jahr 492?, Mont St. Michel in der Normandie 709?). Wenn Anhöhen fehlten, wurden die Oratorien zu Ehren der Erzengel in Türmen oder Galerien der Kirchen eingerichtet und Papst Bonifazius II. (607) erbaute die Kapelle S. Michele »ad nubes« auf der höchsten Stelle des Mausoleums des Hadrian (»Engelsburg, Castel Sant'Angelo«).

Die Langobarden und St. Michael

In Italien hatte der von den Byzantinern eingeführte Kult des St. Michael großen Erfolg bei den Langobarden. Eine verbreitete Meinung sieht darin sogar eine nationale Eigenart.

Nur drei Erzengel (745)

Es gab auch Übertreibungen und Aberglauben in bezug auf die Engel. Sie wurden vom römischen Konzil von 745 unterbunden. Auf dieser Versammlung ließ Papst Zacharias eine Entschließung verabschieden, nach der für die menschliche Erkenntnis nur drei Erzengelnamen zugelassen wurden: Michael, Gabriel und Raphael; andere Engel, vor allem Raguel, wurden noch eine Zeitlang hier und da erwähnt.

Aufgeben der symbolischen Ikonografie

Die religiöse Ikonografie jedoch begann, sich nicht nur durch die Aufnahme neuer Themen des Kultes, sondern auch grundsätzlich in ihrem Wesen zu verändern.

Verbreitung der Kruzifixe nach dem 7. Jahrhundert

Vor dem 7. Jahrhundert waren die Kruzifixe sehr selten (Tür von S. Sabina, Elfenbein im Britischen Museum), und es handelte sich dabei nicht um Kultbilder. Erst am Ende des 6. Jahrhunderts finden wir Darstellungen der Kreuzigung z.B. auf einigen Bleiampullen von

Ampullen von Monza

Monza aus der Zeit Gregors des Großen. Die beiden Schächer erscheinen realistisch gekreuzigt und mit nackter Brust. Bei Christus dagegen ist nur der Kopf im Nimbus oben über ein schematisches

Fig. 48 – Monza, Bleiampullen des Domschatzes

Kreuz zwischen Sonne und Mond gesetzt. Diese Form zwischen rein symbolischem Edelsteinkreuz und der wirklichen »Kreuzigung« findet man, wie wir sehen werden, auch auf dem Mosaik von S. Stefano Rotondo in Rom wieder, wo das Rundbild mit dem Christuskopf über zwei gekreuzten Holzbalken erscheint.

Die Darstellung der vollständigen Gestalt des Heilandes am Kreuz findet man auf anderen Ampullen von Monza (auf zweien erscheinen auch die Jungfrau und Johannes), aber Christus ist dort mit einer langen Tunika bekleidet, worin man einen Ausdruck der Achtung sehen kann; am Ende des 6. Jahrhunderts erwähnt Gregor von Tours einen Christus am Kreuz, der wegen seiner Nacktheit den Unwillen der Gläubigen erregte und daraufhin mit einem Gewand verhüllt wurde, und alle frühen Kreuzigungsszenen (Evangeliar von Rabula, kleines Kristallkreuz aus dem Dom zu Monza, Heiliges Antlitz von Lucca, römisches Fresco von S. Maria Antiqua usw.) zeigen Christus mit einem langen Gewand bekleidet.

Die Ampullen von Monza, von denen man weiß, daß sie in Konstantinopel und nicht in Syrien gearbeitet wurden, sind auch von größter Wichtigkeit wegen ihrer häufigen Darstellungen der Anastasis, d.h. des Heiligen Grabes von Jerusalem; aber auf diesen Punkt werden wir später noch zurückkommen.

Germanische Kunst

Vom Ende des 6. und während des ganzen 7. Jahrhunderts fand die germanische Kunst in fast ganz Europa ihren Ausdruck in den kleinen Gegenständen des persönlichen Gebrauches bei Angelsachsen, Langobarden, Franken, Burgundern und Alemannen. Einige dieser Völker, wie die Franken und Burgunder, waren schon seit geraumer Zeit im westlichen Europa seßhaft geworden und hatten zunächst die entwickelteren Formen des germanischen Stiles nicht gekannt. Dieser gelangte aus Osteuropa und Skandinavien zu ihnen wie zu den frisch eingewanderten Völkern, mitgebracht von einzelnen Personen oder von wandernden Stämmen, und nahm verschiedene Formen an, wobei doch die einzelnen Völker an eine ihnen allen gemeinsame Grundlage der Kultur und der Darstellungsweise gebunden blieben.

Ihrem Wesen nach eine nach innen gewandte Kunst

Die germanische Kunst ist eine nach innen gewandte Kunst, in welcher der Künstler auszudrücken versucht, was in ihm vorgeht und nicht, was um ihn herum geschieht, und diese Einstellung äußert sich besonders konsequent in der Tier- und der »dynamischen Flechtbandornamentik«.

Tierornamentik

Die »Tierornamentik« (über das Wort »Ornamentik« könnte man streiten, weil diese Tierdarstellungen damals einen mehr oder weniger klaren apotropäischen Charakter gehabt haben müssen) leitete sich, wie schon gesagt, von den kleinen Raubtierfiguren oder Vogelköpfen ab, die den Bronzeschmuck (Gürtelschnallen, Dorne) an den Uniformen und an spätrömischen und gotischen Kleidungsstücken belebten.

In der eigentlichen germanischen Kunst verloren jedoch diese Tiere den Realismus der provinzialrömischen Vorbilder und wurden entstellt oder geradezu aufgelöst, um ihre Kraftfülle zu betonen, wobei der Raubtier- oder Vogelkopf, die Muskeln und die Krallen hervorgehoben wurden.

1. Stil Salin, erste Phase

In einer ersten Phase des »1. Stiles Salin« wurden die Tiere und Menschen (oder in manchen Fällen Teile von ihnen) verzerrt oder unwirklich dargestellt, sie stimmten aber doch immer in ihren wesentlichen Merkmalen mit den Naturgesetzen überein. In einer zweiten Phase des gleichen Stiles jedoch wurden die Tiere in einzelne Gliedmaßen aufgelöst, die man ohne Beziehung zu einander wiedervereinte. Die Ähnlichkeit mit der Arbeitsweise der »Kubisten« und Futuristen läßt den gemeinsamen Hang erkennen (Verdammen des Naturalismus, gewollter Ausdruck von Kraft, d.h. von Bewegung, Hervorhebung gewisser Teile und absichtliches Weglassen anderer), mit der Überlieferung zu brechen und »die gleichzeitige Form, die sich aus dem Drama zwischen dem Objekt und seiner Umgebung ergibt«, wiederzufinden (Boccioni).

Zweite Phase

Dynamische Flechtbänder

Ein von der Korbflechterei angeregtes Ornament fand schon in spätrömischer Zeit weite Verbreitung. Flechtwerk und Flechtbänder findet man auf Mosaikfußböden oder an den Schranken von Papst Ormisda (514–523) in der Kirche S. Clemente in Rom. Bei diesem Ornament (»konstantinisch«) ist das Grundschema aus geraden Linien oder Kreisen einfach und ruhig und fügt sich in die übrigen geometrischen

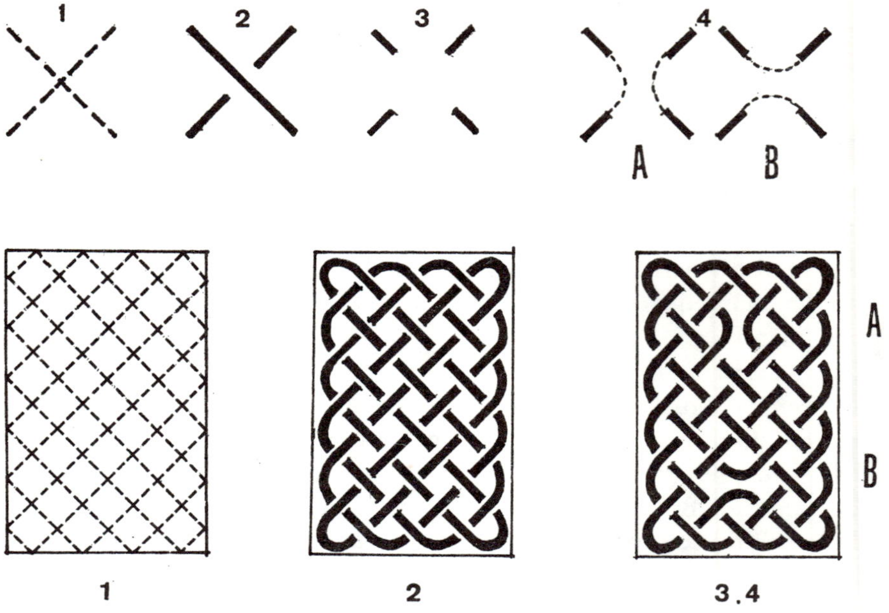

Fig. 49 – Konstruktionsschema des dynamischen Flechtbandes (Romillyallen)

Verzierungen ein, die in der römischen Volkskunst weitgehende Verwendung fanden.

In den »germanischen« Flechtbandmustern, die sich vom 6. Jahrhundert an verbreiteten, fehlt diese Regelmäßigkeit ganz. Bei einigen germanischen Völkern, die nur eine primitive Kultur kannten, finden sich Muster aus eigenwilligen Verknotungen, unsymmetrischen Verschlingungen, verschiedenartigen Knoten, die alle nur aus einer Laune heraus entstanden waren und in ihrer unübersichtlichen Bewegung hauptsächlich eine »kraftvolle Unordnung« ausdrücken. Anderes, auch aus Knoten bestehendes Flechtwerk von typisch insularer Art erscheint dagegen besser durchdacht und wurde nach einem von Lineal und Zirkel bestimmten Plan angelegt, aber immer belebt durch »eigene Dynamik« mit Knoten und Verschlingungen.

Die Grundregel für die Konstruktion dieses besonderen Flechtwerks besteht, wie von Romilly aufgezeigt wurde, darin, daß manche Bänder abgeschnitten (breaks) und rückwärts wieder verbunden werden. Diese Technik des Zurückbiegens ruft ein »Gefühl für die Kraftfülle in der Bewegung« hervor, die dem Ganzen eine besondere »Erregung« verleiht. Es ist jedoch nicht möglich, das Verfahren der »breaks« zur Erklärung aller Fälle zu verwenden. Viele regelmäßige, aber doch von dem bewegten Stil beeinflußte Kompositionen sind einfacher als Verbindungen von Kreisen und Geraden, besonders Diagonalen oder überhaupt Verbindungen geometrischer Muster im allgemeinen zu erklären (Bain). Das zugrundeliegende geometrische Muster wurde übrigens auch von den Omayyaden verwendet, wie die Stuckplatten von Khirbat Al-Mafjār beweisen. Die Analyse der Systeme kann jedoch nicht den außergewöhnlichen poetischen Gehalt dieser völlig formlosen Kunst erklären.

Der Verlauf der Tierornamentik und des Flechtwerks ist dann auch durch die verschiedenen Farben der Bänder kenntlich gemacht oder, hauptsächlich in der merowingischen Kunst, durch ihre verschiedenartige Behandlung. Die Bänder sind teils glatt, teils gestrichelt oder mit Buckeln versehen, wodurch eine sehr lebhafte Wirkung entsteht und der Verlauf jedes einzelnen Bandes deutlich wird.

2. Stil Salin

Die Umformung der stilisierten Tierbilder nach der Methode des dynamischen Flechtwerks brachte den »2. Tierstil« hervor, der im späten 6. Jahrhundert in Europa sehr weit verbreitet war. Bei ihm verschlingen sich die Tierkörper ohne feste Ordnung und mit dem Kraftaufwand eines Kampfes ums Leben. Oder sie werden in die Länge gezogen und mit stabartigen Elementen vermischt wie in der merowingischen Kunst. Noch öfter sind Teile des Tierkörpers, Schwanz oder Pfoten, zu langen Fäden reduziert, die sich verflechten und in einer Schleife oder einer kleinen Krallenpfote enden, als ob sie dünne Bänder wären. Auch bei den Tierornamenter lassen sich »dynamische« und »rhythmische« unterscheiden.

Die Architektur in den »byzantinischen Gebieten« nach dem Einfall der Langobarden in Italien

Nach der Landnahme der Langobarden in Italien blieb die Festung Ravenna, Landekopf für die beabsichtigte Wiedergewinnung der Po-Ebene, der Verteidigungsstützpunkt der Halbinsel und Sitz der byzantinischen Gouverneure (Exarchen).

S. Severo in Classe

In der Stadt gibt es kein Gebäude mehr, das aus langobardischer Zeit stammt. Man weiß, daß Peter III. (578) die Kirche S. Severo in Classe begann, und daß Johannes II. (578–595) sie vollendete, man weiß, daß letzterer eine Kapelle bei S. Apollinare in Classe errichtete, aber danach erschöpfte sich der Baueifer.

In S. Severo sind jedoch gegenwärtig Ausgrabungen im Gange, bei denen der Grundriß von großartigen Ausmaßen zum Vorschein kam. Die drei Schiffe hatten eine einzige Apsis und Fußbodenmosaike.

S. Michele d'Acervoli

Eine Kirche aus der zweiten Hälfte des 6. oder vom Beginn des 7. Jahrhunderts steht aber noch fast unversehrt auf dem Gebiet des Exarchiats; S. Michele d'Acervoli, die dem Dorf, in dem sie sich erhebt, den Namen gab: S. Arcangelo di Romagna.

Das Baudenkmal, das, wie der Titel sagt, im Rahmen der byzantinischen Glaubenspropaganda errichtet wurde, ist ziemlich geräumig (etwa 11 m breit) und hatte einen rechteckigen Grundriß mit einer Apsis nach Osten. Das Mauerwerk besteht aus dünnen Ziegeln, die in waagerechten Reihen angeordnet und mit dicken Mörtelschichten verbunden sind, wie in den ravennatischen Kirchen, die in byzantinischer Technik gebaut wurden (S. Vitale usw., Apsis von S. Agata). Außen sind senkrechte Lisenen, vier auf den Langseiten, zwei seitlich an der Fassade. In jeder der Seitenwände sind zwei große Bögen, einer von 2 m, der andere von 1,40 m lichter Weite. Zwei weitere Türen sind in der Ostwand zu den Seiten der Apsis; es ist wahrscheinlich, daß diese Bögen als Verbindung zu seitlichen, für Gräber bestimmte Räumen vorgesehen waren, und ich kann nicht ausschließen, daß diese Seitenräume wirklich gebaut und dann zerstört wurden. Die Fenster sind nicht sehr groß, zwei für jede seitliche Öffnung, und sie sind umgeben von einem konzentrischen vorspringenden Bogen. Tonröhren und Mosaikwürfelchen wurden gefunden, die zu der apsidialen Nische gehören.

Das Bauwerk scheint wegen seiner Mauertechnik und der Gewölbe aus Tonröhren zeitlich nicht weit entfernt von S. Vitale zu sein; die verhältnismäßig kleinen Fenster sind jedoch um die Mitte des 6. Jahrhunderts außergewöhnlich und die ringförmigen Bögen findet man in relativ späten Bauten wieder (wie S. Salvatore in Brescia oder S. Maria delle Cacce in Pavia).

Grado

Ein zweites byzantinisches Zentrum bildete sich in Grado. Beim Einfall der Langobarden flüchtete der Patriarch von Aquileia, Paulinus (557–569), mit seinen Schätzen in die nahen Lagunen, wo er von der kaiserlichen Flotte geschützt werden konnte, und verlegte die bischöfliche Residenz dorthin. Von 606 an, nach dem Tod des Erzbischofs Severus, gab es gleichzeitig zwei Erzbischöfe, die sich Aquilesen nannten, einen byzantinischen in Grado und einen langobardischen in Cividale. Der Herzog Lupus konnte 662 Grado plündern, aber nicht halten.

Kathedrale S. Eufemia

Bischof Elias, der dem byzantinischen Kaiser ergeben und ihn bei dem Streit der »drei Kapitel« zwischen der Ost- und der Westkirche unterstützte, errichtete an dem neuen Sitz eine neue Kirche, widmete sie der Märtyrerin von Chalcedon, S. Eufemia, und weihte sie am 3. November 579.

Der dreischiffige Bau, entstanden auf dem Gelände einer älteren kleinen Kirche, wird von Schäften und Kapitellen in zweiter Verwendung getragen. Die äußeren Wände haben vorspringende Lisenen in gleich-

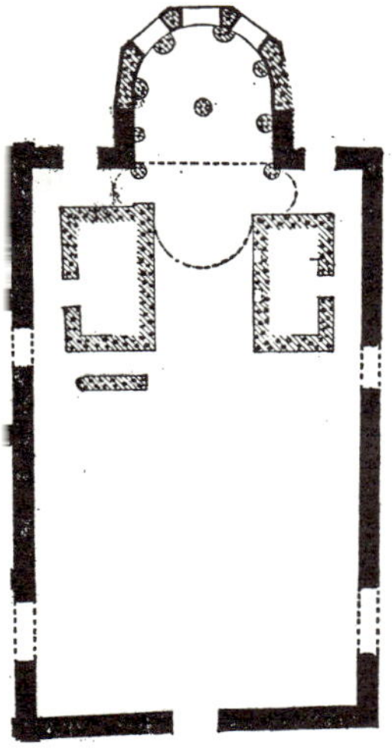

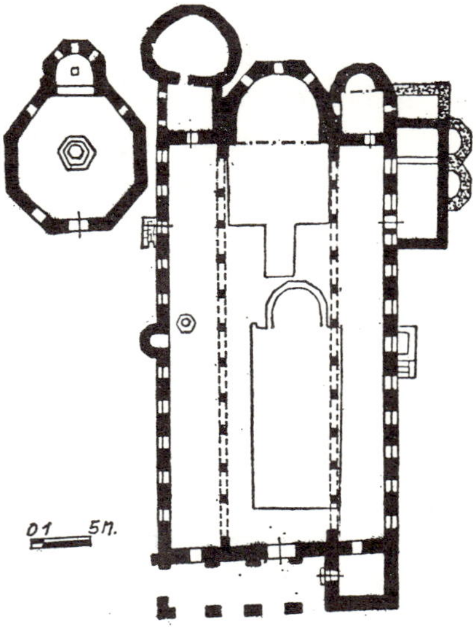

Fig. 50 – S. Michele in Acervoli
Fig. 51 – Grado, Kirche S. Eufemia ▶

mäßigen Abständen und große Bogenfenster. Die Apsis ist außen polygonal und innen halbkreisförmig und wird von einer Apsidenkapelle im Süden und einem dreichorigen Kultraum im Norden flankiert.

Der originale Fußboden ist fast in seiner ganzen Ausdehnung erhalten: ein Mosaik mit Inschriften der Stifter und ornamentalen Motiven. Im Schiff trägt es ein gewelltes Feld und Rhomben sowie Scheiben mit »Emblemen« in runden Feldern. In den Seitenschiffen hat das Mosaik rechteckige und runde Muster, in dem dreichorigen Kultraum sind Scheiben innerhalb eines großen Kreises zu einer reichen Komposition verbunden, und hier befindet sich auch die Elias-Weihinschrift.

Das Presbyterium ist noch immer mit Marmorschranken versehen, auf denen von einem Christusmonogramm zwei Zickzack-Bänder ausgehen, die auf ihren Enden Kreuze tragen.

Das achteckige Baptisterium mit vorspringender Apsis erhebt sich an der Westseite der Basilika und erweist sich als etwas älter als diese.

Rom und sein Hinterland

Ein drittes byzantinisches Zentrum wurde in der Umgebung Roms errichtet, so daß die Ewige Stadt niemals von den Langobarden erobert wurde. Die Byzantiner unterstützten die Verteidigung durch Zufuhren über Ostia und richteten einen Kranz befestigter Städte ein (Bomarzo, Orte, Ameria, Terni, Perugia), so daß jene auf dem Apennin in einem selbständigen Herzogtum, mit Spoleto als Hauptstadt, blieben.

Rom konnte so relativ ungestört leben und im 7. Jahrhundert, wie eine byzantinische Kolonie, auch neue Kirchen und Kapellen bauen.

S. Lorenzo

Neben einer großen, dem Hl. Lorenz geweihten Kirche des 4. Jahrhunderts wurde am Ende des 6. Jahrhunderts von Pelagius II. der Ostteil des jetzigen Gebäudes errichtet. Es ist eine kleine Basilika mit Säulen und Matroneen, die sich über dem Grab des Heiligen erhebt und daher »Basilica ad corpus« genannt wird. Pelagius II. war den Kaisern in Konstantinopel sehr ergeben, wie seine Tätigkeit in der Frage der drei Kapitel bewiesen hat, und wurde von diesen durch ihre Gunst ausgezeichnet; in S. Lorenzo ist die Anlage mit Matroneen ein deutliches Zeichen starken byzantinischen Einflusses.

Byzantinische Anordnung mit Matroneen

B.A. 8

Die Kirche hat drei Schiffe mit zehn dicken korinthischen Säulen, alle Spolien. Die monolithen Architrave stammen von verschiedenen heidnischen Bauwerken und wurden auf eine gleichmäßige Höhe zurechtgeschnitten. Manche Joche zeigen ein mehr oder weniger unverändertes Epistyl, manche nur den Fries oder das Gesims. Die Galerien weisen kleinere Säulen auf – alle Spolien und ungleich –, die auf zwischengeschobenen rohen, niedrigen und breiten Kämpfern Bogen tragen.
Der Narthex schließt an das Schiff mit Mittelsäulen in beiden Stockwerken an. Die Brüstungsplatten der Galerien waren aus Porphyr.
Die Fenster sind breit, aber nicht sehr groß. Auf den Triumphbogen, der noch seinen Mosaikschmuck besitzt, folgt eine im Grundriß halbkreisförmige Apsis und außen eine Art kleines Heiligtum »sub divo«: Die Apsis-Zone wurde immer wieder umgestaltet bis in die Zeit Honorius III. (1216–1227), der den Bau durch Anfügung einer weiteren Basilika verdoppelte.

Rom, S. Agnese

So wie bei S. Lorenzo neben der großen Basilika, dem Bau Konstantins, im Süden des Atriums, so wurde im 7. Jahrhundert auf dem Gebiet einer älteren kleinen Kirche eine kleinere Basilika »ad corpus« der St. Agnes errichtet. Papst Honorius I. (625–638), der sich ebenfalls der Gnade des Kaisers Heraklius wegen seiner Tätigkeit in Glaubensfragen erfreute, war der Gründer dieses neuen Baues zu Ehren der bei den Römern besonders beliebten Heiligen.

B.A. 7

Ein weiteres Beispiel des byzantinischen Typus mit Matroneen

Die dreischiffige Kirche, die ebenfalls zu dem byzantinischen Typus mit Galerien gehört, hat ein 9,43 m breites Mittelschiff, das mehr als dreimal so weit ist wie die Seitenschiffe (2,80 m). Die drei Schiffe waren wohl durch ebensoviele Apsiden abgeschlossen, da sich außer der mittleren auch eine Apsis in der Südgalerie erhalten hat.
An den Wänden der Hauptapsis ist noch alte Verkleidung in »paonazzetto« und an der Wölbung das prachtvolle Mosaik, auf das zurückzukommen wir Gelegenheit haben werden, vorhanden.

Die sieben Säulen auf jeder Seite sind Spolien. Im Osten liegt ein Narthex, heute mit drei weiten Bögen zum Inneren hin geöffnet und ebenfalls von einer Galerie überhöht.

Mosaikmalerei des 7. Jahrhunderts im byzantinischen Italien

Die Fresken- und Mosaikmalerei des 7. Jahrhunderts in Italien hat nur in Ravenna und Rom wichtige Zeugnisse hinterlassen.

Malerei und Mosaikkunst vom Ende des 6. und vom 7. Jahrhundert sind mit nur einem datierten Werk vertreten, den Bildern von S. Apollinare in Classe.

Man darf jedoch annehmen, daß in die zweite Hälfte des Jahrhunderts des Justinians oder an den Anfang des folgenden ein Mosaikkomplex datiert werden kann, der gewöhnlich der Zeit des Theoderich zugeschrieben wird, nämlich der in der Bischofskapelle.

Kapelle des Erzbischofs

Die kleine kreuzförmige Kirche mit Kreuzgewölbe und einem vorgelagerten kleinen Quergang, der mit Tonnengewölbe gedeckt ist, befindet sich im zweiten Stock des Bischofssitzes.

Es müßte sich um die Kapelle S. Andrea handeln, die der Chronist Agnellus Petrus II. zuschreibt, wobei er seine Behauptung auf eine lange Mosaikinschrift stützt, von der, wie es scheint, Spuren bei den Restaurationsarbeiten von Gerola gefunden wurden.

Die Mosaike jedoch stehen meiner Meinung nach stilistisch denen von S. Vitale näher als jenen aus der Zeit Theoderichs; so kann man annehmen, daß entweder Agnellus die Tatsachen, die Petrus II. und Petrus III. betreffen, durcheinandergebracht hat oder daß die Kapelle dieselben Bauphasen gehabt hat wie das bischöfliche Gebäude von Tricoli (τρία κῶλα drei Flügel oder Bauteile), das, wie der gleiche Abschnitt bei Agnellus sagt, von Petrus II. begonnen und von Maximinian (546–553) beendet wurde.

Stil der Mosaike deutet auf eine spätere Zeit als S. Vitale

Die Mosaike des Narthex haben nämlich ein Muster auf Goldgrund mit Rosetten aus vier Knöpfen, aus stilisiertem, dreigeteiltem Akanthus, und verschiedene Vögel, deren Körper bisweilen mit Schachbrettmustern gefüllt ist, typische Motive, für das fortgeschrittene 6. Jahrhundert.

An den vier Tragebögen des Hauptgewölbes befinden sich Rundbilder mit Büsten von Heiligen, die denen von S. Vitale, wenn auch in weniger feiner Ausführung, sehr ähnlich sind. Ihre Frontaldarstellung der Personen macht sie zu Ikonen mit einem gewissen gefühlsbetonten Ausdruck, welcher den Bildern gleicht, die frühestens aus Justinianischer Zeit stammen. Und die Darstellung auf dem mittleren Kreuzgewölbe, vier Engel, die ein Christusmonogramm – Symbol des höchsten Himmels – emporhalten, findet sich in rudimentärer Form im Gewölbe des Presbyteriums von S. Vitale und später in dem der

Kapelle S. Zenone in S. Prassede in Rom wieder (Pasquale I, 817–824). Diese Mosaike müßten dann nicht in die Zeit (des Theoderich) Petrus II. datiert werden, in der die Figuren schwerfällig und gleichzeitig ziemlich verkürzt erscheinen, sondern in die Zeit Maximinians oder auch Petrus III.

S. Apollinare in Classe

Das bedeutendere der beiden Bildfelder in der Apsis von S. Apollinare in Classe stellt Kaiser Konstantin IV. Pogonatos mit seinen Söhnen Heraklius und Tiberius dar, die von einem Würdenträger gefolgt sind, welcher dem Bischof Reparatus (671–677) eine Schriftrolle mit Privilegien »Privilegia« überreicht und dabei von drei Gehilfen (zwei davon Diakone) unterstützt wird.

Bildfelder des Bischofs Reparatus

Alle diese von vorn gesehenen Figuren befinden sich in einem perspektivisch wiedergegebenen, mit buntem Gewölbe überdeckten Gebäude, mit einer Muschel und zwei Tauben im Hintergrund.

Die Buntheit des Gewölbes mit Zickzack-Bändern in verschiedenen Farben, einem bunten Zahnschnitt und abschließendem Rand aus zierlichen Bögen, bezeichnet in deutlicher Weise die antirealistische Entwicklung der Kunst während der hundert Jahre, die seit der Zeit Justinians vergangen sind.

Überwindung der Wirklichkeit

Die Figuren, die aus Linien und Farben bestehen und keine Körperlichkeit haben, dafür reich an ausdrucksvoller Geistigkeit sind, heben sich von den Vorhängen des Hintergrundes ab und fügen sich zu einem äußerst feierlichen Bild, in dem die Wirklichkeit durch Vereinfachung der Formen überwunden ist.

Das symmetrisch entsprechende und mit gleichartigen Architekturen versehene Bildfeld vereinigt die drei mystischen Opfer Abels, Abrahams und Melchisedeks, die schon in der Lünette von S. Vitale in anderer Verteilung dargestellt sind.

Vier Bildnisse der Bischöfe

Vier kleinere Gemälde zwischen den Fenstern zeigen Einzelbildnisse der ravennatischen Bischöfe und stellen Analogien zu den beiden bereits erwähnten Kompositionen dar, vor allem, was die architektonische Rahmung betrifft, aber ihre Datierung ist nicht sicher. Übrigens sind auch die beiden Hauptbilder, die des Bischofs Reparatus, Gegenstand von Kontroversen, die wegen der Ergänzungen und Erneuerungen noch nicht abgeschlossen sind.

Rom, S. Lorenzo. Triumphbogen mit Mosaiken

Das Mosaik des Triumphbogens von S. Lorenzo in Rom stellt in der Mitte den segnenden Christus dar, der mit einem Stabkreuz in der Hand auf der Himmelskugel sitzt; Petrus mit dem Kreuz und Paulus mit dem »volumen« sind ihm zur Seite.

Weiter rechts ist St. Lorenz, der ein offenes Buch trägt, dessen Aufschrift auf die das Wirken des heiligen Diakons abschließende Tat anspielt, nämlich auf die Verteilung der ihm anvertrauten Wertsachen an die Armen; neben ihm, in kleinerer Gestalt, Papst Pelagius mit dem Modell der Kirche. Von der anderen Seite folgen St. Stephan, auch er in der Dalmatika des Diakons, und St. Hippolytus (ein von ihm getaufter Soldat, der den Heiligen bewachen sollte), der die Märtyrerkrone hält; außen unter den kleinen Fenstern sieht man die mystischen Städte Jerusalem und Bethlehem aus Gold und Edelsteinen dargestellt.

Auch hier höchste transzendente Werte

Das Mosaik, obwohl zum Teil restauriert (an den Seiten), ist eindrucksvoll wegen der Ausdruckskraft der Figuren, wenn sie auch nicht plastisch hervortreten. Christus, im purpurfarbenen Pallium, hat fast den ernsten und überirdischen Ausdruck des Pantokrators. Alle Gestalten sehen den Beschauer intensiv an und machen ihn so zum Teilnehmer an der himmlischen Szene.

S. Teodoro

Am Fuß des Palatins steht ein kleiner runder Bau (S. Teodoro?) mit drei kleinen herausragenden Apsiden, der vielleicht ursprünglich mit einer Kuppel bedeckt war. Eine dieser Apsiden, die des Presbyteriums, welche entwickelter ist als die anderen, hat noch die Mosaikverkleidung. Der Bau stand schon zur Zeit St. Gregors des Großen (590–604).

Die Bilder der Apsis scheinen auf die zweite Hälfte des 6. Jahrhunderts hinzuweisen. In der Mitte ist Christus auf einer Weltkugel, wie in S. Vitale, das Stabkreuz haltend; zu den Seiten sieht man Petrus und Paulus, die zwei Kränze tragende Märtyrer vorstellen, genau wie in der Kirche SS. Cosma e Damiano. Der Hintergrund ist aus Goldmosaik.

S. Agnese

In der Apsis von S. Agnese hebt sich die Heilige mit Nimbus von einem goldenen Hintergrund ab und ist reich gekleidet wie eine byzantinische Kaiserin; sie hält in der Hand ein Buch und hat zu ihren Füßen ihre Marterwerkzeuge (die Flammen, die sie unversehrt ließen und das Schwert, das sie, wie Paulus, überwältigt hatte); oben sind gebogene, mit Sternen besetzte Streifen in Blau und eine runde Scheibe, das Empyreum, mit von der Morgenröte beschienenen Wolken und der Hand Gottes, welche die Märtyrerin krönt; zwei Päpste sind in respektvoller Entfernung der heiligen Jungfrau zur Seite. Honorius I. (625–638), der rechts von ihr steht, trägt das Modell der Kirche.

Eine poetische Schrift erläutert das Bild und läßt uns erkennen, welche Wirkung die edlen Farben der Mosaiksteine auf die Gläubigen und auf die zeitgenössischen Kunstfreunde hatte. »Es entfaltet sich die Malerei, die vergoldet ist von geschnittenen Metallen, und das reine Licht des Tages verbindet sich mit dem Licht, das von dem Regen-

Rom, S. Agnese. Apsis. Mosaik

bogen zwischen den Sternen ausgeht und mit dem purpurfarbenen schillernden Pfauenblau...«

Farb- und symbolisch transzendente Werte

Dieses Mosaik kann man wegen seiner überaus eindrucksvollen Einfachheit mit dem von S. Apollinare in Classe vergleichen, und seine Farbwerte lösen die Form auf zu einer fast abstrakten Schöpfung. Die beiden Päpste scheinen nur Zeremonienmeister zu sein, und die so reine Figur der Jungfrau tritt auf dem weiten goldenen Feld hervor und fesselt mit klarem und tiefem Blick denjenigen, der sich ihr zuwendet.

Kapelle von S. Venanzio

Der wichtigste römische Mosaikkomplex des 7. Jahrhunderts aber ist der von S. Venanzio im Lateran. Die äußerst einfache Kapelle von fast quadratischem Grundriß mit einer Apsis (von einer leichten Kuppel bedeckt?) wurde von dem Dalmatiner Johannes IV. (640–642) für die Reliquien von zehn Märtyrern, die aus dem von den Awaren bedrohten Salona geborgen waren, angelegt. Die Ausschmückung wurde von seinem Nachfolger Theodorus beendet.

Die Bildfolge enthält neue Bestandteile. Die obere Mitte der Apsiswölbung zeigt eine große Büste des Christus »Pantokrator«, die nicht in einen Kreis eingeschlossen ist, sondern aus den Wolken zwischen zwei großen Engeln, auch sie nur in Halbfiguren, hervorkommt. Unten sind die betende Jungfrau zwischen Petrus und Paulus, die heiligen Patrone der Stifter, St. Johannes und St. Theodorus, ferner die beiden wichtigsten Märtyrer aus Salona, St. Venantius und St. Domninus und endlich, auch noch in der apsidialen Wölbung, die beiden Stifterpäpste.

Auf der Wand folgen dann, vier auf jeder Seite, die noch übrig bleibenden acht Heiligen aus Salone. Die weltlichen halten den Märtyrerkranz, die geistlichen Schriftrollen und Bücher.

Im oberen Streifen sind an den Seiten die Darstellungen der mystischen, mit Edelsteinen besetzten Städte Jerusalem und Bethlehem; in den beiden mittleren Feldern paarweise die Evangelistensymbole.

Die Hintergründe sind überall aus Gold. Die Ränder umfassen außer den Edelsteinbändern, die jedoch mit einem besonderen Sinn für den Maßstab wiedergegeben sind, den großen Rand des Bogens mit kleinen Kreuzen innerhalb von Rhomben, zwischen die kleine Blüten eingeschoben sind. Die Giebel sind aus fadenförmigen Ranken.

Die Frontaldarstellung der Figuren entspricht der auf anderen gleichzeitigen Mosaiken, aber die Ausführung ist feiner. Der Schmuck besteht aus Blumen und abstrakten Ornamenten, die sich von den traditionellen sehr wohl unterscheiden.

Der Schmuck der Kapelle SS. Primo e Feliciano wurde zur Zeit

Fig. 52 – Rom, S. Stefano Rotondo, Kapelle des St. Primus und St. Felicianus

S. Stefano Rotondo: Kapelle SS. Primo e Feliciano

des Papstes Theodorus (642–649) erbaut, der die Gebeine der beiden Märtyrer von der Via Nomentana in die Märtyrerkirche auf dem Caelius bringen ließ. Das ist die erste Nachricht von Überführungen dieser Art.

Die Darstellung des Apsismosaiks erinnert ein wenig an das von S. Agnese, aber die beiden Märtyrer sind nicht der Schwerpunkt der Komposition. Ein großes edelsteinbesetztes Kreuz, das hinzudeuten scheint auf jenes der Ikonoklasten, ist in der Mitte der goldüberzogenen Apsiswölbung. Ganz oben auf dem Symbol des Triumphes ist ein Rundbild mit der Büste Christi im Kreuznimbus wie auf einigen Ampullen von Monza; oberhalb des Kreuzes sind die beiden Himmelszonen dargestellt, ein gestirntes und ein höchstes Feld mit der Hand Gottes und dem Kranz.

St. Primus und St. Felicianus setzen ihre Füße auf eine grüne Wiese, die von roten Blumen übersät ist. Sie tragen die Kleidung der Offiziere des Palatiums (purpurfarbene Tunika, weiße Chlamys mit purpurnem »Tablien«) und jeder hält ein »volumen« in der Hand.

Rom besitzt viele hochmittelalterliche Fresken in der Kirche S. Maria Antiqua, darunter auch solche aus dem 7. Jahrhundert.

Fresken in Rom

Die Gestalten der Kirchenväter, die auf die Abschlußwand, die sogenannte des »Palimpsests« gemalt sind, werden nämlich auf die Zeit Papst Martins I. (649–655) bezogen, aber die Zitate, die diese Figuren auf den geöffneten Schriftrollen vorweisen und die sich auf theologische, im Konzil von 649 behandelte Fragen beziehen, können nicht als sichere zeitliche Anhaltspunkte angesehen werden. Martin I. wurde auf dieses Konzil hin verhaftet, weggeführt und zu Tode gebracht, und es ist nicht anzunehmen, daß der Exarch Calliopa den Monotheleten feindlich gesinnte Inschriften ausgerechnet in der Kirche, die die Hochburg der Griechen war, geduldet hätte.

Ich meine, daß solche Fresken mit größerer Wahrscheinlichkeit nach dem Tod des Kaisers Konstans II. (668) ausgeführt wurden.

Die dekorative Plastik

Die beiden Ambone aus Ravenna

In Ravenna sind noch Teile der beiden großen marmornen Ambone aus der zweiten Hälfte des 6. Jahrhunderts vorhanden; ursprünglich gehörten sie zu einem massiven Aufbau mit zwei hinaufführenden Treppen, einem mittleren gebogenen Teil und einer kleinen Baldachinkuppel auf Säulen.

Einer befindet sich in der Kathedrale und ist durch eine große Inschrift in die Zeit des Bischofs Agnellus (557–570) datiert; seine beiden gebogenen, mit viereckigen Feldern geschmückten Mittelteile sind noch erhalten. Die Umrahmungen bilden Bänder mit sich wiederholenden Motiven, die Felder dagegen zeigen mystische Tiere in horizontalen Reihen: Lämmer, Pfauen, Hirsche, Tauben, Enten und Fische. Das Relief ist sehr fein. Die Randornamente und Tiere scheinen wie aus Pappe geschnitten und auf flachen Grund gesetzt.

Der andere Ambon, früher in S. Giovanni e Paolo, jetzt im erzbischöflichen Museum, ist kleiner und von schlankeren Ausmaßen, aber auch er ist in Felder geteilt und mit mystischen Tieren geschmückt. Die Inschrift bringt ihn mit Bischof Marianus (597–606) in Zusammenhang. An diese Ambone schließen sich zwei entsprechende Fragmente an (eines davon aus S. Apollinare Nuovo), die im oberen Teil einzelne Figuren in Feldern aufweisen. Eine davon mit verschleierten Händen ist im Begriff, etwas entgegenzunehmen.

B.A. 14, 15

Die Architektur im langobardischen Teil Italiens

Die Kunst der von den Langobarden besetzten Teile Italiens zeigt ein doppeltes Gesicht. Die Baudenkmäler scheinen klassischer oder lokaler Überlieferung verhaftet zu sein. Und das ist nur natürlich, weil die Langobarden nicht die Gewohnheiten und Traditionen wie die fest ansässigen Völker hatten, sondern sich der lokalen Architekten und Handwerker bedienten. Genauso ließen die Araber nach der

Eroberung Syriens byzantinische Architekten ihre Schlösser und Moscheen bauen.

Goldschmiedekunst

Auch die prächtigsten Arbeiten aus Gold, Steinen und Zellenschmelz wurden aus Konstantinopel eingeführt oder am Ort, aber nach byzantinischen Vorbildern gearbeitet, weil die großartige Industrie der Hauptstadt des Ostreiches nicht ihresgleichen hatte. Daneben gibt es aber auch Arbeiten lokalen Charakters.

Volkskunst

Die Metallgegenstände dagegen, die das Volk für seine Kleidung brauchte, bezeugen oft einen besonderen Geschmack, der völlig anders und von germanisch-skandinavischem Ursprung ist; trotz ihrer Bescheidenheit sind sie von größtem kulturhistorischem und künstlerischem Interesse.

Monumentale Architektur

Zu den Prunkbauten, die von den langobardischen Herrschern errichtet wurden, gehören meiner Meinung nach vor allem auch zwei Monumente, deren Datierung Gegenstand heftiger Auseinandersetzungen unter den Gelehrten ist: S. Salvatore in Spoleto und der Tempel des Clitumnus.

B.A. 2

S. Salvatore in Spoleto

S. Salvatore in Spoleto war eine dreischiffige Basilika mit flachen Holzdecken und einer leichten Kuppel (innerer Mantel aus Stuck, Holzkonstruktion mit Bleimantel oder Tonröhren) über der Vierung. Im Schiff stützen wiederverwendete Säulen und dorische Epistyle die mit Bogenfenstern versehenen Wände; zwischen der Fensterzone und den Säulenstellungen ist ein Streifen von rechteckigen Feldern, die durch lisenenartige Pilaster abgeteilt werden und die in gleicher Weise wie im Schiff von S. Maria Maggiore in Rom auf die Säulen ausgerichtet sind.

In der Vierung tragen je ein Pilaster und eine große korinthische Säule auf einem von Blattwerk geschmückten Würfel vier Bögen, welche so hoch sind, daß sie die auf gleicher Höhe wie im Schiff angebrachten Fensterpaare mit einbeziehen. Seitlich entfalten sich unten zwei Reihen dorischer Säulen, die denen des Schiffes gleichen. Außen ist der erhabene Bau vom Tambur gekennzeichnet, einer Art Turm, der dem von Alahan in Kilikien (etwa 475) entspricht, welcher ursprünglich sicher von einer leichten Kuppel gekrönt war.

Das Bauwerk reiht sich so ein in die Gruppe der Kuppelbasiliken des Orients, der Kathedrale von Salona, der Kirche S. Maria von Brioni usw. In S. Salvatore aber ist die halbkreisförmige Apsis zwischen zwei rechteckige von einem Kreuzgewölbe bedeckten und mit zwei Apsidiolen versehenen Kapellen eingebettet, die von byzantinischen Vorbildern herkommen und mit denen von S. Apollinare in Classe verglichen werden können.

Fig. 53 – Ambon zu Ravenna, früher in S. Giovanni e Paolo, jetzt im erzbischöflichen Museum

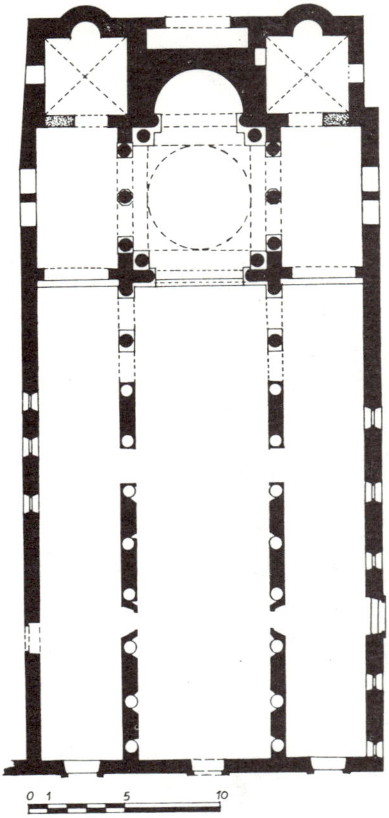

Fig. 54 – Spoleto, S. Salvatore

Im Inneren sind die Bestandteile der Dekoration im wesentlichen klassisch, da es sich um Spolien handelt (eine Ausnahme machen z. B. die Würfel mit Blattwerk unter den Bögen der Kuppel), aber an der Fassade sind viele Teile, die gleichzeitig mit der Kirche entstanden sind, wenn sich auch ihre Formen von denen der römischen Kaiserzeit nur wenig unterscheiden.

Klassizistische Ausschmückung

Die Fassade scheint ganz mit eingesäumten Quadersteinen verkleidet (wie an heidnischen Tempeln) und in zwei Stockwerke gegliedert gewesen zu sein. Der untere, in welchem ein Narthex lag, zeichnet sich aus durch die drei Portale mit reichen und zierlich gearbeiteten seitlichen Konsolen, mit einem Fries aus Ranken und einem Gesims mit kleinen Konsolen; der obere Teil zeigt dagegen vier hohe korinthische Lisenen, die vielleicht Gebälk und Giebel trugen.

Drei Fenster schieben sich zwischen die Lisenen, zwei mit Giebeln und eins mit Bogen, welcher mit einem Strahlenkranz aus sechzehn merkwürdigen Kandelabern in Form von »Kegeln« sowie einem Kreuz

Clitumnus-Tempel bei Perugia

Clitumnus-Tempel bei Perugia. Innenansicht

verziert ist. Die Fensterpfosten sind untersetzte, auf Postamenten stehende Lisenen.

Auf den ersten Blick scheint diese Dekoration, die an die kleinasiatische des 3. Jahrhunderts erinnert, klassisch zu sein, aber die Kreuze auf den Türfriesen und über dem Mittelfenster und verschiedene ganz von der Regel abweichende Einzelheiten, wie die geschweifte Ornamentleiste, welche die Ranken der Portale in ein »sofaförmiges« Feld einschließt und an der seitlichen Begrenzung sonderbare Akroterpalmetten mit einbezieht, ferner die merkwürdigen, vom Rand des mittleren Fensterbogens herausragenden Elemente (Kandelaber ringsum, große gebogene Palmetten am Auflager und das Kreuz ganz oben) stellen das Werk außerhalb der klassischen oder spätrömischen Zeit.

Das »tempietto« des Clitumnus

Genauso reich an Gegensätzen ist das berühmte »tempietto« des Clitumnus. Die Fassade, die aus vier zwischen zwei Anten gezwängte Säulen besteht (es gibt keine Beweise dafür, daß die äußeren Säulen später hinzugefügt worden sind), und die beiden seitlich angebrachten Flügel (zwei kleine Säulenhallen, die als Eingang dienten und mit Treppen versehen sind, während die Vorderseite von außen nicht zugänglich war) entsprechen, obwohl es so scheinen mag, nicht den römischen Tempelgrundrissen.

Auf der anderen Seite überrascht die dekorative Ausschmückung der Giebel mit einem Mittelkreuz, das von Ranken mit geöffneten Blüten umgeben ist, wegen der »freien« Elemente, die in das klassische Kompositionsgewebe eingefügt sind, angefangen von den Voluten am Fuß des Kreuzes, die das herkömmliche Büschel von Blättern bilden, bis hin zu dem von den Kreuzarmen herunterhängenden Paar kleiner Trauben.

Im Inneren entfernt sich die Anlage der Apsis-Ädikula dann entschieden vom spätrömischen Geschmack. Vier hohe und schmale Pilaster und ein Giebel mit stark ansteigenden Seiten rahmen die Nische ein. Das auch in der Nische herumlaufende Gebälk, dem Architrave und Friese fehlen, sowie die Ranken des Bogens und des mit Blattspiralen gefüllten Giebels verraten schon hochmittelalterlichen Stil.

Die plumper gearbeiteten Reliefs an dem kleinen Bau scheinen auf eine etwas spätere Zeit als S. Salvatore hinzuweisen.

Die Themen über den Giebeln, Gott der Engel, der Propheten und der Apostel, die Wiederauferstehung usw. findet man im übrigen in Gebetbüchern der Britischen Inseln und aus protokarolingischer Zeit (Marron).

Unter diesen Bedingungen ist es unmöglich, eine chronologische Bestimmung nur auf gewisse römische Nachklänge zu stützen, andererseits aber muß man bedenken, daß die Architektur des 5., 6. und 7. Jahrhunderts in dem nicht fernen Rom, an das sich Spoleto offensichtlich anschloß, in besonderer Weise am Klassischen festhielt.

Schwierigkeit der Datierung wegen der außergewöhnlichen Stilmerkmale

Andererseits unterscheidet sich S. Salvatore in Spoleto durch ein besonderes Gefühl für den Raum gegenüber den altchristlichen Bauten; die geräumigen Kirchen mit nur einem Schiff, wie S. Croce in Ravenna, S. Stefano in Verona oder wie die weiten Säulenbasiliken Aquileia II oder S. Apollinare in Classe, drückten den Wunsch aus, einen weiten freien Raum zwischen Wänden und Decke einzuschließen. Die ruhige Würde dieser großen Säle war betont durch den Rhythmus der edlen Säulen und der zahlreichen Fenster. Das gleiche Gefühl fand man in der Geschlossenheit des Baukörpers von außen.

Ein ähnlicher Stil herrschte bei der Bildung der »Martyria« vor, die von der Kuppel, dem Bild des Himmels, beherrscht wurden.

Etwas anderes ist die Gestaltung des Baukörpers und der Innenräume. Das schmale Schiff ist von zwei Säulenreihen, die hohe Mauern tragen, flankiert. Die mächtigen Pfeiler der Kuppel unterbrechen diesen Rhythmus und bringen durch das wuchtige Mauerwerk und die Gegensätze von Licht und Schatten neue Werte zur Geltung. Das Äußere hat durch den Turm der Kuppel und die Kapellen des Presbyteriums die frühere Einheitlichkeit der Bauform aufgegeben.

Auch die Kapelle des Clitumnus mit den beiden herausragenden Flügeln kann wegen ihrer merkwürdigen Verbindungen der Raumteile weder ein Tempel gewesen, noch als christlicher Bau vor dem 6. Jahrhundert entstanden sein. Erst in dieser Zeit flößten die Tempelformen, abgesehen von besonders gelagerten Fällen, den Christen keinen Widerwillen mehr ein, und sie wurden von ihnen für den neuen Kult nutzbar gemacht.

Die Geschichte liefert uns einen wichtigen »terminus ante quem«. Ein Schriftstück aus dem Jahre 815 erwähnt das »Kloster von S. Salvatore« als von der Abtei von Farfa abhängig, und wir halten es für sehr wahrscheinlich, daß zwei »Prunkbauten« wie unsere beiden mit wertvollen Steinmaterialien aus Spolien (man kann sogar annehmen, daß nur ein Kaiser so rücksichtslos Säulenhallen oder Bauten des alten Spoletum zerstören konnte, um gleichmäßige Säulenreihen herbeizuschaffen) von den langobardischen Herzögen und nur von diesen errichtet sein können; bestimmte »römische« Anklänge sind wohl als absichtlicher Ausdruck einer antibyzantinischen Einstellung und als Hervorhebung der »königlichen Würde« zu verstehen.

Wertvolles Spolienmaterial

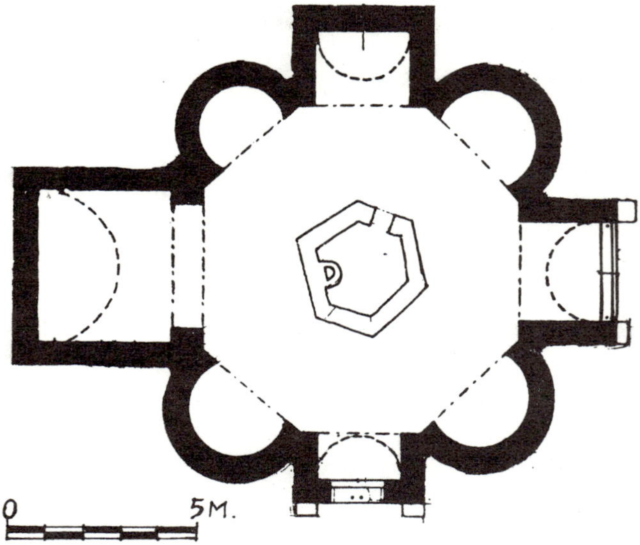

Fig. 55 – Lomello, Baptisterium

Die Herzöge von Spoleto, denen es sogar gelang, zweimal Classe zu erobern und eine eigene Politik in bezug auf den Papst zu entwickeln, standen 571 (Faroald I.) bis 729 (Sieg des Königs Liutprand) auf der Höhe ihrer Macht, und die Abhängigkeit des Klosters S. Salvatore von Farfa, die aus dem erwähnten Schriftstück von 815 hervorgeht, läßt vermuten, daß es sich wirklich um eine ursprüngliche langobardische Gründung handelt, die dann der berühmten Abtei Sabina in der Zeitspanne, in der Faroald II. sie wiederherstellen und bereichern ließ (703–720), zugeteilt wurde.

Abhängigkeit S. Salvatores von Farfa

Die wahrscheinlichste Vermutung ist, daß die beiden Bauten auf Anordnung der Herzöge im 7. Jahrhundert von römischen Handwerkerinnungen ausgeführt wurden.

Lomello, Baptisterium

Die Anlage von Baptisterien war sicher selten im langobardischen Italien des 7. Jahrhunderts, aber einige Beispiele sind zu nennen. Das in Lomello, seitlich der Kirche S. Maria Maggiore, ist denen des 5. Jahrhunderts recht ähnlich. Es war achteckig mit Nischen wie das von Novara, jedoch ohne Säulen in den Ecken und mit einer Apsis am Presbyterium, die größer war als die anderen.

Die Fenster des Tamburs sind breit und außen eingeschlossen zwischen

Fig. 56 – Nocera, Baptisterium

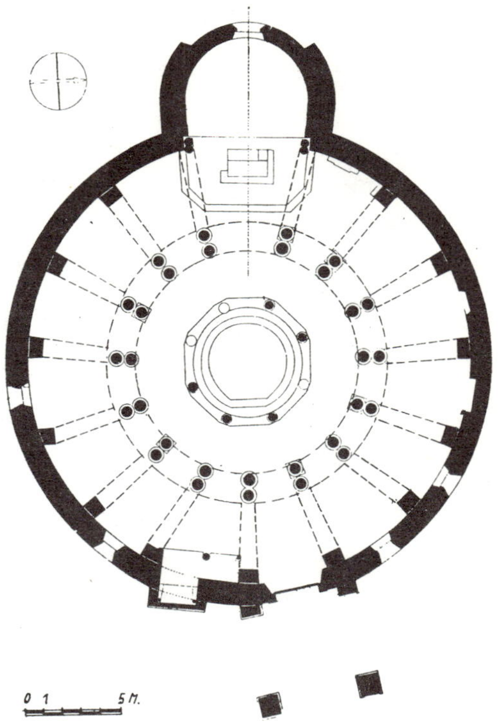

zwei Bögen in »Mitraform«. In der Höhe des Fensterbrettes läuft ein rohes Gesims, das aus vorspringenden Ziegeln und einem Zahnschnitt besteht, der in den gebrannten Ton hineingehauen oder aus kleinen senkrechten Ziegelsteinen gebildet ist.

Das Taufbecken ist sehr interessant. Es hat einen sechseckigen Grundriß und innen Fresken, die Ziegel vortäuschen und byzantinische Motive aus Marmorrhomben imitieren. Ein zylindrisches freskengeschmücktes Seitenbecken ist mit einem Kreuz in einem Bogen und der Aufschrift »Piscina« versehen. Offensichtlich war hier das geweihte Wasser, das zur Besprengung diente; im Baptisterium (das übrigens keinen Abfluß hat) taufte man nicht mehr durch Untertauchen, und diese Tatsache, zusammen mit der außergewöhnlichen Gestaltung des Presbyteriums und den mitraförmigen Bogen des Äußeren, läßt eine Datierung an das Ende des 6. oder an den Anfang des 7. Jahrhunderts geraten scheinen. In der Tat hatte der Ort besonderes Gewicht in dieser Zeit. In »Laumellum Oppidum« fand nach Paulus Diakonus die Verlobungsbegegnung zwischen Herzog Agilulf und Theudelinde statt, und hier war der Schauplatz der romantischen Szene, in der die Königin ihre Zustimmung gab.

Nocera Superiore: Baptisterium

Dagegen ist in Nocera Superiore in Campanien das Baptisterium riesig. Es hat einen runden Grundriß mit einem Ring von Stützen in der Mitte (32 Spoliensäulen, paarweise angeordnet) und eine halbkreisförmige herausragende Apsis, der ein breiteres Interkolumnium entspricht.

Die Kuppel besteht aus Mauerwerk und setzt tief, nämlich oberhalb des Niveaus der Bögen, an; ihre Grate müssen ursprünglich außen sichtbar gewesen sein und sie war geschützt von einem Dach auf Pilastern. Massiv ist auch die Wölbung des Umganges, ein Rippengewölbe, das jedoch vor der Apsis eine Flachkuppel ist.

In der Mitte ist ein großes Becken mit Stufen und acht Säulen; seine Schranken bestehen aus Platten, die verziert sind mit farbigen, in Zellen eingelassenen Pasten; die Muster sind sehr einfach: Rhomben, Kreuze, runde Scheiben, Sägezähne.

Die Konstruktionstechnik ist verhältnismäßig sorgfältig. Der mittlere Raum und die Kuppel bestehen aus kleinen Steinen und Ziegeldurchschuß. In den Archivolten wechseln Hausteine mit je zwei Ziegeln ab. Die Datierung des Rundbaus ins 7. Jahrhundert wird nahegelegt von dem Stil der Schranken, einfachen geometrischen Intarsien aus Glas, und von den schon ganz unklassischen Kämpfern, die aus einfachen Platten bestehen, sowie den kleinen Doppelsäulen, die seitlich die Öffnung zur Apsis schmücken.

Königin Theudelinde

Theudelinde, Tochter des Bayernkönigs und Gemahlin, zuerst des Authari (589), dann des Agilulf, die schließlich bis 625 regierte, wurde die hauptsächlichste Verbündete von St. Gregor dem Großen bei der Bekehrung der Langobarden zum Katholizismus und erhielt von ihm Geschenke kirchlicher Goldschmiedearbeiten, Reliquien und sogar ein Exemplar seiner Dialoge.

Ihre Beziehungen zu Gregor dem Großen

Ihr in der Nähe von Monza errichtetes »Palatium« wurde zerstört; nur Paulus Diakonus gibt uns davon Kunde, indem er die dort vorhandenen »Bildnisse der alten Langobarden« erwähnt, wahrscheinlich Gemälde, und besonders ihre Gewänder, die denen der »Anglo saxones«, Zeitgenossen des Chronisten (787–799), glichen.

Wiederaufgebauter Dom von Monza:

Reste dekorativer Bildhauerarbeiten

Theudelinde errichtete auch den heutigen Dom von Monza, der dann im 14. Jahrhundert wieder aufgebaut wurde; die einzigen Reste des langobardischen Baus sind zwei Marmorplatten von mäßiger Arbeit und sehr flachem Relief. Äußerst seltene Zeugnisse der dekorativen Bildhauerkunst der Langobarden. Eine Platte hat Kreuze, die mit α und ω und einem Christusmonogramm in »Radform« versehen sind, die zweite zeigt ein Kreuz zwischen Lämmern.

Domschatz

Im Schatz des Domes zu Monza werden jedoch sehr wertvolle Stücke der Goldschmiedekunst aufbewahrt, die zum Teil von der langobardischen Kaiserin oder anderen langobardischen Herrschern hinterlassen wurden.

Einband des Evangeliars

Das wichtigste Stück ist ein reicher Evangeliar-Einband. Vorder- und Rückseite (34 × 26 cm) aus glattem Goldblech sind mit einem großen Rand roten Zellenschmelzes »champlevé« und einem großen edelsteinbesetzten Kreuz verziert (Perlen, Saphire, Smaragde), welches ebenfalls von einem feinen Rand aus Zellenschmelz umgeben ist; auf den vier glatten Feldern sind außerdem vier antike Gemmen und vier »gamma« im Relief sowie rechtwinklige Streifen roten Zellenschmelzes. Zwei dünne Goldstreifen sind später auf das Feld genagelt und tragen die Widmungsinschrift »Theudolinde«. Der Glasfluß ist in Zellen in Form von feinen Sägezähnen und miteinander verflochtenen Kreisen eingelassen.

Dieses aus Kreisen entstandene Muster ist häufig in der römischen und spätrömischen Zeit, aber ein ganz gleicher Streifen aus Zellenschmelz »champlevé« findet sich in der Krone des Rekiswinth (653–672) wieder; andererseits scheint die feine granulierte Umrahmung der vier Felder und der mittleren Gemme die Herkunft des Stückes aus einer Werkstatt Konstantinopels zu bestätigen.

Kreuz und Krone des Agilulf

In Stil und Technik ähnlich ist das »Kreuz des Agilulf«. Die auch hier granulierte Umrahmung, abwechselnd mit großen und kleinen, runden und rechteckigen Steinen ist aber in der Ausführung weniger sorgfältig, wie auch die Komposition weniger elegant ist. Die Oberfläche ist dicht mit Steinen und kleinen eng aneinandergereihten Perlen besetzt, aber Zellenschmelz fehlt.

Dieses Kreuz hing von einer jetzt verschwundenen Krone herab, die

Fig. 57 – Monza, Domschatz. Kreuz des Agilulf und Bleiampulle

eine Weihinschrift des Agilulf »*rex totius Italiae*« trug; auf einer Zeichnung von Frisi ist sie mit einem Fries kleiner Arkaden mit einzelnen Figuren darin in getriebenem Relief geschmückt. Christus zwischen zwei Engeln in der Mitte und Heilige ringsherum; im oberen Streifen waren abwechselnd ovale Steine und kleine Perlen. Die Säulen waren gewunden und jede von ihnen trug zwei Lorbeerzweige, die einen Bogen bildeten.

Der Theudelinde schreibt die Überlieferung eine Goldkrone zu mit Perlmutterscheiben (äußere Reihen), kleinen Perlen und runden Gemmen (zwei mittlere Reihen), Steinen, großen Perlen und rhombenförmigen Gemmen (mittlere Reihe). Wegen ihrer Einfachheit scheint es sich um eine lokale Arbeit zu handeln.

Goldene Glucke. Domschatz von Monza

Einband des Evangeliars der Theudelinde. Domschatz von Monza

Die Glucke Die Glucke, aus vergoldetem Metall mit sechs unregelmäßig angeordneten Küken, die gerade Körner, welche auf einer glatten runden Platte verstreut sind, aufpicken, ist in einem Relief der Lünette des Domes aus dem 14. Jahrhundert abgebildet, zusammen mit Theudelinde und ihren Geschenken.

Ihre Ausführung in Treibtechnik mit exakt vertieften Linien bei den Federn oder mit eingehämmerten Punkten sowie die Augen aus eingesetzten Granaten erinnern an spätrömische Praxis. Man könnte hinzufügen, daß die starke plastische Ausbildung des Huhnes mit seiner vollen Körperlichkeit, die durch das leichte Federkleid hindurchschimmert, sowie der Kopf mit dem unbeweglichen und doch lebhaften Auge, noch die realistische römische Überlieferung spüren lassen.

Dies scheint eine Datierung in die romanische Zeit auszuschließen. Aber es fehlen auch Entsprechungen in der byzantinischen Kunst. Das Stück müßte also von einem langobardischen oder ortsansässigen Künstler gearbcitet worden sein.

Eiserne Krone Die »Eiserne Krone«, das berühmteste Stück des Schatzes von Monza, wird heute nicht mehr in die langobardische Zeit datiert; der bunte Glasschmelz, der den ovalen Steinen und den vergoldeten in Treibtechnik gearbeiteten Blumen als Hintergrund dient, ist dem Altar des Volvinius in S. Ambrogio in Mailand aus dem 9. Jahrhundert offensichtlich sehr ähnlich.

Silberampullen Für die Wissenschaftler, die sich mit dem Schatz von Monza befassen, bilden die für das Studium der hochmittelalterlichen Ikonographie wertvollen Ampullen ein weiteres interessantes Kapitel.

Diese Ampullen enthielten ursprünglich Öl, das aus den Lampen kam, die um das Grab der berühmten Märtyrer brannten; sie waren Gegenstand der Verehrung und sollten Krankheiten abwehren.

Ein altes Schriftstück der Basilika gibt ihre Herkunft genauer an; ein Priester Johannes brachte zur Zeit Gregors des Großen siebzig dieser Ampullen mit den Namen der Heiligen nach Rom. Sechzehn sind davon erhalten geblieben und einige tragen noch die Aufschrift mit dem Namen des verehrten Märtyrers.

Die Behälter, die wahrscheinlich vom Papst an die Königin geschickt wurden, waren jedoch in Konstantinopel angefertigt worden und tragen Bilder von außerordentlichem ikonografischem Wert. Die Kreuzigung, die Himmelfahrt, die Auferstehung mit dem Heiligen Grab; sie haben erläuternde Inschriften auf Griechisch.

Andere thematisch verwandte Ampullen aus Zinn und nicht aus Silber wurden in Bobbio in der Krypta der Kirche S. Colombano gefunden, und man glaubt, sie könnten von der frommen Königin dem irischen Heiligen zur Zeit der Gründung des berühmten Klosters geschenkt worden sein.

Langobardische Grabbeigaben (580–650)

Die germanische Kunst in Italien aus vorlangobardischer Zeit ist in den Grabbeigaben greifbar, d.h. in den kleinen persönlichen Gegenständen, die bis zum Jahre 650 dem Toten mitgegeben wurden. Alle diese Gegenstände sind daher zwischen 580 und die Mitte des 7. Jahrhunderts zu datieren (Werner).

Allgemein wurden die Friedhöfe, die zu diesen Funden gehören, als langobardisch angesehen, aber man kann nicht ausschließen, daß sie auch von der ansässigen Bevölkerung oder sogar von den Garnisonen der byzantinischen Festungen benutzt wurden.

Fibeln

Bei den Bügelfibeln werden weiter die Typen des 6. Jahrhunderts, entsprechend verändert, hergestellt. Im allgemeinen bestehen sie aus einem kleinen Bügel und einem breiten halbkreisförmigen oder rechteckigen Teil, der am Rand mit »Knöpfen« verziert ist. Der Fuß endet gewöhnlich in einem von vorn gesehenen Tierkopf. Die Verzierung besteht aus kleinen Zickzack-Linien (Museum in Cividale), aus dynamischem unregelmäßigem Flechtwerk oder aus Tierornamentik, die teils noch Anklänge an den ersten Stil nach Salin (Cividale, Museum) aufweist, teils jedoch ausgesprochen dem zweiten Stil angehört.

Kleine Kreuze

Die kleinen Goldblattkreuze, die auf die Brust geheftet eine charakteristische Verzierung der langobardischen Kleidung bildeten, tragen, mit Punzen eingeschlagen, teils einfache geometrische Ornamente oder konstantinisches Flechtband, teils dynamisches Flechtwerk (Brescia) oder Tierornamentik (ein anderes Kreuz aus Brescia). Das sogenannte Kreuz des Gisulf hat eingelassene farbige Steine und kleine Köpfe.

Fig. 58 – Autun, ehemalige Martinskirche

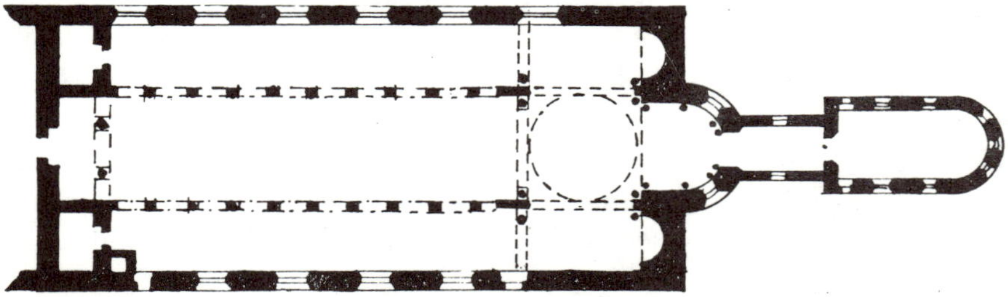

Eiserne Krone der Langobarden. Domschatz von Monza

Mischung germanischer und mittelmeerischer Stilelemente

Techniken

Der Einfluß der mittelmeerischen Überlieferung zeigt sich allgemein in der Verwendung konstantinischen Flechtwerks, aber der Stil und die Meisterschaft der Goldschmiede des Ostreiches werden auf diesem Gebiet unmittelbar in einigen besonders hervorragenden Stücken sichtbar. Typisch ist die »Kerbschnitt«-Technik der Ränder und feinen Linien, mit denen auf glattem Feld die Umrisse von Fischen, Tierköpfen, Zweigen und Blättern wiedergegeben sind: diese Technik wurde bei Goldblechen angewandt (Schwertscheiden aus Chiusi), oder häufiger auf gegossenen Bronzebeschlägen, Schnallen und Gürtelschließen. Die Sattelverzierungen (?) aus den Gräbern V und 119

von Castel Trosino mit denselben Ornamenten sind dagegen in Treibtechnik gearbeitet.
Überaus elegant ist die Wirkung durchbrochener Goldbleche, die sich von einem Untergrund aus Leder oder Stoff abheben. Bei den Schwertscheiden des Grabes von Castel Trosino ist das dabei verwendete Ornament die übliche Akanthus-Palmette, bei den goldenen Gürtelschließen von Chiusi der doppelte Zweig.
Weitere Zeugen byzantinischer Meisterschaft sind die Goldfiligranarbeiten. Am Kreuz aus dem sogenannten Grab des Gisulf in Cividale ist nur ein leichter granulierter Rand um die Steine nach germanischem Brauch, aber an den Rundfibeln der Gräber B, C, S², 115 usw. von Castel Trosino zieht sich das Filigran über den ganzen Grund hin, bedeckt auch die Buckel und bietet so ein kostbares Bild, das einem Spitzenmuster gleicht.

Das merowingische Gallien

Nach den schrecklichen Kämpfen und den Grausamkeiten der Merowingerkönige am Ende des 6. Jahrhunderts, die mit der Ermordung der Söhne Theoderichs ihren Abschluß fanden, konnte Chlotar II. schließlich in Ruhe regieren (613–629).
Der Landadel, in dem sich Franken und Gallo-Römer verschmolzen hatten, schenkte dem Staat die Führungsschicht und den »Haushofmeister«, in dessen Händen die Verwaltung des Palatiums und später die Herrschaft über den Staat lagen.
Die Führung dieser »Majores domus« löste nach und nach die der Nachfolger von Chlotar II. ab, bis die letzten Merowinger durch Karl Martell entmachtet wurden, der ab 715 endgültig die Zügel der Regierung in die Hand nahm und die Wiedervereinigung sowie die Neuorganisation des Staates begann.
Während der Krise der merowingischen Monarchie hatten einige Teile des alten Galliens versucht, die Unabhängigkeit zurückzugewinnen.

Verschiedene kulturelle Mittelpunkte

So zum Beispiel Aquitanien, das sich nach 670 unter der Führung des Herzogs Lupus zusammengeschlossen hatte; das erklärt die Bildung von kulturellen Mittelpunkten und Kunstschulen im 7. Jahrhundert von deutlich erkennbarer Eigenheit.
Im Laufe dieses Jahrhunderts machte sich jedoch der Einfluß der tatkräftigen Inselklöster in Frankreich in erheblichem Maße bemerkbar. Seit der Gründung von Luxeuil wurden irische und angelsächsische Missionare in Gallien äußerst aktiv; die künstlerische Tätigkeit spielte naturgemäß innerhalb der kulturellen Wechselbeziehungen zwischen den beiden Ländern eine der wichtigsten Rollen in der damaligen Zeit.

Architektur

Wenig ist von der kirchlichen Architektur des 7. Jahrhunderts übriggeblieben, aber das wenige sagt uns genug.

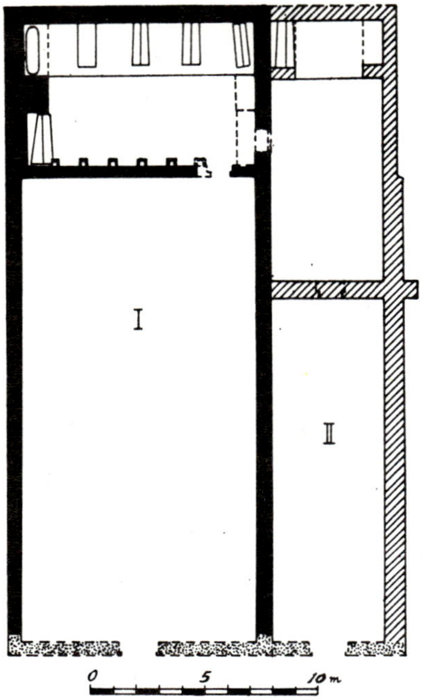

Fig. 59 – Kloster von Jouarre

Autun St. Martin

FIG. 58

Die von der Königin Brunehaut um 590 errichtete Basilika von St. Martin d'Autun wurde im 17. Jahrhundert zerstört und man kennt sie nur aus einer Grundrißzeichnung von 1658.

Sie hatte drei von drei Apsiden begrenzte Schiffe. Die mittlere Apsis, die innen und außen halbkreisförmig war, stand durch einen Gang in Verbindung mit einer im Osten freistehenden einschiffigen und mit Apsis versehenen Grabkapelle. Die beiden Apsidiolen waren in eine außen flache Mauer eingefügt.

In der Presbyteriumszone muß ein Turm mit leichter Kuppel gestanden haben. Das ist erwiesen durch dicke Pilaster, die in diesem Bereich vorhanden und von seitlichen Säulen begleitet waren, welche offensichtlich Querbögen trugen.

Vier weitere kleine Säulen standen an der Vorderseite der Apsiden. Sie scheinen die Anordnung von S. Maria d'Aurona (um 735) und von Malles (um 800) vorauszunehmen. Von den breiten Fenstern wissen wir nicht, ob es die ursprünglichen waren. Auch die Datierung der Fassadengliederung, die mit den beiden seitlichen Türmen und einem Narthex in der Mitte ein »Westwerk ante litteram« bildet, ist nicht sicher. Die alten Nachrichten über den Bau sagen uns, daß er reich »d'admirables mosaiques« und an hohen Marmorsäulen war; eine üppig verzierte Holzdecke verbarg die Dachbalken.

Jouarre, Krypta

Nach alten Überlieferungen und Urkunden, die durch eine späte Kompilation (17. Jahrhundert) auf uns gekommen sind, soll das ursprüngliche Kloster von Jouarre auf Anregung des St. Columbanus von einer wichtigen Persönlichkeit, Ado, gegründet worden sein: die erste Äbtissin sei seine Nichte Theodechilde gewesen, die um 680 gestorben ist; die Kirche sei erbaut worden durch ihren Bruder Angilbert, Bischof von Paris, der im späten Alter gekommen war, um bei ihr zu leben. Angilbert war einer der größten Prälaten des 7. Jahrhunderts; er hatte sich in einem irischen Kloster zehn Jahre mit dem Studium der heiligen Schriften befaßt und war Bischof von Dorchester, bevor er den Pariser Bischofssitz innehatte.

Der erste Bau war wahrscheinlich von rechteckigem Grundriß mit einer Grabkapelle hinter dem Altar in der Verlängerung des Schiffes; in der Kapelle wurden Ado, Theodechilde, Angilbert, Angilberta, die zweite Äbtissin, und die Tanten Sancta Balda und Sancta Moda beigesetzt. B.A. 20

Daß das ganze Bauwerk auch außerhalb der für die Gründerfamilie bestimmten Kapelle Bestattungszwecken diente, steht außer Zweifel. Bei den Ausgrabungen von 1870 wurden in mehreren Schichten Sarkophage im Schiff gefunden. Die tieferen aus Stein, die darüberliegenden aus Stuck.

Wohl in einer späteren Zeit, gegen Ende des 7. Jahrhunderts, wurde das zweite schmalere Schiff südlich angebaut durch den Bruder der Angilberta, Ebrigisilus, Bischof von Jouarre, der in der oben erwähnten östlichen Grabkapelle beigesetzt wurde.

Gegenwärtig sind nur die »Krypten«, d.h. die Grabkapellen erhalten, die man in romanischer Zeit verbunden und mit Kreuzgewölben gedeckt hat.

Die Mauerkonstruktion der Krypta St. Paul (der ältesten) ist gegen das Schiff hin von besonderem Interesse; sie zeigt drei verschieden behandelte Streifen. Der unterste besteht aus Rechtecken oder Quadraten, der mittlere aus Rhomben, der oberste aus Sechsecken und kleinen Rhomben in den Ecken zwischen ihnen; Motive, die von der Fußbodendekoration angeregt sind.

Kleine, mit einem durchlaufenden Architrav verbundene und sehr dicht aneinanderstehende Pilaster sind an diese Wand angefügt, stehen aber von ihr losgelöst. Es ist gut möglich, daß diese Pilaster ein Tonnengewölbe trugen, welches später aber bald nach der ursprünglichen Gründung angebracht wurde.

Einige Kapitelle, die zum zweiten Male beim Wiederaufbau in romanischer Zeit verwendet wurden, sind äußerst elegant. Eins davon, wie

das Nr. 3, mit sehr fein ausgezackten Akanthusblättern, führt man auf byzantinische Vorbilder vom Ende des 5. Jahrhunderts zurück. Andere können dagegen in die ersten Jahre des 7. Jahrhunderts datiert werden, so die Nummern 4 und 6, die tief eingeschnittene korinthische Formen mit nur einer Reihe von Eckblättern und großen Stengeln zeigen, welche an die ravennatischen erinnern; Nr. 1 hat vier Eckblätter mit spitzen Zipfeln und einen Kranz aus feinen schwachen Rippen.
Einzig in seiner Art ist dann das Kapitell Nr. 5 mit vier Eckblättern, die an der Basis mit reicheren Blattpaaren verziert sind und feine »à jour« gearbeitete Konsolen tragen, die den Abakus stützen.

Poitiers, Grabmal des Mellebaudus

Das kleine, in einer römischen Nekropole liegende Grabmal, die sogenannte »Grabkammer in den Dünen von Poitiers«, war ein kleiner rechteckiger, von einem Tonnengewölbe bedeckter unterirdischer Raum. Ein Paar kleiner seitlicher Säulen trug einen Querbogen; darunter befand sich eine Stufe. Der Raum war auf diese Weise geteilt. Im zweiten Abschnitt war ein kleiner Altar und links davon der Sarkophag des Gründers, Mellebaudus, in einer bogenförmigen bemalten Nische. Man erreichte das Grab über einen Gang und einige herabführende Stufen.
Der Bau hätte nur einen sehr bescheidenen Wert, wenn nicht die ursprünglichen Reliefs und die flehenden Inschriften die Atmosphäre des schlichten und für uns merkwürdigen Glaubens der hochmittelalterlichen Welt des Nordens wieder hätten aufleben lassen.
In dem Monument gibt es kleine ornamentale Reliefs, die ungewöhnlich angeordnet sind. Drei Oberseiten der Stufen tragen einen gebogenen Stengel mit herzförmigen Blättern, beziehungsweise zwei Fische oder drei miteinander verflochtene Schlangen. Der Fußbodenstreifen, der den Hauptraum unterteilt, hat runde Scheiben mit Strahlen; einer der beiden Türpfosten zeigt einen Streifen mit einer Reihe von Kreisen mit Margeritenblüten aller Art, Strahlenkränzen, Kugeln und sogar Tierköpfen, der andere ein gewelltes Band mit Kleeblättern.
Die Inschriften sind manchmal gleichzeitig von Kummer und Aberglauben bestimmt: »† Α und Ω † Anfang und Ende, weil jede Sache jeden Tag schlechter und schlechter wird, da schon das Ende näher kommt...«. Und am Türpfosten: »Im Namen Gottes habe ich, Mellebaudus, Schuldner und Diener Jesu Christi diese ›Speluncola‹ für mich errichtet; ich habe sie gemacht im Namen des Herrn Jesu Christi, den ich

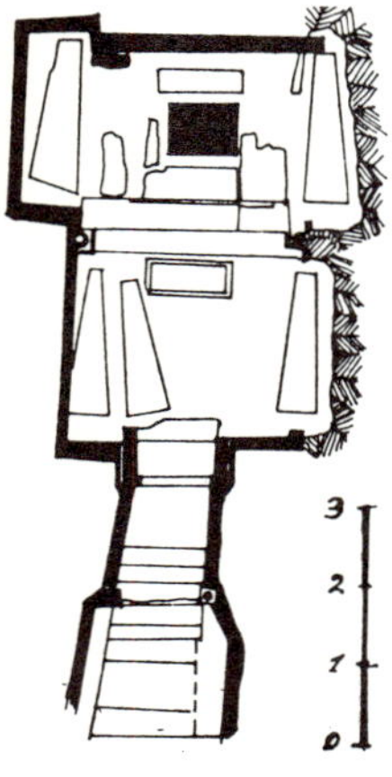

Fig. 60 – Poitiers, Mellebaudus-Grabmal

liebe...«. Und er endet mit einer Verfluchung dessen, der es wagen sollte, das Werk zu zerstören.

Bemerkenswert sind die figürlichen Reliefs. Ein Schrein für Reliquien ist mit Evangelistensymbolen (Matthäus und Johannes) und den Erzengeln Raphael und Raguel geschmückt; auf einem anderen Stück sind zwei Cherubinen und auf einem Postament zwei Gestalten, die mit den Händen auf dem Rücken an ein Kreuz gefesselt sind; dieses hat mit der Verbreiterung seiner Balkenenden eine ungewöhnliche Form; ein weiteres Bruchstück bezieht sich auf St. Simeon. Die Namen der zahlreichen Heiligen, die in den Inschriften erwähnt werden, sind überraschend. Mit Heiligen des römischen Martyrologiums, wie die 62 bei den Gräbern von St. Crisantos und St. Daria zu Märtyrern gemachten, mischen sich St. Simeon Stylites, der syrische Nationalheilige, sowie die Heiligen Galliens, teils unbekannte örtliche (Varigatus, Lauritus), teils bekannte (Martinus, Agnanus usw.), und Engel.

Abschließend ist zu sagen, daß die künstlerischen Elemente, die Auswahl der Heiligen und die Ikonografie dieses Denkmals angeregt und hergeleitet sind vom Osten oder von Rom, und daß sie zusammen mit anderen örtlichen Komponenten auftreten, wobei sie alle von einem neuen, in der Hauptsache hochmittelalterlichen und nordischen Geist umgewandelt sind.

Die Komposition, die Vielfarbigkeit der in den Marmor eingefügten Pasten und einige Motive innerhalb der Tierornamente muß man als neue Schöpfungen betrachten, und sie sind wertvolle Zeugnisse der monumentalen Kunst Europas in der Phase ihrer Entstehung.

Die Datierung des Denkmals in die zweite Hälfte des 7. Jahrhunderts findet ihre Bestätigung in typischen dekorativen Elementen wie drei miteinander verflochtene Schlangen, die sich auf anderen Platten und merowingischen Gürtelschnallen (Hl. Saturnin usw.) und sogar auf kleinen langobardischen Goldkreuzen wiederfinden, die alle Werke des 7. Jh. sind. Auch die Paläografie der Inschriften weist auf das 7. Jh.

Bildhauerkunst

Die dekorative Bildhauerkunst des 7. Jahrhunderts und die Reliefs im allgemeinen bilden in Gallien einen Komplex von großem Interesse. In Poitiers, Jouarre, St. Dizier und in Metz finden wir, in Stein gehauen, gleiche Ornamente wieder wie die niellierten auf den Schließen der merowingischen Gürtel. Man kann so im Nordfrankreich des 7. Jahrhunderts keinen Unterschied machen zwischen Künstlern und Handwerkern, d.h. zwischen »römischen« Erben einer klassischen Überlieferung und »Germanen«, die ihren volkstümlichen Stil zum Ausdruck brachten. Das Ergebnis war jetzt nur ein unverwechselbares, ausschließlich »fränkisches«.

Jouarre, Sarkophag des St. Angilbert

Die wichtigste Gruppe dieser Werke befindet sich in Jouarre, und ein Sarkophag, der des St. Angilbert (gest. 672), trägt sogar eine große Figurenszene. Christus in seiner Herrlichkeit ist in der Mitte und entfaltet die Gesetzesrolle. Zu den Seiten drängen sich zwei Gruppen von nur mit einem Lendenschurz bekleideten nackten Gestalten; an den äußersten Enden sind zwei Engel. Die Szene stellt wahrscheinlich »Die Auferstehung des Fleisches« am Tag des Jüngsten Gerichtes dar. An der Stirnseite befindet sich ein Relief mit der Vision Ezekiels, der unbärtige und vom Nimbus umgebene Christus im »himmlischen Raum« zwischen den vier Evangelistensymbolen. Seitlich sind runde Blüten mit langen Stengeln. Der nur zu einem Viertel erhaltene Deckel war mit Ranken aus drei breiten gedrehten Blättern geschmückt.

Sarkophag der St. Teodechilde

B.A. 20

Der Sarkophag der heiligen Theodechilde dagegen hatte nur Ornamente: Auf den Seiten erscheinen zwei Reihen gegenständiger Muscheln, die durch kurze senkrechte Stengel mit kleinen dreiteiligen Blättern oben und unten voneinander getrennt werden; zwischen ihnen tragen waagerechte Streifen Inschriften. Der Deckel ist schon sehr verwittert, und das ist besonders schade, weil das Muster, Ranken mit Blattwerk und Weintrauben in hervorragender Zeichnung, äußerst interessant war.

St. Angilberta

B.A. 17

Der Sarkophag der heiligen Angilberta bietet auf den Seiten ein Muster aus Rhomben, welche dreiblättrige Knospen aus »byzantinischem Akanthus« enthalten; ringsherum war ein Mäandernfries. Der Deckel hat kleine Vertiefungen: Das Muster besteht aus sich überschneidenden Kreisen mit einem rhombenförmigen Punkt in der Mitte; ein weitverbreitetes Motiv in spätrömischer Zeit und im westgotischen Spanien. Die Vertiefungen enthielten vielleicht Glaspasten.

St. Balda

Vom Grab der St. Balda sind zwei ganz rund gearbeitete Figuren erhalten. Ein weihrauchspendender Engel in der Ecke und eine Heilige, beide von vorn dargestellt wie die Figuren des Tempelchens von Cividale.

St. Dizier

Von besonderer Bedeutung für die Kenntnis der merowingischen Bildhauerkunst sind ein Sarkophag und ein Mausoleum in St. Dizier im Elsaß. Sie waren für einen Bischof namens Desiderius und einen anderen Geistlichen, Regenfried, bestimmt, beide während der Herrschaft Childerichs II. (663–675) ermordet; das geht hervor aus einer »Passio Desiderii«, die schon von den Bollandisten (Sept. V, 788–792) veröffentlicht wurde.

Bei Ausgrabungen im Jahre 1880 wurden die Grundmauern eines achteckigen Gebäudes freigelegt, das als vorläufiges Grab von dem beim Mord anwesenden treuen Diener Willebert errichtet wurde. In

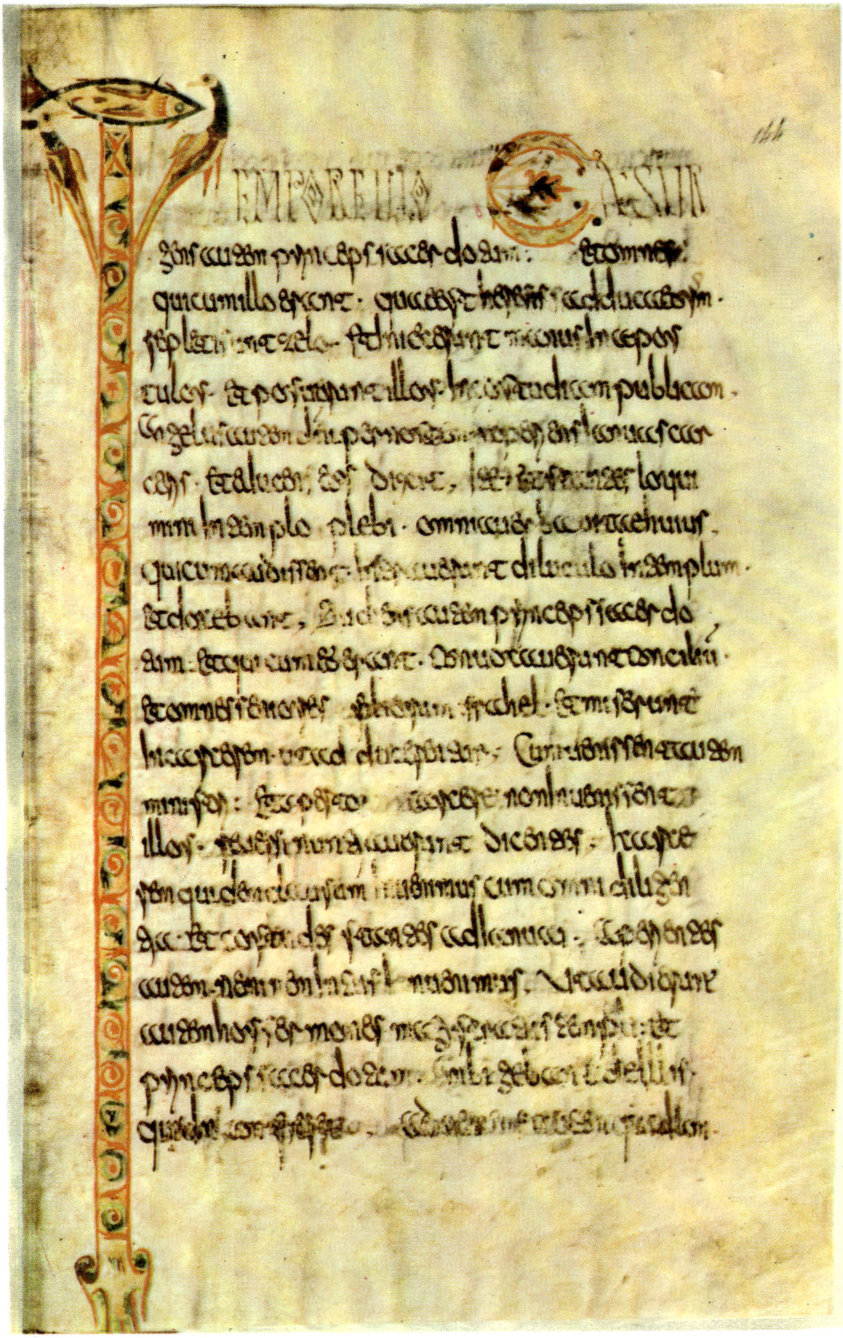

Lectionar »T« von Luxeuil. Deckfarbe auf Pergament. 28,2 × 17,8 cm.
Paris, Bibliothèque Nationale (Lat. 9427, Folio 144). Vgl. Seite 156f.

der Mitte müssen in einem sehr einfachen Steinsarg, der sich noch an Ort und Stelle befindet, die beiden Persönlichkeiten bestattet gewesen sein.

Einige Jahre danach wurde wohl auf dem Grab ein Kenotaph errichtet, den Hubert identifizierte; es handelt sich dabei um eine Art Ehrensarkophag, der heute noch vorhanden und dessen Deckel auf beiden Schrägseiten reich verziert ist.

An einer Schrägseite verflechten sich über einer Reihe kleiner Arkaden glatte Bänder zu einem Zickzack-Muster. Sie enthalten Palmenblätter und sind vereint durch ein gewundenes Perlenband vom »mero-
B.A. 16 wingischen« Typ; auf der anderen Deckelseite bilden weitere Perlenbänder zwei Reihen herzförmiger miteinander verflochtener Ringe. In den Zwischenräumen sind verschiedene Palmetten. Darunter ist ein einfaches Flechtband.

Später wurde in einem dritten Arbeitsabschnitt – auch dies berichtet die »Passio Sancti Desiderii« – ein »loculus« mit einer silbernen Platte errichtet, auf der man den Namen des Spenders, Herzogs Rabiacus, las. Der Teil aus Silber, vielleicht ein Tisch, ist natürlich nicht mehr vorhanden, aber der Hauptteil des Monumentes wurde von Hubert in einem an der Vorderseite reich skulptierten und innen mit
B.A. 18 zwei Vertiefungen ausgehöhlten Steinsarg wiedererkannt. Offensichtlich fand einige Jahre nach der ursprünglichen Beerdigung eine Umbettung statt und die Aushöhlungen dienten für die Gebeine des Desiderius und Regenfried.

Die Vorderseite des »loculus« zeigt zwei ornamentale Streifen. Der untere besteht aus »Lotusblüten«, der mittlere aus paarweise symmetrisch angeordneten Blättern, deren Zipfel mit plastisch wiedergegebenen Rippen versehen sind; der obere Teil ist zerstört.

An den »Lotusblüten« und den reicher verzierten Blättern könnte man ferne Anklänge an den byzantinischen Akanthus finden, aber in seiner Grundhaltung ist auch der »loculus« eine ganz ursprüngliche Erfindung und in den Beginn des 8. Jahrhunderts zu datieren (die Passio muß in der zweiten Hälfte des Jahrhunderts geschrieben worden sein).

Metz Weitere wichtige Fragmente der Bildhauerkunst wurden unter wiederverwendetem Material in der Kirche St. Pierre in Metz gefunden. Einige Platten bestätigen ihre geistige Herkunft von byzantinischen Vorbildern des Mittelmeerraumes. Eine zeigt einen Heiligen in einem mitraförmigen Bogen, eine andere Ranken mit herzförmigen und Akanthus-Blättern, eine dritte Felder mit Bogen und kleinen Kreuzen, wieder eine andere drei aufgereihte Vasen mit gebogenen Blättern. Weitere Reliefs haben dagegen germanisch-merowingische Motive,

Fig. 61 – Moissac, Sarkophag des hl. Raimundus

Fig. 62 – Sarkophag aus Moissac, jetzt im Musée de Bordeaux

Fig. 63 – Sarkophag aus St. Severin, Toulouse (heute Museum)

d. h. Netzwerk oder Bandwerk mit kleinen Köpfen an den Enden wie verflochtene oder sich ringelnde Schlangen. Das Flechtwerk eines der Stücke ist dann nicht mehr vom »konstantinischen« Typ, sondern geknotet und unregelmäßig bewegt.

Sarkophage aus Aquitanien

Einen sehr verschiedenen, nämlich mittelmeerischen Charakter haben dagegen die sehr zahlreichen Sarkophage im südöstlichen Frankreich zwischen der Rhône und den Pyrenäen. Sie sind aus einem örtlichen Marmor gearbeitet. Ihre Zahl wächst mit der Intensität der Forschung. Bis jetzt hat man bei 86 Fundstellen in Aquitanien 36 Sarkophage und bei 89 Grabungen in Septimanien (Narbonensis I) 38 Sarkophage gezählt. Früher auf das 5. und 6. Jahrhundert zurückgeführt, wurden sie 1938 von J. Hubert richtig zwischen 650 und 750 datiert.

Dieser Gelehrte stellte klar, daß man noch während des ganzen 6. Jahrhunderts in Aquitanien versuchte, mehr oder weniger geschickt die alten Figurensarkophage der Provence in Pyrenäenmarmor nachzuarbeiten. Wie jener, der wahrscheinlich für St. Clarus, den gegen 510 gestorbenen Bischof von Euze angefertigt wurde, und der andere des Herzogs Regnovaldus (gest. 593).

Datierung zwischen 650 und 750

Vier Sarkophage mit Schmuck nach aquitanischer Art wurden schließlich von ihm zur Unterstützung einer einwandfreien Datierung herangezogen: Zwei aus der Abtei von Moissac (erst gegen 640 gegründet), der des Bischofs von Soissons, Drausius (gest. gegen 680), welcher jetzt im Louvre ist, und schließlich der des Bischofs Lentadus (gest. gegen 718).

Die Prüfung der Schmuckelemente bestätigt die Datierung dieser umfangreichen Gruppe von Kunstwerken in das 7. und 8. Jahrhundert, die im Rahmen der wirtschaftlichen Erholung Ostgalliens nach dem Jahre 650 als Folge der erreichten Unabhängigkeit Aquitaniens (685) verständlich sind. Die Darstellungen von Figuren sind selten, allenfalls nur auf die ältesten Stücke beschränkt, mit einzelnen Gestalten an der Frontseite des Sarkophagkastens oder mit kleinen Szenen wie z. B. Daniel in der Löwengrube auf dem Deckel; so bei dem Sarkophag des St. Guilhelm-du-Desert, der vielleicht später ist als der Sarkophagkasten mit Christus zwischen den Aposteln.

Der Schmuck wird im allgemeinen aus Feldern mit verschiedenen

Sacramentarium Gelasianum, Titelbild. Deckfarbe auf Pergament. 26 × 16,7 cm. Vatikan, Apostolische Bibliothek. (Reg. Lat. 316, Folio 131.)

Motiven gebildet, die sich symmetrisch wiederholen. Die einzelnen Elemente leiten sich aus dem byzantinischen Musterschatz des 6. Jahrhunderts ab, aber sie legen die Vorbilder verhältnismäßig frei aus: Bäume aus gebogenen, symmetrisch angeordneten Akanthuspalmetten, Weinranken mit kleinen Trauben. Manchmal sind die Spitzen der Weinblätter gedreht, die Stengel sehen aus wie ineinandergesteckte »Füllhörner«, die Ranken enden in kleinen runden Margeriten, mit einer Vertiefung in der Mitte, alles typische Motive vom Ende des 7. und aus dem 8. Jahrhundert. Die Anregung zur Aufteilung in Felder kam vielleicht von Fußbodenmosaiken, und diese Übernahme einer aus einer anderen Kunstgattung stammenden Komposition, die aus Ornamentfeldern bestand, ist ein klarer Beweis für die späte Zeit dieser kostbaren Denkmäler der hochmittelalterlichen Bildhauerkunst.

Einige Sarkophagvorderseiten bieten jedoch ein einheitliches Motiv, nämlich Ranken, welche in der Mitte emporwachsen und sich gleichmäßig zu den Seiten hin entwickeln. Dieses Motiv erfreute sich lange großer Beliebtheit und man wird es häufig noch in Italien an den Schranken des 8. und besonders des 9. Jahrhunderts wiederfinden.

Miniaturen der merowingischen Zeit

Die eigene Erfinderkraft der fränkischen Merowinger spiegelt sich natürlich auch in den Handschriften. Im 7. Jahrhundert wurde in Nordfrankreich eine neue Schrift erfunden, die sich von der Kursive herleitete und diese in eine elegante und kraftvolle Schreibweise umwandelte. Diese »Minuskel«-Schrift erscheint in einem Kodex von 669 in Luxeuil (Haute-Saône), einem von St. Colombanus 590 gegründeten Kloster, und, verbessert, im »Missale gothicum« und im Lectionar.

ABB. SEITE 151

In der Regel handelt es sich bei diesen auserwählten Büchern um liturgische oder theologische, Meßbücher, Sakramentarien, Werke der Kirchenväter usw., welche die Ansprüche einer seit langer Zeit bestehenden und verhältnismäßig gebildeten Geistlichkeit befriedigen konnten.

Die fränkischen Miniaturenmaler des 7. Jahrhunderts, die diese Manuskripte mit ihrer Kunst bereicherten, zeigen, daß sie nicht nur die klassische Kunst, sondern auch die christlich-symbolische fast vergessen hatten. Das heißt, sie vermieden die »figürlichen Bilder« und verwendeten nur selten »symbolische Kompositionen«. Sie versuchten nicht »darzustellen« und bemühten sich auch nicht, »die Erinnerung wachzurufen«, sie waren in erster Linie darum bemüht, »auszuschmücken«, womit sie im wesentlichen den gleichen Weg einschlugen wie ihre Ordensbrüder auf den Britischen Inseln.

Der farbliche Schmuck hob meist den ersten Buchstaben oder die erste Zeile der Kapitel hervor. Nur manchmal nahm ein großes schlichtes Kreuz innerhalb eines Bogens eine ganze Seite ein, in anderen Fällen stand das Kreuz auf der Eingangsseite der Kapitel neben dem Titel des Buches oder des Gebetes.

Eine schöne Handschrift des 7. Jahrhunderts ist das »Sacramentarium Gelasianum«, das aus einer fränkischen Kirche stammt und von Königin Christine von Schweden der Vatikanischen Bibliothek (Reg. 316) geschenkt wurde; es ist noch in Unzialen geschrieben, aber auf zwei Blättern (2 v. und 45 v.) befinden sich Abschnitte in »merowingischer Kursive«.

Sacramentarium Gelasianum

Die Miniaturen sind unfigürlich, nur ornamental und symbolisch.

Eine Seite trägt ein großes Kreuz unter einem Bogen mit dem α und dem ω, das der Bedeutung nach ein Christusmonogramm ist und sich wenig von den byzantinischen Kreuzen unterscheidet, die sich ebenfalls innerhalb von Bögen befinden. Motive, die in der Tradition Konstantinopels beliebt waren, kehren auch in den Ornamenten wieder; an den Keilsteinen des Bogens erkennt man kleine vierteilige Akanthusrosetten, an den Armen des Kreuzes weitere typische vierblättrige Rosetten. Andere Elemente sind jedoch nach Geist und Form weit entfernt von den mittelmeerischen Vorbildern. So die Tierornamentik mit Vierfüßlern, Vögeln und Fischen und die grelle Farbgebung, in der die Komplementärfarben Grün und Rot, von braunen Tönen begleitet, aneinanderstoßen.

Einen ähnlichen Charakter hat die erste Seite des zweiten Buches, die von Gruppen großer vielfarbiger Buchstaben und Tiermotiven eingenommen wird. Die unterste Reihe trägt nach einer verbreiteten merowingischen Sitte das ganz aus Vögeln und Fischen zusammengesetzte Wort »noverit«. Es gibt keine übergroßen Buchstaben. Das I von »incipit« hat nur die Größe von drei Reihen, aber der linke Teil der Seite wird von einem großen, reich mit Tieren geschmückten Christusmonogramm mit dem Lamm in der Mitte eingenommen.

Vergeblich würden wir jedoch in diesen Miniaturen jene Tiere mit verzerrten Gliedern suchen, die in der volkstümlichen germanischen Kunst beliebt waren; Hirsche, Vierfüßler, Federvieh und auch typisch germanische Motive wie z.B. die vier Vögel mit gebogenem Körper und einem langen Schnabel, die sich an der Säulenbasis des Bogens befinden, sind als vollständige Wesen wiedergegeben.

Sowohl die Motive aus der symbolischen Ikonografie als auch die Anklänge an byzantinische Ornamentik und die Paläografie führen zu einer Datierung unseres Sakramentariums in das 7. Jahrhundert.

Das Lectionar von Luxeuil enthält Miniaturen auch in den Initialen. Die Themen aus der Tierwelt haben nicht mehr die hervorbrechende

Lectionar von Luxeuil

denataliciisscorum,denun
tiacionataliciiuniusmartyris.

Lebendigkeit des Sacramentarium Gelasianum. Die Umrisse der Fische sind mit dem Zirkel gezogen; gelegentlich besteht die Dekoration aus Pflanzenornamenten.

Die bei den Byzantinern beliebten Pfauen schweben manchmal auf der Spitze langer, die ganze Höhe der Seite einnehmender Stäbe. An anderer Stelle bewundert man aus freier Hand leicht umrissene Blumen oder Sumpfvögel. Die Farben sind Rot und Grün, Gelb wird hauptsächlich für die Hintergründe benutzt.

Metallschmuck

Den Schlüssel zum Verständnis des Geistes, der im merowingischen Gallien des 7. Jahrhunderts herrschte, bilden jedoch die kleinen metallischen Zierstücke, die zur persönlichen Ausstattung gehörten. An der Art ihrer Verzierung kann man die kulturelle Situation der verschiedenen Gebiete ablesen und zu welchem Ergebnis die Verschmelzung der ortsansässigen Völker mit den verschiedenen germanischen Stämmen nach ungefähr zwei Jahrhunderten der Besatzung geführt hatte. Wir haben festgestellt, daß schon im 6. Jahrhundert gewisse Stücke, wie die große silberne Gürtelschnalle der Königin Arnegundis mit Goldplättchen und Goldfiligran vom gewöhnlichen Typus mit bunten Einlagen abwichen und besondere eigentümliche Merkmale hatten, wenn sie auch in den Raubtierköpfen Anklänge an die Tierdarstellung zeigen. Diese Unabhängigkeit tritt in den Arbeiten des 7. Jahrhunderts immer deutlicher hervor, die oft nicht mehr mittelmeerisch, auch nicht skandinavisch-germanisch, sondern eben »fränkisch« sind.

Große Gürtelschnalle aus tauschiertem Eisen

Die interessantesten Stücke sind große Gürtelschnallen aus nielliertem Eisen, oft mit silberplattierter Oberfläche und mit eingelegten Ornamenten aus Messing; sie wurden hauptsächlich in den ehemals burgundischen Teilen der Schweiz und in den angrenzenden Gebieten gefunden. Zahlreich sind daneben auch Fibeln und Beschläge aus gegossener Bronze.

Lockeres Flechtwerk

Die zur Dekoration verwendeten Flechtbänder sind von einer besonderen Art. Oft haben sie nicht die an Gewebe erinnernde Regelmäßigkeit der konstantinischen, aber auch nicht die »Knoten« der typisch germanischen und irischen. Die Bänder sind oft »aufgelöst«, d.h. nicht dicht verwebt oder verknotet, sondern frei, mit weiten Maschen, und die Wirkung beruht auf der Verschiedenheit der Bänder, die abwechselnd groß und klein sind, glatt und gerändert oder punktiert, aber

Sacramentarium Gelasianum, Anfangsworte. Deckfarbe auf Pergament. 26 × 16,7 cm. Vatikan, Apostolische Bibliothek (Reg. Cat. 316, Verso 132)

diese punktierten Bänder wurden auch im Osten gefunden, z.B. auf dem Diptychon des Philoxenos (525). Manchmal, z.B. in Fetigny, kommt ein Kreuz in einem trapezförmigen Feld vor.

Besondere Tiermuster

Die Tierornamentik dient oft dazu, das Flechtwerk zu ergänzen, wobei sich eine Methode entwickelt, die weit verbreitet ist bei den germanischen Prototypen (und die übrigens auch an der Gürtelschnalle der Arnegundis angedeutet ist), nämlich einen Kopf an das Ende der Bänder zu setzen, sie so in »Schlangen« zu verwandeln und auf diese Weise ein Gewebe, ein Geflecht oder ein Bandwerk aus Schlangen hervorzubringen.

An den aus der Schweiz stammenden Stücken sind die Bänder häufig abgehackt und immer wechseln breite und schmale ab, letztere oft belebt mit schematischen tiergestaltigen Einzelheiten, nämlich kleine runde Scheiben mit Schnäbeln, wie kleine Köpfe.

Wenn also dieser Schmucktypus, von Ausnahmen abgesehen, weder die konstantinischen noch die germanischen Überlieferungen verleugnet, so benutzte er sie doch in technisch höchst gekonnten Kompositionen und in einer sehr eigenwilligen Art der Zusammenstellung.

Bronzen

Neben der »Tauschierung« hat die Volkskunst der Franken den Bronzeguß verwendet; die Bronzebeschläge geben hauptsächlich Betende und Greifen in neorealistischer Weise wieder. Die Greifen sind allgemein paarweise angeordnet und einer Figur zugewandt, deren menschliche Gestalt mehr oder weniger summarisch oder fast abstrakt wiedergegeben ist und in der man Daniel zwischen den Löwen erkennt.

Daniel zwischen den Löwen

Germanische Provinzen

In Württemberg und Bayern macht sich das rein germanische Element natürlich noch viel mehr bemerkbar: in den mehr oder weniger dynamischen Flechtbändern, in den Verschlingungen der Tierornamentik und in dem häufigen Vorkommen großer Schnabelköpfe.

Aquitanien

In Aquitanien treten die dekorativen »mittelmeerischen« Elemente stärker hervor. Die »konstantinischen Gewebe« sind häufiger, den schlangenförmigen Bändern fehlt der Kopf und in die Felder sind manchmal Raubtiere eingefügt; sie sind meist sehr dick, haben den Kopf nach hinten gewandt und sind vielleicht von den Relieftieren auf den byzantinischen Ambonen des 6. Jahrhunderts beeinflußt.

Spanien von 589 bis zur Eroberung durch die Araber

Die antibyzantinische und antirömische Haltung, die sich bei den Westgoten während des Kampfes gegen die Truppen Justinians herausgebildet hatte, schwächte sich nach der Befreiung ab. Der Sohn Leovigilds, Rekhared I., sagte sich, was großes Aufsehen erregte, in aller Öffentlichkeit vom arianischen Glauben los, aber die Unterstützung des zum ersten Male auf dem Konzil von Toledo (589) – dem der Wiederversöhnung – in die Regierung gerufenen ortsan-

Fig. 64 – San Juan de Baños

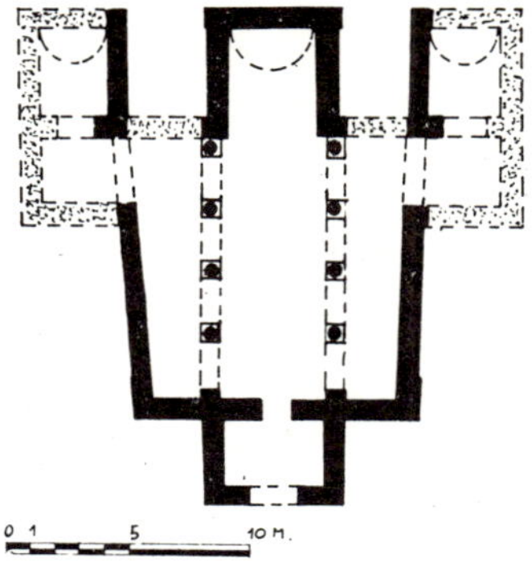

sässigen Adels und der hohen Geistlichkeit wurde teilweise aufgewogen durch den Widerstand eines Teiles der westgotischen Aristokratie. Ein weiterer Schritt auf die Vereinigung hin wurde von Rekiswinth (649–672) mit der Veröffentlichung eines für Römer und Westgoten gemeinsamen Rechtskodex gemacht.

Leider beseitigten die Reformen die großen im Land vorhandenen sozialen Unterschiede nicht, sondern verschärften sie. Wenige große Grundbesitzer (westgotische und römische Adlige, hohe Geistliche) hatten die wirtschaftliche Macht in Händen, und die verarmte Masse der einheimischen Bevölkerung war an dem neuen Staat nicht interessiert. Auf diese Weise hatte die wiedererrungene politische und religiöse Einheit den geistigen Niedergang der Spanier zur Folge. Die Araber fanden im Augenblick ihres Eindringens die Halbinsel am Ende ihrer Kraft, erschüttert von inneren Streitigkeiten, die anscheinend König Witiza (701–709) zur Schleifung eines großen Teiles der Stadtmauern veranlaßt hatten.

Die fanatischen islamischen Truppen hatten so 711 leichtes Spiel mit den wenigen organisierten Kräften und es gelang ihnen, die Hauptstadt Toledo zu erobern, deren Bevölkerung sich zum großen Teil gleichgültig verhielt. Und diese Haltung änderte sich auch nicht im folgenden Jahr, als der Streifzug sich in eine feste Besatzung durch die neuen Eroberer verwandelte.

Nur der Norden Spaniens entging der Besetzung und bildete so den Ausgangspunkt für die Wiedereroberung. Von der Zeit der Kämpfe und Gewalttaten als Folge der Invasion haben wir stumme Zeugen in den Goldschätzen, die von Geistlichen auf der Flucht vor den wilden islamischen Eindringlingen vergraben und später nicht mehr wiedergeholt wurden.

Die Architektur des Westgotenreiches

Das einzige auf uns gekommene sichere westgotische Architekturdenkmal ist die kleine Kirche San Juan de Baños de Cerrato (Palencia),

die von König Rekiswinth erbaut und am 3. Januar 661 geweiht wurde, wie die über dem Apsisbogen angebrachte Inschrift bezeugt.
Der Grundriß war dreischiffig mit einem vom Mittelschiff (Länge 4,67 m) vorspringenden rechtwinkligen Presbyterium. Auch die Seitenschiffe enden jetzt in Kapellen, wurden aber ursprünglich, wie es scheint, von einer geraden Mauer abgeschlossen. Hingegen wurden 1898 die Fundamente von zwei kleinen Seitenflügeln ausgegraben, die zu zwei rechteckigen vorstehenden Presbyterien führen. Ein winziger Narthex lag vor dem Schiff, und auf beiden Seiten haben die Restauratoren – man weiß nicht mit welcher Berechtigung – einen Säulengang eingezeichnet.
Der Schmuck ist typisch für den örtlichen volkstümlichen Geschmack. Der hufeisenförmige Bogen wird überall wiederholt, in der Wölbung des Presbyteriums, in den Säulenstellungen des Schiffes, in den Fenstern, im Hauptportal; ihn gab es häufig im Europa des 6.–8. Jahrhunderts, aber er ist besonders in Spanien verbreitet, wo bekanntlich überzogene Bögen schon seit der spätrömischen Zeit üblich waren.
Die Kapitelle sind korinthisch. Manche nähern sich römischen Typen, andere kommen her von westlichen frühchristlichen Formen mit sehr ausladenden Ranken. Die Technik nimmt in diesen die Wirkung des im 8. Jahrhundert üblichen »Kerbschnitts« voraus. Byzantinisches findet sich in ihnen kaum oder gar nicht.
Vom spätrömischen Stil sind die vertieften Reliefs der Widerlager und der beiden Archivolte des Hauptportals angeregt, Margeriten aus verflochtenen Kreisen mit Buckeln in der Mitte; ebenso diejenigen der Seitenkapelle mit Flechtband, das um Knöpfe gewunden ist. Weitere Streifen am Widerlager mit Rhomben und Kreuzen oder mit Schuppenmustern aus Doppelleisten weisen gleichfalls auf das hin, was im 8. Jahrhundert verwirklicht wird. Auch ein Fragment einer Schranke im Archäologischen Museum zu Madrid mit Weintraube und rohem Akanthusblatt scheint den Stil jenes Jahrhunderts vorwegzunehmen.
Wichtige Zeugnisse der prunkvollen Hofkunst in der letzten Zeit des Westgotenreiches sind die beiden »Schatzfunde« von Guarrazar und Torredondimeno.

Schatz von Guarrazar

Der Schatz von Guarrazar wurde 1859 in der Nähe von Toledo in einer kleinen kreuzförmigen Kapelle gefunden; einige der Stücke gingen an das Cluny-Museum, andere nach Armeria und wieder andere an das Archäologische Museum von Madrid. Leider wurden viele Schmuckstücke verkauft und eingeschmolzen; man hat Nachrichten über Lampen, von denen eine das Datum von 587 trug, Weihrauch-

Krone mit großen Gliedern. Paris, Musée de Cluny

fässer, Gold- und Silbervasen, Gürtel, Ketten, Halsbänder, goldene Tauben und Prozessionskreuze, die, wie es scheint, aus einer Kirche »S. Maria in Sorbaces« kommen.

Das älteste datierte Stück war das Kreuz des Königs Svinthila (621 bis 631); es bestand aus einem durchbrochenen Goldstreifen, der mit Perlen und farbigen Steinen geschmückt war und von Ketten aus herzförmig gerahmten Palmetten gehalten wurde; davon hingen die Buchstaben der Inschrift, Kristalltropfen, Perlen und ein großes Hakenkreuz herab.

Dieser gleichen, jetzt verschollenen Gruppe gehörten auch ein glattes Kreuz mit der Inschrift des Lucedius und mit herabhängenden kleinen Steinen an, eine Krone aus durchbrochenem Goldblech, die von Abt Theodosius dem St. Stephan geweiht war, und eine Krone aus großen goldenen Stegen mit Steinen an den Schnittpunkten und an den Gehängen.

Eine Krone dieses letztgenannten Typus gehört zur Gruppe des Cluny-Museums (Nr. 4. 982), mit einem oberen Knopf von üblicher byzantinischer Art und einem großen, nach unten hängenden Kreuz.

Eine andere Krone, eine wahrscheinlich lokale Arbeit, wurde von einer gewissen Sonnica der Kirche S. Maria in Sorbaces geweiht, wie die Inschrift auf der Rückseite des Kreuzes sagt; sie hat Steine sowohl auf dem Reif (drei Reihen) als auch auf der Vorderseite des Kreuzes.

Das Kreuz des Rekiswinth, der von 653–672 regierte, ist das reichste der Serie. Es hat einen Reif aus getriebenem und durchbrochenem Gold, den man durch ein Scharnier öffnen kann; er wird von Ketten aus Palmetten gehalten, die oben an einer Knospe aus kostbaren Steinen und Glasfluß eingehängt sind. Zwischen den Buchstaben der Widmung »Reccesvinthus Rex Offeret« hängt in der Mitte ein einfaches Kreuz mit großen Gemmen.

Ein großes Prozessionskreuz zeigt die gleichen Muster wie die Krone von Rekiswinth.

Der Stil der großen Kronen von Svinthila und Rekiswinth, der des Prozessionskreuzes und der Krone aus Stegen im Cluny-Museum ist byzantinisch. Die obere Knospe und ihre Ketten (typisch die Palmetten des Kreuzes von Rekiswinth) sind offensichtlich byzantinischen Ursprungs; an den Rändern der Krone des Rekiswinth ist ein Muster aus sich überschneidenden Kreisen in rotem Zellenschmelz wie am Einband von Monza und auch die Buchstaben sind mit rotem Glasfluß geschmückt.

Daraus ergibt sich, daß zu Beginn des 7. Jahrhunderts der westgotische Hof in großem Maße byzantinische Künstler beschäftigte oder diese

Goldsachen direkt in der Hauptstadt des Ostreiches in Auftrag gab. Einen abweichenden Charakter haben dagegen die anderen, von Privatpersonen geweihten Kronen, schlichte, mit Perlen verzierte Goldbänder mit einfachen getriebenen Ornamenten (kleine Bögen oder Zickzack), die vom Stil von Konstantinopel nur sehr entfernt abhängig zu sein scheinen.

Torredondimeno

Über dem anderen Schatzfund waltete ein großes Mißgeschick. Nachdem er von einem Bauern in Torredondimeno (Provinz Jaén) entdeckt war, hielt man die einzelnen Stücke für wertloses Blech und zerstörte fast alles; übriggeblieben sind außer Resten von herzblattförmigen Kettchen einige Kreuze aus Goldblech. Eins mit der Weihinschrift an die heiligen Justa und Regina von einer gewissen Trutila zeigt vier Muscheln an den Enden und einen Stein in der Mitte. Ein zweites ist mit rohen Weinranken bedeckt und weitere mit glattem Rand haben an den Armen Steine verschiedener Form und verschiedenen Ausmaßes. Komposition und Ornamente auch dieser Stücke entsprechen fast ganz dem byzantinischen Stil.

Metallgegenstände für den persönlichen Gebrauch

Die fortschreitende Bedeutung der byzantinischen Kultur im 7. Jahrhundert macht sich in Spanien auch in den Metallgegenständen für den persönlichen Gebrauch geltend.

Die einfachen rechteckigen Gürtelbeschläge mit eingelegten Steinen waren schon gegen 550 aus dem Gebrauch verschwunden; die Gürtelschnallen mit ovaler Fußplatte und die späteren Beschläge mit rohgearbeiteten vorspringenden Vögeln gab es bis zum Ende des 7. Jahrhunderts; die adlerförmigen und Bügelfibeln hielten sich noch bis gegen 650.

Die charakteristischen späten Typen datiert man vom Beginn des 7. Jahrhunderts bis zum Eindringen der Araber; sie zeigen byzantinische oder mittelmeerische Motive, die typisch germanischen fehlen. In den letzten Jahrzehnten vor 711 verschwand scheinbar auch die westgotische Sprache aus dem Gebrauch und lebte nur in Personen- und Ortsnamen fort. Die Fibeln zeigen oft unten ein Kreismotiv und darüber zwei byzantinisierende symmetrische Akanthusblätter im Profil, die dem Stück die Form einer »Leier« geben. Diese Form ist eine wirklich eigene und bezeichnende Schöpfung des westgotischen Spaniens.

Bei den Gürtelbeschlägen dagegen spürt man die fränkischen und

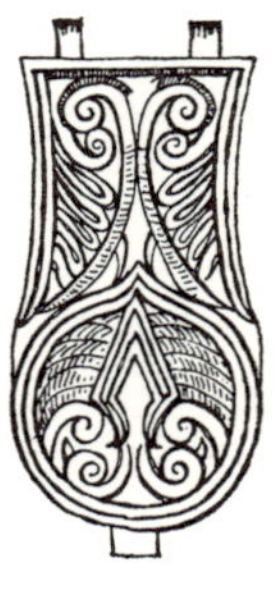

Fig. 65 – Leierfibel. Museo Arqueologico, Madrid

Krone des Rekiswinth. Paris, Musée de Cluny

aquitanischen Vorbilder. So findet man hier auch Daniel zwischen den Löwen und stilisierte Vierfüßler wieder. *Einfluß von Gallien*

Manchmal (Casteltierra und Cordoba) gibt es tauschierte Stücke, offensichtlich unter dem Einfluß von Gallien, wo diese Technik so volkstümlich ist, aber als Themen erscheinen immer »realistische« (nicht zu sehr entstellte) Tiere, nämlich Pferde und Hirsche.

Auf den Balearen, die von den Byzantinern nie den Westgoten überlassen wurden, sind die kleinen Metallgegenstände natürlich ausschließlich vom byzantinischen Typus.

Irland

Obwohl Irland nicht von den Römern unterworfen wurde, hatte es doch nach und nach manche Elemente der Mittelmeerkultur angenommen. Das Christentum drang dort von Gallien und Südengland her ein und wurde von St. Patrick (432–466) weit verbreitet. Am Ende des 5. Jahrhunderts waren schon zahlreiche Klöster gegründet worden, und der Austausch von Missionaren zwischen den beiden britischen Inseln war sehr rege.

Klöster

Das Christentum verbreitete sich in Irland durch immer neue Gründungen von Klöstern mit recht verschiedenen Ordensregeln; schließlich waren es an die 3000.

Die Klöster fügten sich ein in das Leben der »clans«, in welche die Bevölkerung zusammengefaßt war, und die Mönche übten eine seelsorgerische Tätigkeit oder auch Funktionen innerhalb der Gemeinschaft aus oder führten ein kontemplatives Leben; in St. Armagh hatten 365 Mönche die Pflicht, Gott ohne Unterbrechung zu loben wie die byzantinischen Azemeten.

Die Aktivität dieser religiösen Mittelpunkte war außerordentlich. Mit dem unerschütterlichen Glauben der Neubekehrten, mit der körperlichen Widerstandskraft eines an ein hartes Leben gewöhnten Geschlechtes und mit dem Kulturstreben eines Volkes, das den Gebildeten (aes-Dana) außergewöhnliche soziale Privilegien gewährt hatte, stellten die irländischen Mönche fruchtbare Verbindungen mit England und dem Kontinent her.

Man glaube jedoch nicht, daß die Missionare in ihrem Nomadenleben auch von Abenteurergeist angeregt waren. Ihre familiären und freundschaftlichen Bande und die Liebe zum Heimatboden waren äußerst stark. Das grüne Irland zu verlassen, um sich in die »Einsamkeit unter fremde Völker« zu begeben, war ein unbeschreibliches Opfer. Sie nahmen Wanderungen auf sich, die oft ohne Wiederkehr waren, weil sie sich als »commilitones« der »Militia christiana« betrachteten und zu einem bedingungslosen Gehorsam verpflichtet waren.

St. Columbanus Gegen die Mitte des 6. Jahrhunderts unternahm St. Columbanus seine ersten Klostermissionen; er gründete zunächst Derry im Norden und Durrow in Inneren Irlands, dann das Kloster Jona 563 an der Küste Schottlands und verbreitete von dort das Evangelium. Jona blieb dann der Mittelpunkt des Ordens.

Gegen 580 begann sich in St. Columbanus, Mönch der Abtei von Bangor, »der Wunsch nach Pilgerfahrten zu regen« (so schreibt sein Biograph Jonas). Nachdem er sich mit zwölf Gefährten nach Gallien auf den Weg gemacht hatte, gründete er dort erst Luxeuil, danach Jouarre, Faremoutiers, Rebais, dann überschritt er den Rhein und ließ in St. Gallen einen seiner Gefährten zurück, der das berühmte Kloster errichtete; schließlich, nachdem er die Alpen überquert hatte, gründete er in Bobbio sein letztes Kloster, wo er 615 starb.

Jedoch hatten die Glaubenseiferer auch Schwierigkeiten, sich in die Christenheit einzufügen, obwohl sie immer die päpstliche Oberhoheit anerkannt hatten. In der Zeitrechnung und durch altertümliche Liturgien unterschieden sich die Iren von den anderen Christen, aber es konnten, wie ihnen 663 vorgeworfen wurde, »nicht wenige Menschen, obwohl Heilige, die sich auf eine ferne Insel verloren hatten, Recht gegenüber der Universalen Christlichen Kirche der gesamten Welt haben« und so mußten sie sich auf der Synode von Withby (663 bis 664) zusammen mit ihren Anhängern, den Engländern, den der ganzen römischen Kirche gemeinsamen Regeln fügen.

Architektur und Bildhauerkunst Von der Architektur des 7. Jahrhunderts kennen wir keine datierten Monumente. Man beachte jedoch, was über das 8. Jahrhundert gesagt werden wird.

Die Bildhauerkunst hat ihre ersten Zeugnisse in monumentalen Kreuzen hinterlassen, die bezeichnend sind für die hochmittelalterliche Plastik der Insel. Aber es handelt sich noch um Gravierungen auf bearbeiteten Steinen oder auf Felsstücken, die als Stelen aufgerichtet sind. Die einzige Kunst, die wirkliche Meisterwerke hinterlassen hat, ist die Miniaturmalerei.

Cathach Das Cathach (das Buch, von dem man glaubt, es sei von St. Colombanus geschrieben und das als Talisman von den O'Donnell mit in die Schlachten genommen wurde) scheint vor dem 7. Jahrhundert entstanden zu sein. Es ist ein Psalterfragment, dem leider die erste große Seite fehlt. Die Ausschmückung besteht heute nur aus Anfangsbuchstaben zu Beginn jedes Psalms; sie sind schwarz, aus Punkten zusammengesetzt und im Inneren mit gelben Ornamenten verziert. Man findet dort keltische Motive, Spiralen und Hörner, Kreuzchen und kleine Tierköpfe.

Ein anderer Kodex, wahrscheinlich aus der zweiten Hälfte des 7. Jahrhunderts, ist künstlerisch viel wichtiger. Es handelt sich um das aus dem gleichnamigen Kloster stammende Buch von Durrow. Darüber, daß dieses berühmte Werk (Dublin, Trinity College) das älteste der »monumentalen Serie« der Insel ist, bestehen kaum Zweifel. Wie schon vor dreißig Jahren Kendrick dargelegt hatte, ist auf der großen Monogrammseite »*XPI autem generatio sic erat*« das Monogramm nicht übertrieben groß. Es läßt noch Platz für 17 Verse der Genealogie; in dem Buch von Lindisfarne (um 700) gibt es nur Raum für vier Textzeilen und in dem von Kells (um 800) nimmt das Monogramm fast die ganze Seite ein. Ihm folgen in enger Verbindung drei Worte, und ähnliche Beziehungen kann man für die gesamte Illustration feststellen, sei es für die Größe der Einzelmotive, sei es für ihren sehr verwickelten Zusammenhang.

Buch von Durrow

Die Aufteilung der Miniaturseiten folgt gewissen »Inselregeln«, bei denen man den Eindruck hat, daß sie von der gleichen Strenge bestimmt sind wie jene im Orient, die sich dann im Ikonoklasmus entlud. Wie die merowingische Miniaturmalerei, kennt auch die irische keine Darstellungen von Handlungen oder Figurenszenen.

Die Evangelien sind mit ganzseitigen Miniaturen mit Kreuzen, Ornamenten und Evangelistensymbolen geschmückt. Der Beginn des Textes ist von einem großen Anfangsbuchstaben auf rot punktiertem Grund verziert.

Das Buch von Durrow ist durchsetzt von »Abstraktion«. Die Seiten mit großen Kreuzen mit einfachem oder doppeltem Querbalken kann man kaum von den rein ornamentalen unterscheiden Auch die Evangelistensymbole sind »chiffriert«.

Die Ausschmückung zeigt die typischen in reiner und einfacher Weise verwendeten Motive der skandinavischen und der Inselkunst; auf manchen Seiten sind Spiralenmuster alten lokalen keltischen Ursprungs, auf einer anderen Streifen aus bunten, sich wiederholenden Tieren, deren gedrehte Körper mit fadenförmigen Beinen und Schwänzen ringförmig ineinander verflochten sind (Salin II). Auf wieder anderen Seiten sind die Streifen aus enggeknotetem zweifarbigem Flechtwerk gebildet oder aus komplizierten Spiralmustern, Voluten und ineinandergesteckten Hörnern (Trompetenmuster). Diese Kompositionen werden von äußerster Genauigkeit beherrscht; irgendwelche Unregelmäßigkeiten in der Gestaltung der Verknotungen findet man nie.

Auch die Gestalten, die vor einem weiten Hintergrund hervortreten, sind von der machtvollen Lebendigkeit des Ornamentes beherrscht.

Der Körper des Evangelisten Matthäus wirkt wie eine von »Millefiori«-Glasfluß eingelegte Platte: Der Ochse »vitulus« hat einen Körper aus Punkten und Spiralen am Ansatz der Beine. Der Löwe ist mit Rauten bedeckt wie ein Harlekin, aber Teile seines Körpers sind fein punktiert.

Abschließend kann man feststellen, daß das Werk schon alle »Inseleigenheiten« hat, und die Komposition sowie die Farbgebung jeder Miniaturseite lassen deren verschiedene Bestandteile mit unvergleichbarer Eindringlichkeit hervortreten.

Goldschmiedearbeiten

Leider ist recht wenig von den irischen Goldschmiedearbeiten des 7. Jahrhunderts erhalten geblieben und das wenige ist nicht sicher. Es ist jedoch außer Zweifel, daß zu den ornamentalen, auch in Glasfluß ausgeführten Mustern die Spiralen gehören, die aus der alten bodenständigen keltischen Kunst stammen und zu neuem Leben erwachen, wie die einfachen dynamischen Flechtbänder, wie sie im Buch von Durrow vorkommen.

England: Frühchristliche Denkmäler

Südengland hatte das Christentum schon in spätrömischer Zeit kennengelernt. Eine winzige Saalkirche mit zwei seitlichen Räumen und Narthex, ähnlich wie S. Abondio in Como, wurde 1892 in Silchester ausgegraben; der Fußboden war aus einheitlichem roten Mosaik mit einem Schachbrettmuster im Presbyterium; eine zweite Kirche scheint in Caerwent zum Vorschein gekommen zu sein.

Einfälle der Teutonen

Die Räumung der Insel von romanisierten Minderheiten und die Landung der teutonischen Eindringlinge gaben aber vom 5. Jahrhundert an der Insel ein anderes ethnisches und kulturelles Gesicht. Von vielen Anführern der Kriegszüge kennt man nur die Namen, so Cerdic, welcher der Überlieferung nach das Königreich Wessex gegründet hat, und Yda, Stammvater der Könige von Northumberland. Der in den Liedern des Königs Artus besungene Kampf der christlichen Kelten gegen die heidnischen Eindringlinge hatte jedoch wenig Erfolg. Nur Schottland blieb jahrhundertelang außerhalb ihrer Herrschaft.

Mission des hl. Augustinus im Königreich Kent

Zu Beginn des 7. Jahrhunderts wurden die teutonischen Scharen in örtliche Königreiche zusammengefaßt. Unter ihnen ist das kleine Königtum Kent berühmt wegen der Mission des von Gregor dem Großen zusammen mit 40 Mönchen ausgesandten Hl. Augustinus, die den Anstoß zur Bekehrung der gesamten Insel gab.

Buch von Durrow. (Hl. Matthäus?). Dublin, Trinity College Library (Folio 32 verso). Vgl. Seite 169f.

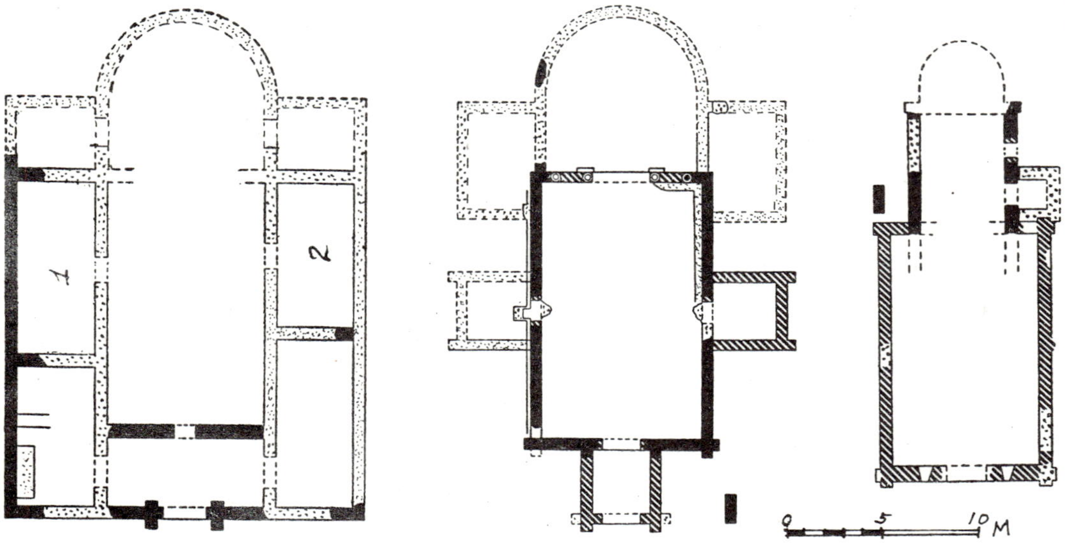

Fig. 66, 67, 68 – Canterbury: von links nach rechts: St. Petrus und Paulus, St. Pankras und St. Martin

Northumberland

Im 7. und im 8. Jahrhundert jedoch gewann das von Ethelfried gegründete Königreich Northumberland an Bedeutung und erreichte bald eine Vormachtstellung.

Die Massenbekehrung der Engländer fand in der zweiten Hälfte des 7. Jahrhunderts statt. Die äußerst kostbare, 1939 in einer Schiffsbestattung unter einem Hügel gefundene Grabausstattung von Sutton Hoo war einem noch heidnischen König um die Mitte des Jahrhunderts beigegeben.

Die Architektur

Zur kirchlichen Architektur gehören Bauwerke von bescheidenem Charakter, die aber normal gebaut sind, d.h. mit Mauern und Dach und nicht aus »primitiv« aufgetürmten Steinbrocken, was einen »Standard« städtischen oder immerhin bürgerlich organisierten Leben bezeugt.

In Kent, Sitz der von Gregor dem Großen ausgesandten Mission, sind davon verehrungswürdige Zeugnisse erhalten. Von den sieben nach Beda datierten Kirchen stehen sechs in Kent (drei in Canterbury, je eine in Lyminge, Reculver und Rochester), und nur eine, nämlich Bradwell-on-Sea, in Essex.

Abteikirche von Canterbury

Die Kirche der heiligen Peter und Paul von Canterbury, die heutige Abteikirche, die nach Beda vom Hl. Augustinus (gest. 604) gegründet und von seinem Nachfolger Lorenz geweiht wurde, ist nur von den

Fig. 69 – Reculver (Raculf)

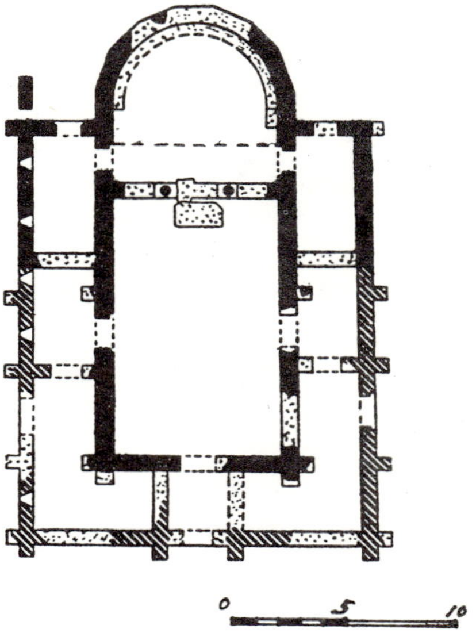

1905–1907 ausgegrabenen Grundmauern bekannt. Sie bestand aus einem ziemlich geräumigen Schiff, vor dem ein Narthex mit zwei Verstrebungen an den Seiten der Tür lag. Zwei lange Kapellen von rechteckigem Grundriß flankierten die Kirche auf beiden Seiten. Die nördliche ist die von St. Gregor dem Großen, wo der hl. Augustinus, St. Lorenz und die vier nachfolgenden Bischöfe bestattet wurden.

Von St. Pankras stehen noch Mauern aufrecht. Ursprünglich hatte sie einen rechteckigen Grundriß mit Apsis; vier Säulen waren quer durch das Schiff wie eine Art Ikonostase dort angebracht, wo das Presbyterium ansetzte. An den Ecken waren Verstärkungslisenen. *Canterbury, St. Pankras*

In einer zweiten Bauperiode wurden vorn ein Porticus und seitlich zwei Kapellen angefügt; die noch stehende Mauer im westlichen Porticus ist aus römischen Ziegeln, die nach byzantinischem Brauch mit dicken Mörtelschichten versetzt wurden.

Die ebenfalls von Beda erwähnte Kirche St. Martin war auch ein Saal mit Verstärkungslisenen. Für das Mauerwerk ist Mörtel, vermischt mit zerstampften rötlichen Tonscherben, verwendet worden. An der Fassade waren drei große Fenster. Das herausragende Presbyterium war schmaler als das Schiff und wurde als ältester Teil des Bauwerks angesehen. *Canterbury, St. Martin*

Im Jahre 669 gab Egbert, König von Kent, einem Priester mit Namen *Reculver*

CODICIBUS SACRIS HOSTILI CLADE PERUSTIS
ESDRA DO FERVENS HOC REPARAVIT OPUS

Gürtelschnalle von Sutton Hoo. Gold. 7. Jh. London,
British Museum. Vgl. Seite 177 ff.

Kodex Amiatinus I. Miniatur. Um 700. Florenz. Biblioteca Laurenziana. Vgl. Seite 181

Bassa den Auftrag, ein »Mynster« in Raculf zu errichten; zehn Jahre später hat man Nachricht von einer Schenkung des Königs Lotarius von Kent an den Abt von »Raculf«.

Das Kloster erlosch, wie es scheint, im 10. Jahrhundert, aber die Kirche blieb bis 1805 im Gebrauch, wo sie zum großen Teil zerstört wurde. Aus den Zeichnungen und Ausgrabungen geht hervor, daß der ursprüngliche Kern aus einem rechteckigen Schiff bestand, welches sich in einem geräumigen Presbyterium fortsetzte. Letzteres war vom Schiff durch drei Arkaden auf zwei Säulen abgetrennt und nach Osten hin von einer innen gebogenen und außen polygonalen Apsis begrenzt. Seitlich waren zwei Begräbniskapellen von rechteckigem Grundriß mit Zugang vom Presbyterium. Die Mauern hatten auch hier an den Ecken Verstärkungslisenen. Die zwei Säulen, die man mit den beiden der Krankenstube der Kathedrale identifiziert hat, bestanden aus Trommeln mit Kapitellen, was wie ein Vorgriff erscheint, waren jedoch geteilt in drei horizontale Streifen über einem dicken Ring. Die Fenster waren nur nach innen abgeschrägt.

In einer späteren Zeit (im 8. Jahrhundert nach Peers) wurden drei Bauteile errichtet, die das Schiff mit einem C-förmigen Wandelgang abschlossen und die, wie in St. Peter und Paul in Canterbury, das Atrium enthielten.

Bradwell (Essex) Eine weitere sehr alte Kirche Südostenglands ist die von Bradwell-on-Sea; es könnte sich um die gleiche handeln, die 653 in Ythancester von St. Cedd errichtet wurde.

Sie war als einfaches Rechteck angelegt, versehen mit drei Säulenhallen, von denen eine an der Fassade und zwei zu den Seiten lagen. Die Apsis scheint gebogen gewesen zu sein. Sie war vom Schiff durch drei Bogenstellungen getrennt, deren Ansatzpunkte auf den seitlichen Mauern noch vorhanden sind.

Die Fassade und die beiden seitlichen Mauern stehen zum guten Teil noch mit ihren bis zur Hälfte der Gesamthöhe reichenden Verstrebungen.

Diese Kirchen entsprechen dem Schema der beinahe gleichzeitigen, von byzantinischen Handwerkern errichteten Kirche von S. Arcangelo di Romagna. Die Ähnlichkeit besteht im rechteckigen Schiff und in den äußeren Verstrebungen. Ein weiteres charakteristisches Element, das südlichen Ursprungs zu sein scheint, ist die Abtrennung des Presbyteriums mit einer dreifachen Pilasterarkade (Bradwell). Man erinnere sich der drei ähnlichen schweren Bogenstellungen, die in S. Stefano in Verona in einer auf die ursprüngliche Bauzeit folgenden Epoche (vielleicht Ende des 6. Jahrhunderts) errichtet wurden.

Die herrlichen Gegenstände aus dem königlichen Kenotaph von Sutton Hoo bezeugen die Meisterschaft der Goldschmiede Südenglands. *Goldschmiedearbeit Sutton Hoo*
Der Schatz war das Ergebnis einer heidnischen und nichtchristlichen Kultur; so gehört eine auch nur oberflächliche Prüfung nicht zu unserem Thema, aber es wird gut sein, daran zu erinnern, daß der Fundort gegenüber der belgischen Küste, weitab von Irland, liegt, und daß man die irische Herkunft gewisser Zellenschmelz-Arbeiten, z.B. der Millefiori-Platten der großen »Hanging Bowl« nur vermutet hat.
Neben dem allgemein üblichen Goldschmuck mit Zellenschmelz gibt es auch Stücke mit getriebenen und gravierten Tiermotiven. Sehr wichtig ist die große goldene Schnalle mit Bandflechtwerk aus niellierten Punkten und Schlangenköpfen. ABB. SEITE 175
Das Flechtwerk ist dynamisch, aber ungleichmäßig mit unentwirrbaren Knoten; man kann es also nicht zurückführen auf die auf der Insel üblichen Formen mit ihren Schnitten und Wiederanfügungen. Der enge Zusammenhang mit den skandinavischen Urquellen der germanischen Kunst ist offensichtlich und die Ähnlichkeiten mit gewissen Stücken (z.B. aus Fetigny und Castel Trosino) sind eher das Ergebnis direkter Abhängigkeit vom Norden als das gegenseitiger Befruchtung.
Das Königreich Northumberland, in der Mitte Großbritanniens gelegen, wurde zu Beginn des 7. Jahrhunderts gegründet. *Northumberland*
Im Jahre 626 bekehrte sich König Edwin zum Christentum und sorgte für dessen Verbreitung in Northumberland und in Anglien. Seine Vormachtstellung legte den von ihm beherrschten Gebieten eine vorher nie gehabte Ordnung auf. Er wurde schließlich 633 von dem Heiden Penda besiegt und getötet.
Der Kampf zwischen den Anführern, die am Heidentum festhielten, und den Christen dauerte bis 655, wo Penda in Winwaedfield vernichtet wurde. Die Kämpfe mit den Nachbarn setzten sich fort, bis das Königtum Mercia 679 endgültig die Übermacht erlangte.
Northumberland entfaltete jedoch auch wegen seiner Nähe und der engen geistigen Verbindung zu Irland im 7. und zu Beginn des 8. Jahrhunderts eine sehr rege geistige Tätigkeit, die vom europäischen Festland unabhängig und in ihrem schöpferischen Geist gewiß nicht geringer war als die Irlands.
Aus einer Notiz von Beda wissen wir, daß St. Peter von Benedikt *Monkwearmouth,*

Evangeliar von Echternach: Beginn des Markus-Evangeliums. Deckfarben auf Pergament. 25,7 × 19,3 cm. Paris, Bibliothèque Nationale (Cod. Lat. 9389, Folio 75 verso). Vgl. Seite 181

IMAGO LEONIS

imago hominis

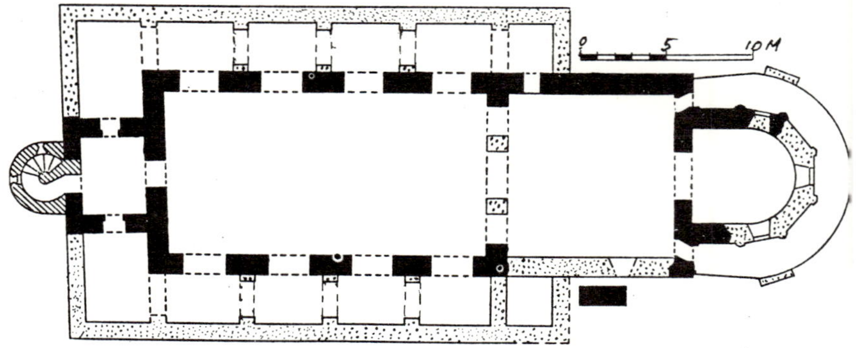

Fig. 70 – Kirche von Brixworth

St. Peter Biscop, dem ersten Abt von Wearmouth und Jarrow, erbaut wurde (um 675).

Von dem Schiff ist die vordere und die südliche Seite erhalten; es ist noch sehr lang und schmal mit dem berühmten zweistöckigen vorgelagerten Turm (eine Tür im oberen Stock der Wand scheint die Gleichzeitigkeit der beiden Bauten zu beweisen), während ein Presbyterium fehlt.

Der schwere Bogen am Eingang zum Porticus ruht auf Steinsäulen, gedrungenen zylindrischen Schäften mit Ringen, die wie gedrechselt wirken. Als Sockel dieser Stützen dient im Norden ein Block mit Bandwerk und zwei Raubvögelköpfen mit gekreuzten Schnäbeln.

Nach Gilbert ist das Schiff mit der Verbindungswand zum Presbyterium zusammen mit dem unteren Stock des Turmes in die Zeit Benedikt Biscops zu datieren, der zweite Stock des Turmes wird zwischen 710 und 735 angesetzt, die drei Arkaden des Porticus mit den Verzierungen um etwa 800. Fischer dagegen datiert um 675 auch die Bogenstellungen des Porticus, was wahrscheinlicher sein dürfte.

Kultureller Höhepunkt Während der Herrschaft des Egfrith (671–685) und Aldfrith (685–701) erreichte Northumberland seinen kulturellen Höhepunkt. Cuthberth wurde nach Melrose gerufen und stieg zu einem der berühmtesten

Evangeliar von Echternach. Imago Hominis. Deckfarben auf Pergament. 25,7 × 19,3 cm. Paris, Bibliothèque Nationale (Cod. Lat. 9389)

Äbte von Lindisfarne auf, Wilfrid ging nach Italien, baute nach seiner Rückkehr die Kirche von York neu auf und errichtete die Kirchen von Ripon und Hexham. Benedikt Biscop, der oben erwähnte Abt von Yarrow und Wearmouth, begab sich nicht weniger als fünfmal nach Italien, kaufte dort, wie Beda genau angibt, Reliquien, Stickereien, Gemälde und vor allem Bücher, die er in die Heimat mitnahm, und ließ Maurer und geschickte Meister der Glaskunst aus Frankreich kommen.

Benedikt Biscop

Unter den in Italien erworbenen Bücherschätzen befand sich auch ein Teil der von Cassiodor im Kloster von Vivarium bei Squillace angesammelten Bibliothek. Er ließ von diesen Handschriften Abschriften in England anfertigen und verteilte sie. Eine davon ist der Kodex Amiatinus; Benedikt wollte diese Prachtbibel dem Papst schenken, aber er verstarb auf der Reise (716) und das Buch blieb im Kloster von Monte Amiata und kam dann nach Florenz (Bibl. Naz. Amiat. I). Auf einer Seite scheint die Szene mit dem Propheten Esdras nach einem Original aus der Bibliothek des Cassiodor (gest. 580) kopiert zu sein. Es entspricht nämlich nicht nur die Figur des Schreibers Vorbildern des 6. Jahrhunderts, sondern auch die Bücher des »armarium« sind nach seiner Vorschrift angeordnet.

Kodex Amiatinus

ABB. SEITE 174

Auf einer anderen Seite erscheint Christus in seiner Herrlichkeit zwischen zwei Engeln in einem blauen Kreis, umgeben von den vier Evangelisten und ihren Symbolen nach einem byzantinisierenden Schema.

Ein Meisterwerk der Miniaturmalerei Northumberlands ist wahrscheinlich das Evangeliar von Echternach (Paris Bibl. Nat. Lat. 9389), das seinen Namen von der Abtei hat, die von dem englischen gegen 680 nach Utrecht gekommenen Missionar St. Willibrord gegründet wurde.

Die Miniaturmalerei: Evangeliar von Echternach

Seine Herkunft von der Insel steht, auch wegen der Eigenarten der Schrift, außer Zweifel; es handelt sich um eine elegante Minuskel mit einigen Anklängen an die Unziale und um Majuskeln, die manchmal von roten Punkten umrahmt sind. Große ganzseitige Miniaturen stehen am Beginn der Evangelien mit den Symbolen des Löwen, Adlers und Ochsen und unvergleichlichen heraldischen Ornamenten von außerordentlicher Feinheit in der Zeichnung und Farbtönung. Auch der Evangelist »Imago Hominis« ist vom Künstler in ein Wesen, das über den Gesetzen der menschlichen Wirklichkeit steht, verwandelt worden.

ABB. SEITE 178

Eine besondere Vorliebe für die vielfarbigen Bandmotive und das Fehlen reiner Tierornamente scheinen fränkischen Einfluß aufzu-

imago aquilae

zeigen; die keltischen Elemente (Spiralen usw.) fehlen und das Flechtwerk als solches drückt keine Unordnung und keine abwechslungsreiche Dynamik aus wie gewisse Stücke des germanischen Stils, ABB. SEITE 175 sondern ist streng zusammengestellt nach den Regeln einer peinlich genauen Ordnung, wie sie für die Inselkunst bezeichnend ist; die Flechtbänder sind nur hier und dort von Schnitten und Wiederanfügungen in relativ begrenzter Zahl unterbrochen.

Seine Natur als »Prototyp« ist offensichtlich: wie in den Handschriften von Durrow und Lichfield ist der Evangelist eine alleinstehende Gestalt (Homo); der Satz »Liber generationis Hiu XPI«, der das Evangelium des Matthäus einleitet, ist klein auch auf das Buch der »Imago Hominis« geschrieben und erscheint auf einer Seite mit monumentaler Schrift (F. 19), bei der die nach Art der Inselkunst verflochtenen Buchstaben L I B in der Komposition nicht so vorherrschen wie in den späteren Miniaturen. Und es ist gerade das Format der Schriftseite und die sehr elegante Zierlichkeit der Flechtornamente, die dazu verleiten, die kostbare Handschrift dem künstlerisch anspruchsvolleren Northumberland und nicht Irland zuzuschreiben, das eher zu »volkstümlicher Kunst« neigte.

Neben diesem Werk des späten 7. Jahrhunderts gibt es noch eine Handschrift von hohem künstlerischen Rang, die ähnliche Merkmale aufweist. Das Evangeliar-Fragment des Ms. 19 aus dem Corpus Christi College in Cambridge. Auf der »Imago Aquilae« ist das farbenprächtige Symbol von einem prachtvollen und originellen Rahmen eingeschlossen, dessen grünes Band, nach innen vorspringend, Kreuze bildet. Manche Eckmuster erinnern an das Pentateuch von Tours. In der Tat führt ein dünnes Band nicht nur von der künstlerischen Welt des Mittelmeeres, sondern auch von der der benachbarten Franken zu den ältesten eigenständigen Kunstwerken der »Sachsen«.

Evangeliar-Fragment des Kodex 197, Folio 246. Cambridge, Corpus Christi College

ENDE DER BYZANTINISCHEN TRADITION UND KUNST IN ITALIEN. ENTSTEHUNG DES NEUEN POLITISCHEN, WIRTSCHAFTLICHEN, KULTURELLEN EUROPÄISCHEN ORGANISMUS (700–800)

Die Situation im 8. Jahrhundert

Das 8. Jahrhundert war in Europa von einer wahren politischen und wirtschaftlichen Krise gekennzeichnet.

Die »römischen« Kaiser waren immer de jure als unbestrittene Herren der Mittelmeerländer angesehen worden; auch die Päpste hatten sie als Führer, erst in Rom, dann in Konstantinopel anerkannt; der Papst wurde seinerseits, wenn die Verhältnisse normal waren, als erster Patriarch des Imperiums angesehen.

Genau um die Mitte des Jahrhunderts fand die »Kehrtwendung des Papstes« statt. Nachdem Burkhard, einer der neuen germanischen Bischöfe, in Rom vorgefühlt hatte, setzte Karl Martell den letzten Merowingerkönig ab. Drei Jahre später krönte Stephan II., nachdem ihm Rechte auf Ravenna und Rom zugebilligt worden waren, Karl Martell feierlich in St. Denis zum König.

Zwanzig Jahre später zog Karl der Große unter triumphalem Empfang in Rom ein und am Weihnachtstag des Jahres 800 wurde er mit byzantinischem Zeremoniell und der »acclamatio« zum Kaiser gekrönt.

Wirtschaftliche Umwälzung

Dieser politischen Wende von größter Tragweite entsprach eine einschneidende wirtschaftliche Umgestaltung.

Die Wirtschaft des Hochmittelalters war bis zum 7. Jahrhundert nach römischem Muster betrieben worden; vor dem 8. Jahrhundert war das, was davon übriggeblieben war, die Fortsetzung der antiken Wirtschaft, die sich auf die Seetransportmittel auf dem »mare nostrum« gründete.

Verarmte Hafenstädte

Aufblühende Städte des Festlandes

Mit dem 8. Jahrhundert kam der Handel zum Erliegen, und die einzige Quelle des Reichtums wurde der Boden. Die Hafenstädte Galliens, die einst zu den reichsten gehörten, wurden nun arm. »Es war der Süden«, schreibt Pirenne, »der vorher den Anstoß gab, jetzt ist es der Norden, der der Epoche seinen Stempel aufdrückt«. Gleichzeitig schuf man neue Straßen, eröffnete neue Pässe in der Schweiz, wodurch die Verbindungen erleichtert wurden.

Auch in Italien hatte man dieselbe Erscheinung. Die Städte des Inneren erwachten zu neuem Leben, Mailand, Pavia, Brescia, Cividale, Spoleto und Benevent wurden Mittelpunkte der Kultur. Der Grund, warum die Verbindungswege des Handels abrissen, ist weniger in der politischen Tätigkeit der arabischen Flotten zu suchen, als in der Zerstörung fast aller Hafenstädte Griechenlands und Kleinasiens und in der Blockade der arabischen Küsten durch die kaiserliche Flotte. Aber wenn schon der Handel von den Religionskämpfen beeinträchtigt wurde – auch die islamische Bewegung war in ihrem Kern ein solcher –, so wurde es die Politik um so mehr.

Religiös bedingte Gegensätze

Die Hauptursache des Zusammenstoßes der Päpste mit dem Kaiser von Byzanz war in dem Problem der »Ikonoklasten« zu suchen. Das in einigen byzantinischen Gesetzen seit 726 enthaltene Verbot der Bildnisse wurde zum Teil von politischen Erwägungen diktiert, um den Mohammedanern ein wirksames Instrument der Propaganda zu nehmen, aber noch mehr von bestimmten Anschauungen, die in einer Gruppe fantatischer Theologen und Moralisten tief verwurzelt waren. Die Ikonen waren seit dem 6. Jahrhundert zu Gegenständen einer immer größer werdenden Verehrung gemacht worden und die Bilder des Heilandes, der Jungfrau, der Heiligen und der Engel hatte man anstelle der alten symbolischen Ikonografie gesetzt, bis sich auch das Bild der Kreuzigung – erst »idealisiert«, später realistisch in seinem schmerzlichen und menschlichen Anblick – verbreitet hatte.

Konzil von 692

Wir haben in dem berühmten Kanon XI des Konzils von Konstantinopel im Jahr 692 (in Trullo) ein wertvolles Dokument, das den Bruch zwischen Altem und Neuem erkennbar macht. »In manchen Malereien und verehrungswürdigen Bildern wird der Vorläufer Christi dargestellt, der mit dem Finger auf das Lamm weist. Wir haben diese Darstellung als ein Bild der Gnade angenommen; für uns war der Schatten dieses Lammes, Christus, unser Gott, der uns durch das Gesetz gezeigt war. Nachdem wir so zuerst diese Gestalten als Zeichen und Embleme aufgenommen haben, ziehen wir ihnen heute die Gnade und die Wahrheit, d. h. die Erfüllung des Gesetzes vor. Deshalb und damit auch mit den Mitteln der Malerei die Vollkommenheit allen Blicken dargeboten sein möge, wird es notwendig sein, auf den Bildern Christus, unseren Herrn, in menschlicher Gestalt und nicht wie früher als Lamm darzustellen. Wir müssen durch seine Demut die ganze Erhabenheit Gottes betrachten können. Der Maler soll uns gleichsam an der Hand führen zum Gedächtnis an den in Fleisch und Blut lebendigen Christus, der gelitten hat und gestorben ist für unser Heil, um die Erlösung in der Welt zu erlangen.«

Ikonoklasmus im Osten

Diese Entscheidungen verschärften bekanntlich im Osten die Zwistigkeiten zwischen den Anhängern der heiligen Bilder, denen sie nunmehr eine fanatische Verehrung entgegenbrachten, und den Ikonoklasten, die sich in ihrem puristischen Eifer nicht von den herkömmlichen Darstellungen, insbesondere von dem »Edelsteinkreuz«, dem

Symbol des göttlichen Opfers, trennen wollten; der Krieg brach offen aus nach den Gesetzen Leos III. von 726 und 730, welche die Bevölkerung des byzantinischen Kaiserreiches in zwei feindliche Lager teilte, die bis 843 bestanden.
In Italien stellte man sich anfangs auf die Seite der überkommenen symbolischen Bildersprache, und Papst Sergius, der das Konzil von 692 auch deshalb ablehnte, weil es die Vormachtstellung Roms nicht anerkannt hatte, führte das »Agnus Dei« in die Messe ein, aber mit der Zeit änderten sich die Dinge, und die Meinung der Theologen und Gläubigen des Westens drückte sich klar und deutlich feindlich gegenüber den Ikonoklasten und ihrem Rigorismus aus.

Der Westen steht den Ikonoklasten feindlich gegenüber

Papst Gregor II., nach sieben griechischen und syrischen Päpsten wieder ein Römer von Geburt, protestierte gegen die ikonoklastischen Gesetze, zunächst mit einer Bulle und dann mit einem wirklich scharfen Brief an Leo den Isaurier, in dem er die kaiserlichen Drohungen, dafür zu sorgen, daß die »Statue von St. Peter« umgestürzt würde, die scheinbar in Konstantinopel als wesentlichstes Kultbild des Westens galt, zurückwies.
Auch sein Nachfolger Gregor III., wenngleich aus dem Osten stammend, schlug keinen anderen Weg ein; im gleichen Jahr 731, in dem er gewählt worden war, eröffnete er ein Konzil, auf welchem er den Ikonoklasmus zwar zurückwies, aber doch noch versuchte, in guten Beziehungen zu den Byzantinern zu bleiben, so daß der Exarch Eutichius ihm sechs Onyxsäulen zum Geschenk machte. Nachdem der Versuch des Kaisers Leo III., die Kontrolle über die italienischen Angelegenheiten wieder in die Hand zu bekommen, 733 mit dem Untergang der zur Strafe ausgesandten Flotte gescheitert war, nahm die Furcht vor den Byzantinern endgültig ab; der Gegensatz verschärfte sich, als Konstantin V. Kopronymus Kaiser wurde, ein fanatischer Ikonoklast, der ganze Scharen von Mönchen ins Exil trieb. Die Anwesenheit dieser Tausende von geflohenen und verbitterten Geistlichen in Rom vergiftete endgültig die Beziehungen zwischen Kirche und Kaiserreich und einige Jahre danach forderte Paul I. (757–767) den »vere orthodoxus« Pippin auf, sich einem befürchteten Angriff der »nefandissimi Graeci« gegen Ravenna zu widersetzen.
Wahrscheinlich wurde die Feindseligkeit des Westens gegen die Ikonoklasten nicht so sehr von den örtlichen Ikonen der Jungfrau und der

Oratorium des Papstes Johannes VII., Detail mit Jungfrau. Florenz, Museo San Marco. Vgl. Seite 197

Heiligen hervorgerufen, als vielmehr von den jetzt verbreiteten Darstellungen des Heilands, seiner irdischen Leiden und seines himmlischen Triumphes.

Kult des Heilands

Die religiösen, nach dem Heiland benannten Gründungen des Hochmittelalters waren sehr zahlreich und bedeutend, und wir haben schon einige davon kennengelernt: Die von St. Augustinus gegründete Kathedrale von Canterbury (Christchurch) und S. Salvatore in Spoleto; auf die gleichnamige Kirche von Brescia werden wir bald zurückkommen.

Neue, nach dem Heiland benannte Gründungen

Die Erscheinung betraf jedoch ganz Europa. Heitz hat eine überraschende Liste der großen, dem Heiland geweihten Kirchen und Klöster in Germanien, dem Rheinland, Österreich, Belgien, Holland, der Schweiz und Frankreich aufgestellt, welchen sich die italienischen Gründungen Farfa, Monte Amiata usw. anschließen. Fast alle diese Bauten gehen auf das 8. Jahrhundert zurück und viele wurden von Monarchen veranlaßt, in dem Wunsch, ihre Macht auch als von Gott eingesetzt vor Augen zu führen.

Aber der Kult, den die große Menge der Gläubigen dem Heiland entgegenbrachte, hatte wenig mit Politik zu tun: er war überdies so alt wie die christliche Religion, die sich in ihrer ursprünglichen Vorstellungswelt auf die »Wiederauferstehung« und auf die heiligen Bauten Jerusalems richtete.

Die »Wiederauferstehung Christi« aus der Sicht des frühen Christentums

Die frühen Christen hatten mit der Bekehrung zum neuen Glauben ihre bisherige Unruhe mit der Sicherheit vertauscht, vom Tod befreit zu sein; die Wiederauferstehung des Heilands am Sonnabend vor Ostern war die Vorwegnahme des ewigen Lebens für alle, und der sich auf die Wiedergeburt des Fleisches beziehende Glaubensartikel tröstete die, welche den Gedanken von der Unsterblichkeit der Seele nicht von der Existenz des Körpers trennen konnten.

Symbolische Bedeutung der Taufe durch Untertauchen

Die Anastasis und das Heilige Grab waren so der Mittelpunkt des heiteren christlichen Lebens der ersten Jahrhunderte und ihrer wurde gedacht im Augenblick des Eintritts in das Christentum selbst bei der alten Zeremonie der Taufe mit dem Hinabsteigen in das Taufbecken und dem Hinaufsteigen in die Kirche, was den Tod und den anschließenden Aufstieg zum ewigen Aufenthalt der Seligen versinnbildlichte. Diese Symbolik, die allen erwachsenen Neubekehrten verständlich war, kam nach der vollständigen Bekehrung der gesamten Bevölkerung langsam aus dem Gebrauch, weil die Taufe der Kinder durch Besprengen üblich wurde. Den Baptisterien, die jetzt nur noch aus einem Raum bestanden (d.h. ohne Nebenräume zur Prüfung der Katechumenen, Umkleideraum usw.) verloren so allmählich ihre ursprüngliche liturgische Bedeutung.

Die Großartigkeit der für Taufzwecke bestimmten Bauwerke des 6. und 7. Jahrhunderts scheint jedoch im Gegensatz zu dieser Vereinfachung der in ihr vollzogenen Handlungen zu stehen. Die Ausmaße der Baptisterien von Classe und Marseille könnten von der Wichtigkeit der beiden Städte her erklärt werden, aber wie soll man einen riesigen, als Taufkirche dienenden Bau in einem kleinen Ort wie Nocera dei Pagani rechtfertigen? Man fragt sich, ob nicht in den Baptisterien nach dem 6. Jahrhundert auch Gottesdienste zur Verherrlichung der Wiederauferstehung abgehalten wurden.

Baptisterien des 6. u. 7. Jahrhunderts

Der Herd des »Anastasis«-Kultes war natürlich seit ältester Zeit der gleichnamige Rundbau, das Heilige Grab, in Jerusalem. Die reiche und fromme Etheria, die am Ende des 6. Jahrhunderts zu den Heiligtümern des Ostens pilgerte, nennt es ausdrücklich und erwähnt die eindrucksvolle Prozession, die am Nachmittag des Palmsonntags, von der Kirche der Himmelfahrt ausgehend, dort eintraf. Zur »Anastasis« kam man spät, und in ihr fand eine große Festbeleuchtung statt.

Heiliges Grab in Jerusalem

Aber nicht nur der Rundbau in Jerusalem war ursprünglich nach der »Anastasis« benannt. Viele sehr alte Kirchen und Kathedralen in Ost und West müssen sich ausdrücklich »Kirche der Auferstehung« genannt haben. Die »Notitia« von Konstantinopel aus der Zeit Theodosius' II. erwähnt eine solche in der 7. Region *(ecclesias tres, Irenen, Anastasiam et S. Pauli,* d.h. des Friedens, der Auferstehung und des Hl. Paul). Die Kathedrale Ursiana in Ravenna und die der Arianer hießen, wie Agnellus berichtet, »Anastasis«.

Der Anastasis geweihte frühe Kirchen

In einer späteren Zeit muß die älteste Benennung, von der wir annehmen, daß sie einigermaßen verbreitet war, in sehr vielen Kathedralen durch die nach der Heiligen Maria (Maggiore) und in anderen Kirchen durch die nach einzelnen Heiligen oder nach der Hl. Anastasia ersetzt worden sein. Der Kult der Anastasis wurde vielleicht in das Baptisterium verlegt, das ja ausdrücklich Ort einer symbolischen Wiederauferstehung war und nun nicht mehr für die Massentaufe diente, oder in eigens dazu bestimmte Rundbauten (Hl. Grab), die (wie oft auch die Baptisterien des 5. und 6. Jahrhunderts in Aquileia, Parenzo, Pola usw.) am äußersten westlichen Ende des Atriums errichtet wurden.

Später Maria oder den Heiligen geweiht

Kult der Anastasis im Baptisterium (?) oder im Atrium der Rundbauten

Mit der Einfügung des Kultmittelpunktes, des Heiligen Grabes, nahm das Atrium einen neuen Charakter an, d.h. es wurde in seiner Anlage ein liturgisches Abbild des »Paradieses«, in dem natürlich auch die Kultstellen für die Erzengel eingerichtet wurden.

Das Atrium wird zum »Paradies«, zum Abbild des himmlischen Jerusalem

In den ersten christlichen Jahrhunderten wurde das Bild des »Himmlischen Jerusalem« nicht als Kultstätte nachgebildet, sondern nur auf

Rom, S. Maria Antiqua. Stehende Heilige. Fresko. Vgl. Seite 197ff.

Mosaiken als eine Stadt mit Mauern, Türmen und gold- und edelsteingeschmückten Bauten dargestellt. Mit dem 7. Jahrhundert fand es im Westen seinen Ausdruck in den Anlagen des Atriums, dem sogar der Name »Paradisus« (franz: Parvis) gegeben wurde. Du Cange zählt viele Texte aus dem 7. Jahrhundert und aus späterer Zeit auf, die sich auf Atrien von Kirchen in Rom, Benevent, Frankreich und Deutschland beziehen und ausdrücklich »Paradies« genannt werden. Diese griechische Bezeichnung bedeutet »Garten« oder »Obstgarten«, aber im Neuen Testament kommt sie oft im Sinne von »Himmelreich« vor.

Verschiedene Typen

Wer jedoch glauben wollte, daß sich nach diesem allgemein gehaltenen Hinweis genauere Angaben erübrigten, wäre im Irrtum; die Anlage der »Paradiese« in den Kirchen und der Bauteile, aus denen sie bestanden, sind von Fall zu Fall sehr verschieden; manchmal war es eine vierteilige Säulenhalle mit Kultzentren für die Anastasis und für die Erzengel, aber es gab auch z. B. in Mailand in der Kathedrale S. Maria – nach einer von Giulini veröffentlichten Zeichnung – besondere Kapellen für die Erzengel. Auf einer Seite die von Gabriel und Raffael, auf der anderen die von Michael und Raguel.

In der Mehrzahl der Fälle jedoch muß das »Paradies« der Kirchen, wenn die darüber angestellten Betrachtungen stichhaltig sind, nur aus Altären und Bildnissen bestanden haben, die gleichzeitig Stationen der großen Prozessionen bildeten, wie sie zur Liturgie der Karwoche gehörten.

Heutzutage gibt es in der Osterwoche nach den einleitenden Gottesdiensten am Palmsonntag die Grabliturgie des Triduum und schließlich die Osterfeier.

In der zweiten Hälfte des 8. Jahrhunderts tritt eine auf Schmerz und Grab abgestimmte Osterliturgie anstelle der bisherigen triumphalen

Bis zum 8. Jahrhundert war es scheinbar noch anders; die Liturgie der Karwoche war gestützt auf die Verherrlichung der Wiederauferstehung, und diese Einstellung entsprach einer von der orthodoxen Kirche noch befolgten Tradition. Für die Griechen ist die Auferstehung das Hauptthema der ganzen Liturgie. Jeden Samstag und Sonntag werden die »anastasima« gesungen, die sich immer wieder auf die Auferstehung, Trösterin der Seelen, beziehen, und in der eigentlichen Karwoche finden diese Trauergottesdienste mit der Ankündigung »Christus wird auferstehen« ihren Abschluß. Ferner ist es eine bekannte Tatsache, daß die Osternacht für die Orthodoxen seit langem das wichtigste Fest im Jahr ist, bei dem das Hauptgewicht auf die Erzählung von den drei frommen Frauen, von dem leeren Grab und von den Soldaten (Hinweis auf die Kräfte des Bösen) gelegt wird, die erschreckt und zu Boden gesunken waren. Diese Bilder kehren wieder auf dem Elfenbein von München, auf Silberampullen von Monza usw.

Mit der zweiten Hälfte des 8. Jahrhunderts verdrängt, wie gesagt, im Westen die traurige Liturgie der Passionstage und der Grablegung die des Triumphes der Wiederauferstehung, und gleichzeitig mit den dramatischen und schmerzerfüllten Gebeten wurden überall die Kruzifixe mit dem grausam und unter Schmerzen leidenden Christus für die Verehrung zur Schau gestellt.

Aber die Gefühle des Volkes wandten sich in der Osterzeit nicht nur dem Schmerz um den leidenden Heiland am Kreuz zu, sondern versuchten auch, in einen unendlichen Bereich der Hoffnung und der himmlischen Gerechtigkeit durch die Apokalypse vorzudringen.

Die »Apokalypse«. Ihre Beliebtheit im Mittelalter

Dieses prophetische Buch, das den Abschluß des Neuen Testamentes bildet, erfreute sich im Hochmittelalter großer Beliebtheit; das Konzil von Toledo von 633 drohte sogar demjenigen mit der Exkommunizierung, der sie nicht in der Karwoche öffentlich vorlesen ließ.

In der Apokalypse kündigte das »Gottesgericht« die Wiederherstellung der Ordnung und die gerechte Belohnung an und andererseits machten die Visionen und Symbole die Erzählung anziehend und anregend. Die Offenbarung des Johannes bezog sich in der Tat auf die himmlische Geschichte, und war eine Quelle der Hoffnung, weil sie übersteigert das wiederholte, was die Passion in ihrem irdischen Bild vorgezeichnet hatte. Die Bilder, die sich auf die Apokalypse beziehen, häufen sich daher in den das »Himmlische Jerusalem« wiedergebenden Bauten (Heitz).

Drei Apsiden und drei Altäre

Die Liturgie hatte auch wegen der Vielzahl der Kulte und Altäre großen Einfluß auf die Architektur des Hochmittelalters. Während es in frühchristlicher Zeit für jede Kirche nur einen Altar gab, hatte man seit der Mitte des 6. Jahrhunderts oft drei Apsiden und drei Altäre. Im 9. Jahrhundert wird dann jede Kirche eine Vielzahl von Altären haben.

Die religiöse Architektur Europas im 8. Jahrhundert wurde also von den neuen liturgischen Notwendigkeiten in ihrer Anlage bedingt; für die äußere Form waren Tradition und jeweilige Verhältnisse bestimmend.

Ideal einer noch »spätrömischen« Prachtentfaltung

Theoretisch hatte sich das künstlerische Ziel der Ausschmückung seit der spätrömischen Zeit nicht grundlegend gewandelt, d. h. man suchte, wenn möglich, die Kirchen innen mit Marmor, Stuck und schillernden Mosaiken zu verkleiden und die Schiffe mit glänzenden Säulen zu schmücken, aber diese Dinge waren nicht mehr so leicht zu beschaffen wie früher.

Fehlen des Marmors

Der byzantinische Kaiser schickte normalerweise weder Marmor noch Gläser für die Mosaiken.

Fresken

Die Wände wurden also immer häufiger mit Fresken verkleidet, denn

es wurde auch schwieriger, Spolienmaterial aufzutreiben. Wir wissen, daß man die Suche nach Marmor sehr weit ausdehnte; Karl der Große ließ Marmor für seinen Palast in Aachen aus Ravenna holen. Manchmal unternahm man eigens dazu Reisen; aus einem Abschnitt der »Heinrici miracula S. Germani«, der sich auf den Wiederaufbau der Kirche St. Germain d'Auxerre bezieht (um die Mitte des 9. Jahrhunderts) erfahren wir, daß, »da in der Provinz der Marmor äußerst knapp war«, einige Brüder in einem gefährlichen Unternehmen eine Reise zu »den großen Strudeln der Rhône« auf sich nahmen und zuerst Arles, später Marseille erreichten. Hier »überwanden sie mit Kühnheit und List die vielfältigen Gefahren und erzielten einen denkwürdigen Erfolg, nachdem sie durch das Abtragen antiker Ruinen einen großen Überfluß an kostbarem Marmor, teils mit, teils ohne Bezahlung, erhalten und die Schiffe mit der Beute beladen hatten. Das geschah mit Gottes Hilfe und durch Überwindung der Furcht vor den drohenden Strudeln und vor der Unzuverlässigkeit der Menschen« (Héric. Mir. S. G. ed. Duru, II, S. 162-4).
Die Verwendung des wenigen erbeuteten Marmors, der offensichtlich in der Farbe und in den Ausmaßen ungleich war, wirkte sich auf die äußere Form der protokarolingischen und karolingischen Architektur aus, weil sie eine Verwertung dieser Materialien ohne Rücksicht auf klassische Proportionen verlangte, d. h. sie verpflichtete zu einem dekorativen System, das dem wiederverwendeten Material entsprach.

Niedergang der Byzantiner in Italien

Das Leben auf der italienischen Halbinsel war im 8. Jahrhundert nicht mehr von den örtlichen Kämpfen zwischen Langobarden und Byzantinern gekennzeichnet. Von entscheidender Bedeutung waren vielmehr das Eingreifen der Päpste und der Franken und der fortschreitende Niedergang der Byzantiner, denen im Osten die Araber empfindliche Schwierigkeiten bereiteten.
Nach dem Tod Johannes VII. gab es die ersten Gegensätze zwischen dem römischen Volk und den Päpsten auf der einen und den byzantinischen Kaisern auf der anderen Seite; da diese nun nicht mehr Gewalt anwenden konnten, wie zur Zeit Martins I., mußten sie sich statt dessen auf das Verhandeln verlegen, wobei sie ihre nützliche Hilfe gegen die langobardische Gefahr in die Waagschale werfen konnten.
Andererseits versuchten auch die langobardischen Könige gelegentlich, Beziehungen zu den Päpsten anzuknüpfen. Liutprand (712–714) war König über eine ausschließlich katholische Bevölkerung, Gründer von Kirchen und Klöstern, den Gesetzen der Kirche und der römischen Rechtstradition ergeben.

Brescia, San Salvatore. Vgl. Seite 206, 217

S. Procul, Naturns (Südtirol). Fresko der Südwand innen. Vgl. Seite 220

Die Regierungszeit Aistulfs (749–756) wurde zum Schwanengesang des traditionellen langobardischen Kampfgeistes. Von nationalen Kreisen auf den Thron erhoben, organisierte er das Heer neu, erlangte die Kontrolle über die Herzogtümer Spoleto und Benevent und besetzte schließlich das Exarchiat Ravenna (751), indem er die Byzantiner zur Einschiffung ohne Wiederkehr zwang. Aber sein Ausdehnungsdrang und die Vertreibung der Griechen stießen auf den Widerstand des Papstes. Als die von Stefan II. herbeigerufenen Franken auf dem Schauplatz erschienen, scheiterten die Pläne des Königs; König Pippin zwang Aistulf durch zwei kurze Feldzüge nach Italien (754–756), auf das den Griechen abgenommene Land durch Übergabe der Regierung an das Volk zu verzichten.

Einnahme Ravennas durch die Langobarden

Erstes Einschreiten der Franken

Die letzten Jahre des langobardischen Reiches spiegeln den Todeskampf einer Macht wider, die von Desiderius (756–774) mit gutem Willen aufgebaut und mit Kühnheit, aber kärglichen Mitteln gegen

Desiderius

die Feindschaft des Papstes und gegen das massierte Eindringen der Franken verteidigt wurde. Nachdem der am Ende des Jahres 773 begonnene Feldzug gegen Rom an den Drohungen des Papstes gescheitert war, versuchte der König, sich dem von Hadrian I. herbeigerufenen Karl dem Großen zu widersetzen, aber er wurde von den Franken an der Klause von Susa überwältigt und in Pavia belagert, während sein Sohn Adelchi sich in Verona zu verteidigen suchte.

Karl der Große, »König der Langobarden«

Nachdem diese beiden Festungen gefallen waren, wurde Desiderius in Frankreich im Kloster Corvey gefangengehalten, Adelchi floh nach Konstantinopel und Karl der Große nahm den Titel »König der Langobarden« an.

Byzantinische und langobardische Kunst

Nicht alle diese politischen und religiösen Höhen und Tiefen haben sich auf die italienische Kunst des 8. Jahrhunderts ausgewirkt; die Trennung der beiden kulturellen Richtungen blieb im wesentlichen bestehen. Rom und Ravenna lösten sich nicht vom byzantinischen Stil, während in dem von den Langobarden eingenommenen Teil eine eigenständige Kunst aufblühte, die dem Bestand an mittelmeerisch-byzantinischen Motiven die eigenen germanischen hinzufügte.

Schließlich verschwanden 774, dem Jahr der Ankunft Karls des Großen in Rom, die byzantinische Kultur und Kunst schnell vom Boden Italiens und wurden durch ganz andersartige, örtliche und europäische Strömungen ersetzt.

Die Kunst in Ravenna

Im 8. Jahrhundert hatten die Byzantiner in Ravenna in dem Bewußtsein, sich nicht mehr lange halten zu können und die Stadt bald verlassen zu müssen, andere Sorgen als neue Monumente zu errichten und so haben sie uns nur bescheidene Bildhauerarbeiten hinterlassen.

Sarkophage

Der Sarkophag des Erzbischofs Felix (gest. 723) ist noch mit symbolischen Motiven geschmückt, aber deren an Werken des 5. und 6. Jahrhunderts klar zutage tretende Bedeutung hat sich jetzt verloren; auf der Stirnseite sind drei Bögen zusammengefaßt, von denen einer ein Kreuz einschließt, zwei hängende Kränze, zwei Pferden gleichende Lämmer, zwei kleine Kreuze, zwei Kandelaber mit angezündeten Kerzen und zwei Endpilaster. Auf dem Deckel sind Kreise mit zwei Kreuzen mit α und ω und ein großes Kreuz.

Kreuze vom »ikonoklastischen« Typ

B.A. 13

Zwei weitere Sarkophage, die der Bischöfe Johannes (gest. 748) und Graziosus (gest. 788) stellen auf der Stirnseite drei Kreuze mit Endvoluten dar, die zwischen rechteckige Felder gesetzt sind. Weitere Kreuze sind auf dem Deckel. Die demonstrative Wiederholung der Kreuze weist auf ein »ikonoklastisches« Modell hin. Fast gleiche Stücke sind im Tempel des Augustus in Ankara, der später in eine Kirche umgewandelt wurde.

In Rom wurden während des 8. Jahrhunderts keine großen Kirchen gebaut, und das einzig nennenswerte Charakteristikum der Basiliken dieser Zeit sind die drei Apsiden. Das gilt für die von Theodotus, dem Onkel Papst Hadrians I. in den Ruinen des Porticus der Oktavia (757–767) errichtete Kirche S. Paolo (spätere S. Angelo in pescheria) und für die von Papst Hadrian I. 771–795 wiederaufgebaute S. Maria in Cosmedin. Von dieser, der »schön geschmückten« Kirche der Griechen ist außer den drei Apsiden der obere Teil des Schiffes erhalten: Unterhalb des Daches erkennt man die alten, von kleinen Fenstern durchbrochenen Mauern, die mit Fresken aus der Zeit Hadrians I. (Medaillons mit Propheten zwischen den Fenstern und weiter unten große Bilder) geschmückt sind.

Basiliken mit drei Apsiden in Rom

S. Maria in Cosmedin

Ein künstlerisch jedoch viel interessanteres Werk war das von dem Freund der Griechen, Johannes VII. (705–707), in der Vatikanischen Basilika erbaute Oratorium, dessen Wände innen ganz mit Mosaik verkleidet waren; es wurde 1606 zerstört, und nur die Zeichnungen eines gewissen Grimaldi geben uns eine Vorstellung davon, und einige Bruchstücke der Mosaikverkleidung bezeugen seinen Reichtum.

Oratorium Johannes VII. in St. Peter

ABB. SEITE 187

Die Kapelle war, wie bei den Byzantinern üblich, der Theotokos geweiht (»Domus Dei Genitricis Mariae«); an den Wänden waren in Mosaik Szenen aus dem Leben der heiligen Peter und Paul dargestellt, in der Apsiszone die Heilige Jungfrau mit dem knienden Papst und in drei Streifen Szenen aus dem Leben von Maria und Jesus. Der Zyklus der Theotokos von der Verkündigung bis zur Darstellung im Tempel entsprach der anläßlich von Castelseprio erwähnten byzantinischen Ikonografie; die Kreuzigung, die vorletzte Episode, war schon in ihrer vollständigsten Form dargestellt: Christus zwischen Lanzen- und Schwammträger, Maria und Johannes, Sonne und Mond. Eins von den erhaltenen Mosaikbruchstücken, das sich jetzt in Florenz befindet, zeigt die Mittelfigur. Mit zum Gebet erhobenen Armen steht die Jungfrau auf einem Podest, gekrönt und reich mit dem purpurnen kaiserlichen Gewand bekleidet, das unten einen merkwürdigen Aufschlag, am Rand Streifen von Perlen und einen großen Kragen sowie Stickereien von kostbaren Steinen an den Schultern hat. In diesen Einzelheiten ist die Übereinstimmung mit den Figuren von Cividale offensichtlich und offensichtlich ist auch die magnetische geistige Kraft dieser vor einem goldenen Himmel alleinstehenden Gestalt. Die Annahme, daß sie eine Schöpfung griechischer Meister ist, zu der wahrscheinlich Justinian II. die Mosaiksteine geschickt hat, ist also nicht zu gewagt.

Mosaike

Die Malerei des 8. Jahrhunderts in Rom kann man hauptsächlich in

S. Maria Antiqua

Torhalle des Klosters Lorsch. Vgl. Seite 229

ABB. SEITE 190

Werke Johannes VII.

S. Maria Antiqua studieren. Hier ließ noch Johannes VII. (705–707), den wir als Freund der Griechen erwähnt haben, große Arbeiten ausführen. Er war Sohn des Platon, »curator palatii«: das Epitaph in der nahen Kirche S. Anastasia erwähnt Ausbesserungen, die dieser kaiserliche Beamte an einer großen Treppe des antiken, im 7. Jahrhundert offenbar noch benutzten, Königspalastes vorgenommen hatte. Johannes VII. wohnte, nachdem er zum Papst gewählt war, hier auf dem Palatin, wo er sich einen »Bischofssitz« hatte herrichten lassen, und machte S. Maria Antiqua zu seiner Kapelle. Die unter ihm ausgeführten Arbeiten umfaßten neben anderen auch die große »schola cantorum« und viele Fresken.

Die Ausgrabungen haben die interessante Presbyteriumsanlage zutage gebracht; sie liegt in der Mitte des Schiffes und hat einen großen Bezirk für die Sänger und den Klerus und in der Mitte einen Ambon nach byzantinischer Art. An der untersten Stufe dieses Ambons ist der Name des Papstes auf Griechisch und Lateinisch eingemeißelt.

Die auf seine Veranlassung angefertigten Fresken nehmen die Rückwand und die Seitenwände ein. Johannes VII. beauftragte mit ihrer Ausführung einen großen griechischen Künstler, der sich verpflichtete, bei seinem der Rundung des Gewölbes angepaßtem Werk die neue, vom Konzil von 692 vorgeschriebene Ikonografie zu verwenden, d. h. Christus am Kreuz, »leidend im Fleische«, aber in einem himmlischen Zusammenhang, also umgeben von vier Cherubinen und zwei Engelsscharen, die zu den Seiten aufgereiht sind. In der Zone darunter ist in zwei gedrängten Gruppen eine jubelnde Menschenmenge dargestellt, vielleicht ein Bild der Wiederauferstehung (?).

Die Engel sind vergeistigt, schön im Antlitz und elegant in der Haltung. Weiter unten sind vier Päpste in Vorderansicht dargestellt, zwischen ihnen der Stifter selbst mit viereckigem Nimbus (leider fehlt heute die Namensbeischrift) und noch tiefer sieht man Medaillons mit den Kirchenvätern. An den Seitenwänden sind ein christologischer Zyklus und weitere in Zeichnung und Farbgebung oft sehr schöne Medaillons mit Aposteln.

Diese Malereien, wahrscheinlich das Werk eines von Justinian II. gesandten Freskenmalers, sind der Schwanengesang der großen byzantinischen Malerei in Italien.

Die späteren Fresken leiden unter der allgemeinen Krise und dem Bruch zwischen Papsttum und Byzanz. Normalerweise kamen die Maler nicht mehr aus Konstantinopel, wo sie im übrigen nach 726 in ihrer Arbeit durch die Gegensätze im »Ikonoklasmus« behindert waren, sondern wurden von den Päpsten gerufen, die bestrebt waren, sich die ansässigen Griechen durch Ausschmückung ihrer Kirche mit neuen Fresken zu Freunden zu machen.

Die Ikonografie und die Figurentypen sind noch byzantinisch, aber anders ist der Geist, der die heiligen Gestalten belebt. Anstelle der von Byzanz aus tausendjähriger Tradition übernommenen äußerst feinen und gelösten Bilder treten im allgemeinen solche von plumper Körperbildung, die arm an gefühlsbetonten Werten sind.

Kapelle des Theodotus

Zur Zeit des Papstes Zacharias (741–752) ließ ein gewisser Theodotus, »primicerius defensorum«, d.h. Oberhaupt der Advokaten der römischen Kurie, die Kapelle zur Linken des Presbyteriums errichten und ausmalen. Die Seitenwände wurden mit Bildern geschmückt, die sich auf die heiligen Quiricus und Giulitta beziehen. Der Stifter ist dreimal mit Namensbeischrift dargestellt, sogar mit seiner Familie. Auf der hinteren Wand ist die gesamte Kreuzigung zwischen vier großen Evangelistensymbolen und weiter unten die Himmelskönigin Maria zwischen Heiligen, Zacharius und Theodotus, dargestellt. Die Martyriumsszenen sind mittelmäßig. Etwas besser sind die Fresken der hinteren Wand. Die Inschriften sind lateinisch.

Apsis und linke Wand des Schiffes (757–767)

Paul I. (757–767) ließ in die Hauptapsis einen großen Christus malen, der segnend zwischen Engeln in einer »himmlischen Zone« steht, mit der Jungfrau und dem Stifterpapst neben ihr. Er ließ außerdem die ganze Seitenwand des linken Schiffes mit Fresken schmücken. Oben sind die von lateinischen Unterschriften erläuterten Szenen des Alten Testamentes wiedergegeben und unten Christus in einer langen Reihe von Heiligen (20), die schwerfällig und mit großen Köpfen frontal dargestellt sind und ein Buch oder manchmal ein Kreuz oder einen Kranz halten. Die Namen sind diesen Heiligen noch in Griechisch beigeschrieben.

Fresken des Tempels Hadrians I.

Byzantinisch sind auch die großartigen Fresken, die Hadrian I. (772 bis 795) – jener Papst, der Karl den Großen in Rom empfing – ausführen ließ; er beauftragte vielleicht einen byzantinischen Freskenmaler mit diesem Werk und erscheint porträtiert als alter Mann in feierlicher Haltung und mit einem großen Nimbus. An seiner Seite stehen edle, in weiche Stoffe der Hofkleidung gehüllte Heilige, die ehrerbietig Kränze darbieten.

Dekorative Plastik in Rom

Die dekorative Plastik in Rom hat uns keine datierten Werke von Bedeutung hinterlassen. Ein Typus von Schranken mit Feldern aus verflochtenen Quadraten und Rhomben, der seinen Ursprung in denen von S. Clemente (532–535) hat, trägt große »ikonoklastische Kreuze«, wie die des Grabes von Bischof Johannes in Ravenna, aber die erhaltenen Stücke sind alle Kopien des 9. Jahrhunderts (Palazzo del Go-

Fig. 71 – Bologna, S. Stefano

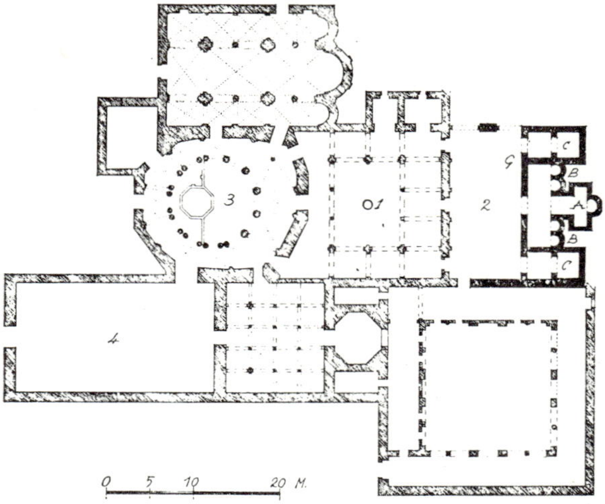

verno Vecchio, S. Sabina, S. Prassede, S. Cecilia usw.). Aus dem 8. Jahrhundert müssen nur die des Museo Petriano stammen, zwei Bruchstücke mit Kreuzen innerhalb lilienförmiger Rhomben und eine Platte mit großen Rosetten in einem Feld mit sich überschneidenden Quadraten.

Langobardische Monumente

Sehr viel wichtigere Architektur- und Kunstdenkmäler haben wir in Norditalien.

Bologna, S. Stefano

Der heute nach St. Stephan benannte Kirchenkomplex in Bologna ist als Zeugnis der hochmittelalterlichen Anastasis-Liturgie von großem Wert. Er erhebt sich auf dem Gebiet einer uralten Friedhofsanlage, wie aus der Überlieferung hervorgeht, die den Ursprung mit St. Petronius in Verbindung bringt, wurde aber schon im 8. Jahrhundert in ein »Neues Jerusalem« umgewandelt; eine Gruppe von Bauten sollte an die heiligen Stätten der Heiligen Stadt Palästinas erinnern, welche sich seit 637 in islamischer Hand befand.

Neues Jerusalem

Dafür gibt es sichere Beweise. Im mittleren Atrium steht auf einem Sockel aus dem 16. Jahrhundert ein großes Steingefäß (1) mit einer Inschrift von 735–743 (».. empfange, o Herr, die Gelübde von unseren demütigen Herren, den Königen Luitprand und Ilprand und des Bischofs Barbatus. Sie gewährten Jerusalem Privilegien, damit dieses Gefäß beim Abendmahl des Herren gefüllt werde«). Eine Urkunde von 887 erwähnt dann die Kirche als »Sancta Hierusalem«.

Die heute aufragenden Mauern der Gebäude stammen aus dem 12. Jahrhundert oder aus späterer Zeit, stehen jedoch oft auf älteren Fundamenten und lassen so die älteste Anlage erkennen.

Die Ausgrabungen von 1914 haben die ursprünglichen Grundmauern des östlichen Teiles »des Pilatushofes« freigelegt, bei dessen Aufbau man nur von dem Grundriß ausging (2). Im Mittelpunkt einer Gruppe von sieben »kammartig« angeordneten Räumen oder Apsidiolen stand eine kreuzförmige Kapelle A mit halbkreisförmiger Apsis, die von zwei Paaren hufeisenförmiger Apsidiolen B flankiert wurde; und an jedem seitlichen Ende zwei quadratische Kapellen C, vor denen Vorhallen lagen, die unabhängig von der mittleren Zone waren. Der einzig sichere Rest von Zugängen bestand in einem Teil des Bogens G. Die anderen beiden Öffnungen kamen umgearbeitet zum Vorschein. Diese Anlage von Nischen und kleinen Kapellen bildete wohl nicht einen Kultbereich, sondern eher eine Begräbnisstätte, die an eine vielleicht das Gebiet des heutigen »Pilatushofes« einnehmende Kirche angefügt war. Eine ähnliche Anlage hatte sich im Chor von Corvey (822) gezeigt, eine weitere kann man heute in Concordia Sagittaria in einem Raum mit kleeblattförmigen, an das Presbyterium angefügten Nischen oder in den karolingischen Krypten von St. Germain d'Auxerre sehen.

Drei »kammartig« angeordnete Kapellen und vier Apsidiolen

Der westliche Teil des mittleren Kerns der Kirche S. Stefano ist nicht weniger wichtig als der östliche. Dort steht, und offenbar schon seit dem 8. Jahrhundert, der »Rundbau des Heiligen Grabes«, ein Kuppelraum auf zwölf Pilastern mit Umgang (3). Früher endete am Palmsonntag bei dieser »Anastasis« die Prozession, die von der Kapelle »auf dem Ölberg« – einer kleinen Anhöhe in der Nähe – ihren Ausgang nahm und die Liturgie Jerusalems wiederholte.

Heiliges Grab

Der heutige Bau des Heiligen Grabes ist romanisch wie die Skulpturen seiner Ädikula in der Mitte, aber er ist gleichwohl von großer Wichtigkeit, um das zu beweisen, was gesagt wurde.

Die Kirche hat außen eine bunte Verkleidung aus Ziegeln und Steinen, die Schachbrettmuster und Sterne bilden: sie war also ein »Bildnis des himmlischen Jerusalems«, in dem sich die paradiesische Schönheit nicht in Gold und Edelsteinen ausdrückte wie auf den Mosaiken, sondern in einer überaus reichen Vielfarbigkeit, die, auch wenn man an das Atrium von Pomposa denkt, ein Unikum in der Architektur der Emilia war.

In der Kuppel waren Gemälde; 1772 schrieb ein gewisser Bianconi: »Der himmlische Vater und ein auf ihn zugehendes Lamm, umgeben

Gemalte Apokalypse

Sacramentarium von Gellone. Text mit Initialen. Deckfarben auf Pergament. 29 × 17 cm. Paris, Bibliothèque Nationale (Cod. Lat. 12048). Vgl. Seite 233ff.

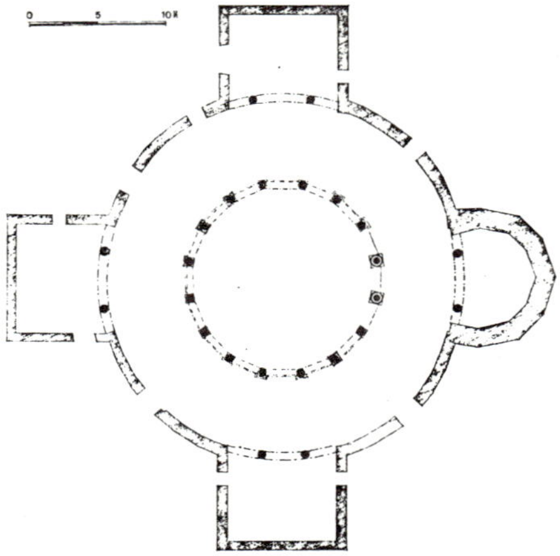

Fig. 72 – Perugia, S. Angelo

Fig. 73 – Mailand, S. Maria d' Aurona, Plan der ehemaligen Kirche ▶

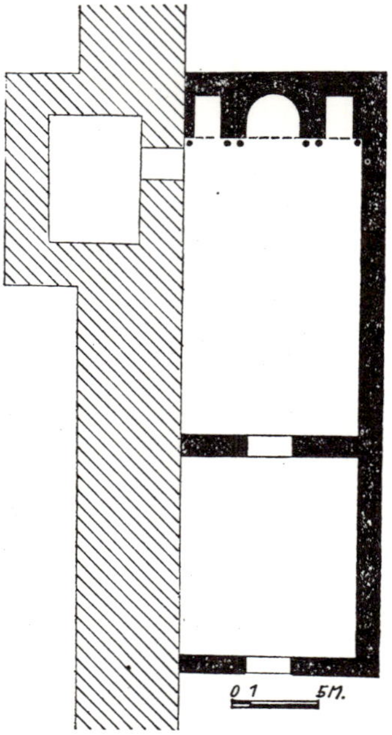

von den Ältesten der Apokalypse und von den symbolischen Tieren der vier Evangelisten und darunter, im Kreis, verschiedene Begebenheiten der Genesis..«. Lanzi bestätigte das, indem er jedoch genauer angab, daß es sich bei den unteren Geschichten um »evangelische« handelte: die Geburt unseres Herrn, die Epiphanie, Christus und die Schriftgelehrten.

Diese kostbaren Fresken wurden acht Jahre nachdem Lanzi darüber geschrieben hatte, fast ganz zerstört; einige kleine Bruchstücke aus dem Neuen Testament wurden später herausgenommen und sind heute im Museum von S. Stefano.

Meiner Meinung nach gibt es kaum Zweifel darüber, daß die älteste Anlage des 8. Jahrhunderts auch rund war und einen Umgang sowie bunten Wandschmuck und Fresken mit der Apokalypse in der Kuppel hatte, so daß wir in diesem Rundbau ein kostbares Zeugnis der hochmittelalterlichen Liturgie und Kunst besitzen.

Leider ist es nicht möglich, alle noch bestehenden Bauten des alten Heiligtums in ein richtiges Verhältnis zueinander zu bringen, sich eine Vorstellung davon und von seiner tatsächlichen Ähnlichkeit mit der Anlage in Jerusalem zu machen, in der man von einer großen Basilika (»konstantinisch«) auf einen Hof ging, wo ein wenig links die kleine Kreuzigungskapelle (als *golgothān ecclā* auf dem Plan Arculfs bezeichnet, Wien cod. 458 f. 4 v.) und schließlich der Rundbau lag. In

Bologna ist die gotische, links des Heiligen Grabes liegende Kreuzigungskapelle (von der man glaubt, daß sie auf dem Fundament des 8. Jahrhunderts errichtet wurde) verhältnismäßig groß (jetzt jedenfalls) (4), hingegen befindet sich anstelle der großartigen »konstantinischen« Basilika ein Säulenhof (1) und im Osten die Presbyteriumsanlage der »kammförmig« angeordneten Kapellen und kein Eingangsatrium. Ein Bauwerk, das gleichfalls vom Heiligen Grab von Jerusalem beeinflußt sein kann, ist die Kirche S. Angelo in Perugia, die außerhalb der alten Stadtmauern liegt.

Perugia, S. Angelo

Diese Kirche ist ein gut erhaltener vieleckiger Bau mit Umgang. Vier kleine Arme gehen von ihm aus, drei von rechteckigem, einer, das Presbyterium, von achteckigem hufeisenförmigem Grundriß. Nach innen öffnen sich die rechteckigen Kapellen mit einem Triforium, dessen mittlerer Bogen auf zwei Säulen breiter ist.

Der innere Kreis besteht aus sechzehn Spoliensäulen, über denen rohe Kämpfer die Bögen tragen; der Tambur, außen sechzehnseitig und innen rund, hat kleine Fenster und muß von einer leichten Kuppel aus Holz gekrönt gewesen sein.

Die Eingänge bestanden aus Türen, die sich in der Umfassungsmauer öffneten. Auch die Kapellen hatten zwei seitliche kleine Türen. Das Mauerwerk bestand aus Ziegeln. Die Bögen der Fenster sind von Backsteinen eingefaßt.

Aus der Technik ergibt sich keine allzugenaue zeitliche Bestimmung. Das Monument könnte aus dem 8. Jahrhundert, aber auch aus dem 7. oder vom Ende des 6. Jahrhunderts stammen.

Die Benennung nach S. Angelo weist offensichtlich auf ein Datum nach 500, aber sie sagt nichts Sicheres über die Bestimmung aus. Perugia blieb lange – außer am Ende des 6. Jh. – in Händen der Byzantiner.

Wahrscheinlich ein himmlisches Jerusalem

Weil ihre Form mit der Anastasis von Jerusalem fast übereinstimmt (ringförmiger Rundbau mit vier Apsiden), möchte man annehmen, daß sie diese wiederholt (De Angelis) oder daß es sich eher noch um ein »himmlisches Jerusalem« handelt, wie die ursprüngliche Anlage in Bologna. In den drei rechteckigen kleinen Kapellen würden sich die Altäre für die drei Erzengel befunden haben, was die etwas allgemein gehaltene heutige Benennung rechtfertigen würde, und in der Mitte ein Bau, der die Ädikula von Jerusalem heraufbeschwören sollte.

Mailand, S. Maria d'Aurona

Zu einem gänzlich anderen Typus gehörte die Kirche S. Maria d'Aurona in Mailand. Nachrichten mittelalterlicher Chronisten führen die Gründung des Klosters, zu dem sie gehörte, etwa auf das Jahr 735 und auf den dort mit seiner Schwester Aurona begrabenen Bischof Theodorus zurück.

Der Grundriß der Kirche ist aus einer alten Zeichnung bekannt. Sie bestand aus einem Saal (etwa 18,80 × 10,20 m), der sich seitlich an die mit Türmen versehenen Stadtmauern anlehnte und von drei in das massive Mauerwerk eingelassenen Apsiden abgeschlossen wurde; eine mittlere, größer als ein Halbkreis, zwischen zwei rechteckigen. Die Front zum Schiff hin war mit sechs kleinen Säulen geschmückt, wie in der Kapelle von Malles (um 800).

Vor dem Saal lag eine Art Atrium oder Vorkirche von gleicher Breite, aber etwas kürzer.

Im Norditalien des 8. Jahrhunderts sind S. Salvatore in Brescia und das »tempietto« von Cividale die wichtigsten Monumente.

Das Kloster, dem die Kirche S. Salvatore angehörte, wurde 753 von König Desiderius und Königin Ansa gegründet. Das geht aus zahlreichen alten Urkunden hervor. Andere aus dem 9. Jahrhundert nennen das Kloster dann »Monasterium novum«.

In den kürzlich durchgeführten Ausgrabungen (1956–1960) wurden unter dem heutigen Bau die Fundamente einer früheren nur einschiffigen Kirche mit zwei langen und schmalen nebeneinanderliegenden Kapellen im östlichen Teil gefunden. Drei hufeisenförmige Apsiden schlossen die drei Räume ab und vor dem Schiff lag eine Art Vorhalle auf zwei Säulen (Panazza, Peroni).

Wahrscheinlich stammte dieser Bau aus dem 7. Jahrhundert; darauf deuten Keramiken und eine Fibel hin. Der gleichen Bauphase schreiben die Ausgräber die Krypta der mittleren Apsis mit vier Stützen zu, aber das Problem ist noch offen.

Später wurde die Kirche größer und mit drei Schiffen auf Säulen wieder aufgebaut. Heute sind sechs Joche erhalten, aber früher waren dort auf jeder Seite elf Arkaden auf zehn Säulen.

Das Mauerwerk besteht aus dicken Ziegeln und über der Tür sind zwei konzentrische Bögen. Die Fenster hatten gerade Ansätze und einen Bogen von nur begrenzter Spannweite (etwa 0,80 m); ihre Achsen stimmten nicht mit den Bögen überein.

Das Äußere des Bauwerks ist mit Blendbögen verziert, die bei der jüngsten Restaurierung wiederhergestellt wurden. Im unteren Stockwerk sind diese Blendbögen dicht gedrängt, konzentrisch zu den Fenstern, und die Lisenen dazwischen sind dünn; außen am Schiff dagegen, über den Dächern der Seitenschiffe, sind um die kleinen Fenster sehr viel kleinere Bögen.

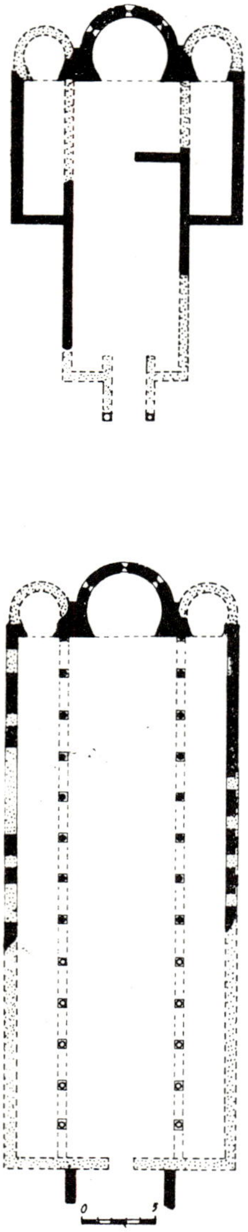

Fig. 74 – Brescia, S. Salvatore. Oben: erste Phase, unten: zweite Phase

Im Inneren haben alle noch vorhandenen Säulen Spolienkapitelle: Einige sind korinthisierend mit flachen Blattstengeln (wie in der alten Kathedrale des 5. Jahrhunderts von Verona), andere bilden umgekehrte Pyramiden, deren Oberfläche mit Arabesken und kleinen Akanthusblättern vom byzantinischen Typ des 6. Jahrhunderts verziert ist. Eins ist aus Stuck.

Im Schiff sind Spuren der figürlichen Fresken in großen Feldern erhalten, aber bei dem heutigen Zustand sind ikonografische Bestimmungen und die künstlerische Beurteilung überhaupt unmöglich.

Sehr wichtig und darüber hinaus sensationell waren die Stuckfunde, die man bei den Restaurierungsarbeiten gemacht hat. Die Unterseiten von zwei Bögen sind noch mit ihrer ornamentalen Reliefverkleidung zum Vorschein gekommen. Von den anderen Bögen sind nur winzige Spuren oder Nägel, die dem Stuck Halt geben sollten, übriggeblieben, aber zahlreiche, zum Teil zusammensetzbare Fragmente wurden im Boden ausgegraben oder im Mauerwerk gefunden. Eine der noch an Ort und Stelle befindlichen Bogenleibungen ist mit einem Flechtmuster aus doppelten Ruten verziert. Auf den ersten Blick würde man es konstantinisch nennen, aber dann entdeckt man hier und da die für den Norden charakteristischen »breaks« (Unterbrechungen).

Stucke

B.A. 5

Die zweite Bogenleibung ist mit einem »doppelten Rankenmuster« aus großen stilisierten Akanthusblättern und Trauben, eine dritte mit Rosettenfeldern verziert; diese Rosetten bestehen aus vier Blütenblättern, drei lanzettförmigen Blättern in jeder Diagonale und einfachen kleinen Blättern in den Achsen.

Die Archivolte dieser inneren Bogenstellungen trugen manchmal fast gleiche Muster wie die des »tempietto« von Cividale. Ein glatter Streifen hatte eingesetzte bunte Glasschalen (grüne oder gelbe) und ringsherum einen Kranz aus dreiteiligen Akanthusblättern, die mit anderen abwechseln, deren Voluten höher sind (Motive D. D. der Publikation von Peroni) oder es sind nur Vereinfachungen dieses Themas (A, A', E), nämlich Blätter zwischen miteinander verflochtenen Kreisen (B, B'), Voluten (F) oder Flechten (C, C), alles à jour gearbeitet. Die Ausführung ist jedoch etwas plumper als die der Kapelle von Cividale.

Cividale

In der hochmittelalterlichen Geschichte Veneziens hatte die kleine Stadt Forum-Julii eine ganz besondere Bedeutung, weil sie das nahe Aquileia in seinen politischen und verwaltungstechnischen Aufgaben ersetzte. Die Langobarden richteten in Cividale einen Stützpunkt für ihre Herrschaft und für die Überwachung des Gebietes ein und die

Fig. 75 – Cividale, Bogen des Baptisteriums

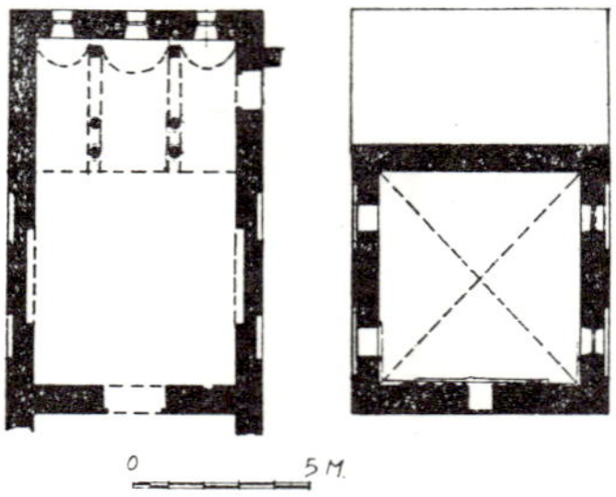

Fig. 76 – Cividale, Tempietto. Links Grundriß, rechts Schnitt in Höhe der Fenster

Byzantiner mußten in den Lagunen neue Städte gründen, erst Grado, dann Venedig.

Für Cividale war das 8. Jahrhundert ein besonderer Höhepunkt. Seit 730 Sitz des Patriarchats von Aquileia, wurde es von Paulus Diakonus als Hauptstadt Veneziens angesehen und auch in karolingischer Zeit verlor es seine Vormachtstellung nicht.

Die Bedeutung dieser Stadt im Friaul ist im 8. Jahrhundert durch wertvolle Skulpturen, ganz besonders aber durch ein Monument von großer Schönheit, den sogenannten Tempietto, bezeugt.

Der »tempietto«

Dieses berühmte Baudenkmal erhebt sich beinahe unversehrt bei S. Giovanni. Es setzt sich aus einem fast quadratischen Raum und drei rechteckigen Apsidiolen zusammen, die außen in einen einzigen niedrigen und hervorstehenden Bauteil eingeschlossen sind. Der Narthex besteht heute nicht mehr. Die Fenster sind von Blendbögen umrahmt. Der Hauptraum ist von dem ursprünglichen Kreuzgewölbe mit zylindrischen Stichkappen und Stuckblättern an den Ansatzpunkten gedeckt; die drei Räume des Presbyteriums haben ein Tonnengewölbe auf zwei mittleren Architraven aus Stein; jeder Architrav hat drei Stützen, einen kleinen Pilaster und zwei Säulen.

Der reiche Schmuck des Inneren ist noch nach der üblichen byzantinischen Art gestaltet. Die Wände sind unten mit bunten Marmorplatten verkleidet, oben mit Stuck und Fresken; Mosaike bedeckten die Gewölbe des Presbyteriums.

Über dem Architrav der Tür ist ein Stuckfries mit S-förmigen Ornamenten und Reste von Kapitellen, die vielleicht auf Konsolen ruhen. Im Halbkreis der Lünette sind Fresken mit den Büsten des Heilandes

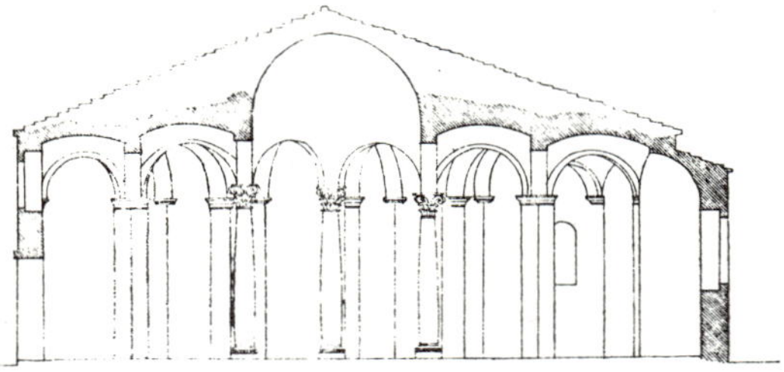

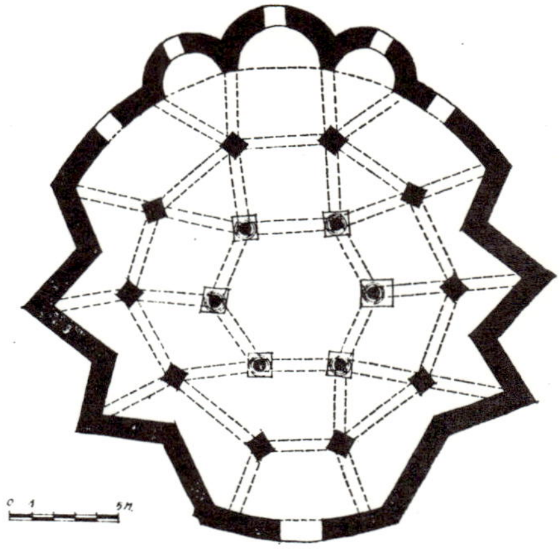

Fig. 77 – Benevent, S. Sophia, oben Querschnitt, rechts Grundriß

und der Erzengel Michael und Gabriel. Ringsherum läuft ein reichverzierter Stuckbogen, dessen von zwei Randstreifen eingefaßte Rosetten bunte Glasschalen enthalten; darüber befindet sich ein Perlstab, darunter zur Mitte hin ist ein breiter à jour gearbeiteter Streifen mit einer Ranke, deren Stengel gebogen und sehr fein ist, und von dem sich bei jeder Biegung ein Weinblatt und eine Traube, in den Zwickeln jeweils ein Blatt lösen. Diese leichten Pflanzenmuster scheinen frei zu schweben; ähnliche Wirkungen gehen von dem äußersten aus Halbmonden und kleinen Zungen gebildeten Rand aus.

In der obersten Zone stehen zwischen zwei horizontalen Streifen aus Margeriten mit Glasschalen sechs große weibliche Heilige im Nimbus und in ihrer Mitte befindet sich ein mit Ornamenten umrahmtes Fenster; die beiden mittleren Heiligen nehmen mit ausgestreckten Händen eine betende Haltung ein und sind bescheiden als Nonnen mit Kutte, Mantel und Schleier bekleidet. Die anderen vier tragen reiche königliche Gewänder mit Stickereien und Edelsteinen und halten mit einer Hand den Kranz, mit der anderen ein Kreuz. Bei den beiden äußersten sind die Hände, die den Kranz halten, verschleiert.

Das Fenster ist von zwei seitlichen Säulen flankiert und der Archivolt von einem Streifen mit verknotetem Flechtwerk vom nordischen Typ und mit à jour gearbeitetem Blattwerk im byzantinischen Stil verziert (Akanthusblätter mit fünf Spitzen, die von Voluten und anderen größeren dreispitzigen Blättern getrennt werden). Die Säulen eines weiteren Fensters sind kürzlich gefunden worden.

In den Feldern unter dem unteren, mit Margeriten verzierten Stuckgesims sind Gemälde von Heiligen vor dem Hintergrund des himmlischen Jerusalem; die Figuren tragen den Nimbus und halten jede einen Kranz. Die Architekturen, wie Plätze oder Laubengänge, sind perspektivisch wiedergegeben. Die Säulen stehen auf Würfelbasen und sind mit Edelsteinen bedeckt. Die oberen Stockwerke haben waagerechte Gesimse und Bogenfenster. Vor kurzem hat man in der Lünette der nördlichen Seitentür ein Fresko mit der Jungfrau zwischen zwei Engeln entdeckt, die in einem wunderbaren, noch byzantinischen Stil gemalt ist.

Benevent S. Sophia

B.A. 9

Von der langobardischen Architektur in Süditalien ist ein sehr wichtiges und originales Zeugnis erhaltengeblieben, nämlich S. Sophia in Benevent.

Das kleine Herzogtum Benevent hatte im 8. Jahrhundert eine solche Bedeutung gewonnen, daß es den Zusammenbruch des Reiches des Desiderius überlebte. Nachdem sich Herzog Arechi im Jahre 786 Karl dem Großen hatte fügen müssen, gelang es ihm, das Vertrauen der Byzantiner zu gewinnen, die ihn zu ihrem Vertreter in Italien ernannten, und er konnte den sechs in den Jahren zwischen 791 bis 802 unternommenen Kriegszügen Karls des Großen Widerstand leisten.

Arechi war mit Byzanz eng verbunden. Paulus Diakonus lehrte die Prinzessin Adelperga die griechische Sprache, Arechi rühmte sich, vom Osten Seiden- und Purpurstoffe, verzierte Gold- und Silbervasen und Erzeugnisse aus Indien, Arabien und Äthiopien zu bekommen.

Er erbaute die Kirche S. Sophia. Nach einem »Chronicon ... S. Sophiae« soll sie 762 geweiht worden sein; Erchempertus, der am Ende des 9. Jahrhunderts schrieb, gibt an, daß die Kirche die gleichnamige Hagia Sophia nachahmt, aber wie wir sehen werden, ist die Ähnlichkeit weder in der Form noch in den Ausmaßen allzu groß.

Nach dem Wiederaufbau von 1696 war der Bau ein Rundbau mit zwei kreisförmigen Säulenstellungen im Inneren; Untersuchungen und Grabungen zwischen 1947 und 1957 haben zur Auffindung des merkwürdigen ursprünglichen Planes geführt und die Möglichkeit geschaffen, das Bauwerk aufgrund wertvoller Einzelheiten des Aufbaus aus der Gründungszeit, die in der barocken Anlage verborgen waren, zu rekonstruieren. So kann man heute die Bauteile des 8. Jahrhunderts deutlich erkennen (Rusconi).

Der Grundriß zeigt ein mittleres Sechseck mit Säulen, einen ersten Umgang mit zehn äußeren Stützen (acht Ziegelpfeiler von quadra-

Sacramentarium von Gellone. Titelseite. Deckfarben auf Pergament. 29 × 17 cm. Paris, Bibliothèque Nationale (Cod. Lat. 12048, Folio 1 verso). Vgl. Seite 233ff.

34
penitus noxius preceptoris criminu liberati serui di
gratias patri deo referant semp et benedicant
nomen eius. per eundem dnm nm ihm xpm qui uentu
rus est iudicare uiuos. Item sup feminas.
Deus abraham ds isaac ds iacob ds
qui tribus israel monuisti et susannam de
falso crimine liberasti. te supplex deprecor
dne. ut liberes et has famulas tuas et pdu
cere eas digneris ad gratiam baptismi tui.
Ergo maledicte. Sup masculus dices.
Exorcizo te inmunde sps In nomine patris
et filii et sps sci ut exias et recedas ab his
famulis di. Ipse enim tibi imperat male
dicte damnate qui pedibus sup mare am
bulauit et petro mergenti dexteram porrexit.
Ergo maledicte. Item sup feminas.
Exorcizo te Inmunde sps p patrem et filium et sps
scm ut exias et recedas ab has famulas di
Ipse enim tibi imperat maledicte damnate
qui ceco nato oculos aperuit et quatridua
num lazarum de monomento suscitauit. Ergo.
Deinde dat prbt or Inposita manum
sup capita Infantu his uerbis.
Aeternam ac iustissimam pietatem tuam deprecor
dne sce pater omps et ne ds luminis et ue
ritatis sup hos famulos et famulas tuas ut dig
neris eos inluminare lumen intelligen
tie tue munda eos et scifica da eis scientiam
ueram ut digni efficiantur accedere ad gratiam

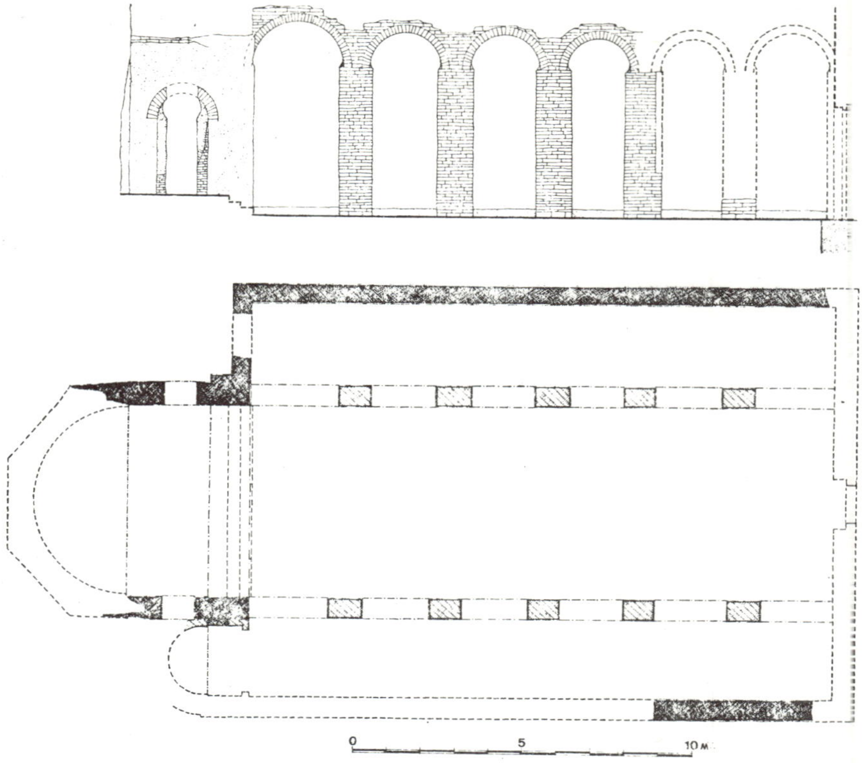

Fig. 78 – Collegno, S. Massimo. Rekonstruktion 2. Bauperiode, 8. Jh., Grundriß und Längsschnitt

Unten: Fig. 79 – Isola Comacina, Kirche

tischem Querschnitt und zwei Säulen) und einen zweiten sternförmigen Umgang mit Apsiden.

In dieser Außenmauer hat der Grundriß der Eingangszone eine leichte Krümmung. Die drei Apsiden sind außen und innen halbkreisförmig. Das Mauerwerk besteht abwechselnd aus Ziegelreihen (zwei, seltener drei, ausnahmsweise vier oder fünf Reihen) und Tuff. In den Umgängen waren die Gewölbe hoch und sind zum Teil noch in der ursprünglichen Form mit Ziegelbögen erhalten. Über dem Mittelraum befand sich eine Kuppel, von der noch einige ursprüngliche Ziegelreihen der unteren Partie vorhanden sind.

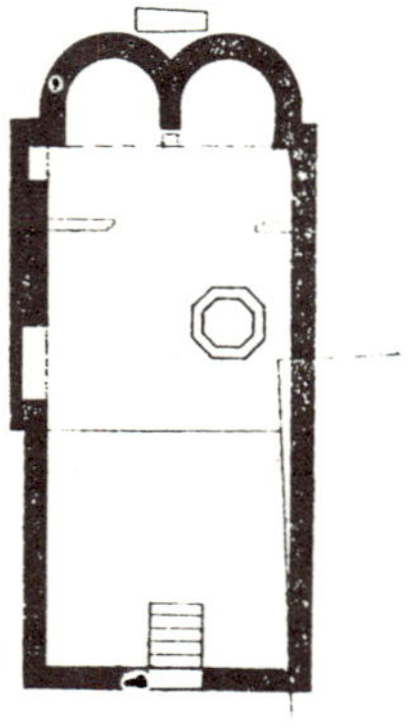

Der Typus mit doppeltem Umfang bei der Kirche S. Sophia ruft den eines großen und sehr reichen, fast gleichzeitigen omeyyadischen Monumentes ins Gedächtnis, des Kubbet-es-Sakhra von Jerusalem; offensichtlich leiten sich die beiden Bauten von byzantinischen Vorbildern ab. In der Kirche von Benevent sieht jedoch der sternförmige, mit den drei gebogenen Apsiden verbundene Umgang wie eine ureigenste Schöpfung langobardischer Baumeister aus.

Diese spätlangobardischen Denkmäler bedeuten auch einen wichtigen Schritt in Richtung auf ein neues Raumgefühl. Wir haben schon bei den Kirchen in Spoleto beobachtet, daß in der zweiten Phase des hochmittelalterlichen Stiles anstelle der Freude an den weiten, vornehmen und hellen Räumen der römischen und protobyzantinischen Zeit eine Neigung trat, engere Räume durch vorstehende Mauerpartien und mit Licht und Schatten zu beleben.

Einige Kirchen des 8. Jahrhunderts und besonders die charaktervollsten Schöpfungen (Cividale und Benevent) bedeuten einen weiteren Schritt in der Herausarbeitung eines immer größer werdenden Gegensatzes; die Räume scheinen gegliedert und in ihnen mischen sich in großer Zahl große und kleine Säulen, so daß auf den Wänden und Säulenstellungen jähe Lichteffekte in einem diffusen Halbschatten erzielt werden, von dem ein Gefühl der Fremdheit und des Geheimnisses ausgeht.

Außen ersetzt man das alte, einfache und in sich geschlossene Mauerwerk durch verschieden zusammengefügte Bauteile, wodurch neue und lange gültig bleibende Werte zum Durchbruch kommen. Diese neue Form fand ihre Zusammenfassung in den Fassadentürmen der ersten karolingischen Denkmäler, die in Verbindung mit »Basiliken mit Vierungskuppel« die edelsten Werke mittelalterlicher Monumentalität vorbereiteten.

Die kleineren Kirchen in Norditalien

Außer den prachtvollen Bauten wurden im 8. Jahrhundert auch Kirchen von an sich geringerer Bedeutung errichtet, die aber doch bei dem Stand unserer dürftigen Kenntnis wertvoll sind. In Collegno bei Turin wurde wahrscheinlich im 8. Jahrhundert das Schiff neu aufgebaut und anstelle der Säulen gemauerte Pfeiler mit hufeisenförmigen Bögen errichtet, die heute noch vorhanden sind.

Collegno II

Insel Comacina

Auf der Insel Comacina wurde im Schloß eine kleine Kirche mit nur einem Schiff und Zwillings-Apsidiolen von hufeisenförmigem Grundriß errichtet. Ein bescheidener Mosaikfußboden schmückte die kleine Kapelle. Die kleine Insel war damals von größter militärischer Bedeutung.

Dekorative »langobardische« Bildhauerkunst

Die Bildhauerkunst Norditaliens hat uns in den Reliefs zahlreiche und hervorragende Zeugnisse hinterlassen. Nur in Ausnahmefällen kommen Personendarstellungen auf diesen kirchlichen Gerätschaften vor.

Cividale, Altar des Ratchis

Auf dem Altar des Ratchis in Cividale (später ab 744 König) finden wir auf der Vorderseite Christus zwischen zwei Cherubinen im »himmlischen Ovalfeld«, das von vier schwebenden Engeln gehalten wird, und auf den beiden Seiten die Heimsuchung und die Anbetung

Pentateuch von Ashburnham. Blatt 25: Jakob und Esau. Pergament mit Deckfarben. 37 × 32 cm. Paris, Bibliothèque Nationale (Nouv. Acq. Lat. 2334, Folio 25). Vgl. Seite 235f.

INVIGILIA NATALIS

der Weisen. Die Bildhauer dieses Werkes hatte jedoch nicht nur kein Interesse für die menschliche Gestalt, sondern war überhaupt nur ein mittelmäßiger Künstler und nicht imstande, seinem Primitivismus wirkliche künstlerische Akzente abzugewinnen.

Die anderen Werke der »ornamentalen« Bildhauerkunst finden sich in kulturellen Mittelpunkten des langobardischen Italiens, d.h. dort, wo die Herzöge und Könige ihren Sitz hatten, und sind oftmals von größtem Interesse.

Die Chronologie ist durch Inschriften ziemlich sicher und die Liste der wichtigsten Monumente folgt hier:

S. Giorgio in Valpolicella, Ciborium (um 722)

Vier kleine Bögen mit gedrungenen Säulen für das Ciborium, eine plumpe Arbeit, datiert durch die König Liutprand (712–743) und Bischof Domenikus (gest. 712) erwähnende Inschrift. Die Dekoration besteht in den Archivolten aus einem einfachen Rankenmuster und am Gesims aus S-förmigen Voluten.

Pavia, Sarkophag der Theodota (gest. 720)

Zwischen sehr feinen Friesen aus paarweise angeordnetem »Weinlaub und Trauben« sind an den Längsseiten zwei einem Kantharos gegenüberstehende Pfauen auf der einen und zwei einem »Lebensbaum« zugewandte Fabeltiere auf der anderen dargestellt. Am Kopfende ist ein kreuztragendes Lamm.

Cividale, Bögen des Baptisteriums

FIG. 75

Bögen des Ciboriums über dem Taufbecken (712–743). Sie wurden durch den Patriarchen Callistus zur Zeit des Königs Liutprand gearbeitet, wie die obere Inschrift angibt; die Säulen haben gleiche Kapitelle wie die des Tempietto. Um die Archivolte laufen Rankenmuster mit verschiedenen Motiven in den Biegungen. Zwei stellen einen gebogenen Rebzweig dar, aus dem einzelne Trauben oder Blätter oder Blumen aller Arten herauswachsen. Drei weitere Ranken haben einen Stengel aus »ineinandergeschobenen Füllhörnern« und in den Biegungen der einen erscheinen zwei zusammengewachsene Blätter, bei der zweiten »Traube und Weinblätter«, bei der dritten abwechselnd Blätter und einzelne Trauben.

Der sechste Bogen ist von einem Flechtwerk überzogen, das zur Hälfte von einem Band aus vier Leisten, zur anderen aus einem geperlten Band gebildet wird. Ähnliches Flechtwerk aus Perlbändern schmückt die Kanten der verschieden geformten Giebelfelder.

Mailand,

Die Fragmente von S. Maria d'Aurona in Mailand (8. Jahrhundert)

Sacramentarium von Godescalc, Lebensquell. Deckfarben und Gold auf Pergament. 30,5 mal 21 cm. Paris, Bibliothèque Nationale (Nouv. Acq. Lat. 1203, Folio 3). Vgl. Seite 236

wurden 1868 während einiger Abbrucharbeiten und Grabungen in der Zone gefunden, wo das Kloster stand, vermischt mit einigen Kapitellfragmenten des 6. Jahrhunderts und sehr schönen Pilasterkapitellen vom Ende des 11. Jahrhunderts. In das Jahr 735 etwa gehören ein Kapitell einer kräftigen Lisene mit einem edelsteingeschmückten Kreuz und Ranken aus »Füllhörnern und Blattwerk«, kleine Pilaster der Ikonostase, die geschmückt sind mit zwei symmetrischen Wellenlinien, welche kräftige paarweise angeordnete Blätter oder Trauben mit Spiralen einschließen, und außerdem Bruchstücke von geringerer Bedeutung. Diese sind, obwohl wirklich bescheiden, wegen der dekorativen Muster besonders interessant: Ranken mit herzförmigen Blättern, gewundene Bänder mit dazwischen eingeschobenen Kügelchen, abstrakte Zusammenstellungen von Spiralen, Voluten, Lanzen und kleinen Trauben.

S. Maria d'Aurona (um 735)

Das erhaltene Bruchstück hat S-förmige Ornamente und Trauben, wie die im Tempietto von Cividale. Im Dommuseum sind außerdem zwei etwas plumpe, aber wegen ihrer Darstellungen bemerkenswerte große Reliefplatten. Eine hat innerhalb eines Randes von Blattwerk ein Feld mit einem Kreuz und verschiedenen Tieren: zwei Hirsche, zwei Löwen, zwei Pfauen. Die andere hat in einer Umrahmung von Ranken, die aus »Füllhörnern und Blattwerk« bestehen, abwechselnd Felder mit Rosetten und Tieren.

Modena, Dom. Inschrift des Bischofs Lopicenus (gest. 750)

Reliefs, jetzt im danebenliegenden Museo Cristiano (um 735). Berühmt ist das Tympanon mit dem Pfauen zwischen Ranken, die in gezackten Blättchen oder Trauben enden; unten läuft ein reich und sorgfältig gearbeiteter Streifen mit dynamischem Flechtwerk über konzentrischen Kreisen nach irischer Art. Andere Stücke zeigen nur einfache verflochtene Kreise.

Brescia, S. Salvatore

ABB. SEITE 194

Diese am Taufbecken wiederverwendeten Marmorstücke wurden, wie die Inschrift angibt, auf Veranlassung Sigwalts, des Patriarchen von 764–786, gearbeitet. Eine ist noch ganz erhalten und hat eine Vielfalt von Motiven: die vier Evangelistensymbole innerhalb von Kreisen mit einem Rahmen herzförmiger Blätter, ein Kreuz zwischen zwei Leuchtern, zwei dem Lebensbaum zugewandte Greifen. Eine zweite Platte setzt sich aus zwei Bruchstücken zusammen. Das erste ist mit einer stilisierten Rosette geschmückt, das zweite mit zwei christlichen Symbolen und darunter, abgetrennt, zwei mit dem »Lebensbaum« geschmückte Felder. Ursprünglich umfaßte das Ganze also acht durch Flechtbänder voneinander getrennte Felder. Der oberste Streifen besteht aus einem dynamischen Flechtmuster germanischen Stiles.

Cividale, Relieftafeln des Sigwalt (764–786)

Die Untersuchung der langobardischen Bildhauerarbeiten des 8. Jahr-

Einflüsse

hunderts ermöglicht es, deren beide wichtigste Quellen zu erkennen.

Byzanz

Die erste ist natürlich Byzanz. Von dort stammen viele Elemente des dekorativen und symbolischen Bilderschatzes des 6. Jahrhunderts, und ihre Vorbilder findet man in Ravenna; Streifen von einander gegenübergestellten S (Mosaik des Baptisteriums der Orthodoxen), der Kantharos, das Kreuz, das »Christusmonogramm«, mystische und ornamentale Tiere. Diese letzteren erinnern an byzantinische Ambone des 6. Jahrhunderts, wo ähnliche neben Tauben, Pfauen und Hirschen vorkommen. Aber das lebhaftere Motiv der Ranken mit doppeltem dünnem Stengel, der ein Blatt mit einer Traube einschließt, hat keine so alte Tradition und man findet es genau in unserem 8. Jahrhundert auch in der omeyyadischen Kunst, die sich bekanntermaßen eng an das Byzantinische anschließt: ziselierte Bronzeplatten an den Balken der Kubbet-es-Sakhra in Jerusalem, Stuckarbeiten in dem Palast von Khirbat al Mafjar usw., und im Holzmimbar des 8. Jahrhunderts in der Kairuan-Moschee. Wenn unsere Kenntnisse der byzantinischen Kunst des 8. Jahrhunderts, die heute gering (um nicht zu sagen, fast nicht vorhanden) sind, eines Tages genauer sein werden, wird man gewiß auch wichtige Beispiele auf griechischem oder kleinasiatischem Boden finden. Die besondere Feinheit in der Linienführung, welche die besten Stücke auszeichnet, wie z. B. den Sarkophag der Theodota, die Bögen von Cividale und die à jour gearbeiteten Stuckranken des Tempietto, muß sicher von der byzantinischen Kunst des 8. Jahrhunderts beeinflußt worden sein. Auch das im Westen so häufige »Rankenmuster aus ineinandergeschobenen Füllhörnern« hat Entsprechungen in der byzantinischen Welt, z. B. in der Panagia von Antalya.

Herkunft aus der germanischen Volkskunst

Aus dem Schatz der germanischen Kunst wurden dagegen die Tiere genommen, die absichtlich ein rohes und wildes Aussehen haben, manchmal phantastisch, manchmal »realistisch« sind (Löwen, Drachen, Schlangen), und auch die Ornamente im nordischen Stil: Geflecht aus Perlenbändern (sicher Erfindungen der germanisch-skandinavischen Kunst) und dynamisches Flechtwerk im allgemeinen, wie der Rand der Schranke des Sigwalt in Cividale, und der der Brüstungsplatte mit dem Pfauen in Brescia.

Wenn man sich auch das dynamische Flechtwerk mit »breaks« aus

Kreuzigung. Pergament, 22,5 × 28,5 cm. Würzburg, Universitätsbibliothek (M. p. th. f. 69 [f. 7 recto]). Vgl. Seite 237

Stuck im langobardischen Tempietto und das der Archivolten von S. Salvatore in Brescia vor Augen hält, kann man daraus schließen, daß im Laufe des 8. Jahrhunderts im langobardischen Italien manche volkstümlichen germanischen Motive von den kleinen ornamentalen Gegenständen auf die monumentale Kunst übertragen wurden. Es fehlt jedoch die Tierflechtornamentik.

Die »langobardische« Malerei
Das Problem von St. Proculus in Naturns (Vintschgau)

Die kleine, nur einschiffige Kirche St. Proculus in Naturns bewahrt Reste von sehr merkwürdigen Malereien. Auf dem Triumphbogen sind zwei auf den Seiten der Apsis gemalte Engel mit einem Kreuz in der Hand, die weiße Mäntel mit schwarzen Streifen tragen. Die Ikonographie ist deutlich byzantinischen Ursprungs.

ABB. SEITE 195

Auf der südlichen Wand sind drei nur in Bruchstücken erhaltene Fresken, von denen nur das mittlere gedeutet wurde; es soll Paulus darstellen, wie er aus Damaskus an einem von der Umfassungsmauer heruntergeworfenen Strick flieht (Apostel IX, 25). Den außergewöhnlichen Stil hat man mit der irischen Kunst und besonders mit dem Evangeliar von Cuthbrecht (um 800) verglichen und den linearen Farbstil erkannt, der kräftige Umrisse und sehr flächige Farben bei der Haut und den Architekturen, farbige Streifen bei den Gewändern verwendet. Besondere Erwähnung verdient die »perspektivische« Wiedergabe von Damaskus, die durch die Darstellung eines auf den Hintergrund projizierten Daches erreicht wurde und in einem merkwürdigen Fensterausschnitt enthalten war, einem gelben mit schwarzen Punkten belebten Rahmen, der in »sofalehnenartigen« Voluten endet. An der Unterseite des Triumphbogens sind Spuren von betenden Engeln, die denen an einem Reliefstreifen von Ventimiglia (um 800) ähnlich sind.

In Wirklichkeit ist die herkömmliche Datierung (um 800) und selbst die stilistische Bestimmung nicht sicher. Der niedrige Streifen mit dem bunten perspektivischen Mäanderband findet Entsprechungen eher in ottonischer und romanischer Zeit und außerdem scheinen die weit geöffneten Augen auf byzantinische Einflüsse des 7. und 8. Jahrhunderts zurückzugehen. Es entsteht also der durch die verhältnismäßig fortgeschrittene Gewanddrapierungen (Halsausschnitt der dritten Figur links in der Frauengruppe) bestärkte Zweifel, ob es sich nicht um ein Werk der Volkskunst aus der späteren ottonischen, wenn nicht sogar romanischen Zeit handelt; auch der obere Streifen mit geschlossenen, im Schnittpunkt der Flechtbänder angebrachten Vierecken scheint ein volkstümliches Spätwerk.

Münster St. Johann

Einen ganz anderen und der Zeit entsprechenden Charakter haben die Fresken von Münster in Graubünden, die nun wirklich um 800 entstanden sind. Ihre Behandlung liegt außerhalb der zeitlichen Begrenzung unseres Themas, aber es möge uns erlaubt sein, sie nicht nur zu erwähnen, sondern auf die Ähnlichkeit im Aufbau mit dem von Castelseprio und auf die Besonderheiten der typisch karolingischen Ikonographie hinzuweisen.

Gallien im 8. Jahrhundert

Gallien sah im 8. Jahrhundert die karolingische Dynastie aufsteigen und ihren Höhepunkt erreichen.

Einstmals große Grundbesitzer in den Ardennen und Brabant (zwei von ihnen, Landen und Herstal, gaben den Familienmitgliedern ihren Namen) fanden diese Nachkommen Arnulfs von Metz und Pippins von Landen ihre erste große Bewährung 687. Pippin II. schlug in diesem Jahr an der Spitze der austrischen Franken jene aus Neustrien und übernahm, nunmehr Herrscher des Palastes ohne Opposition, die schon königliche Aufgabe, Frankreich gegen Angriffe von außen zu verteidigen. Er wehrte unter anderem die Friesen von Utrecht ab und setzte dort den Engländer Willibrord (dessen Evangeliar wir bewundert haben) für missionarische Werke ein.

Bei seinem Tod 714 ging die Macht auf Karl Martell, einen illegitimen Sohn, über, welcher der Dynastie den Namen gab, und das vom Vater begonnene Werk vollendete, indem er die Grenzen über den Rhein hinaus ausdehnte; in der Missionsarbeit wurde er von einem zweiten Engländer, St. Bonifatius, unterstützt.

Karl Martell in Poitiers

Es waren jedoch seine heroische Kraft und Tapferkeit, die Karl Martell in die Geschichte eingehen ließen. Die 732 geschlagene und gewonnene Schlacht in den Vororten von Poitiers hatte vielleicht nicht die von den Chronisten gerühmten Ausmaße und die vernichteten Araber waren vielleicht nur eine Schar von Plünderern, aber sie fand doch ein bemerkenswertes lokales Echo und gewann Bedeutung innerhalb der Bemühungen Karl Martells, das Vordringen der Araber im südwestlichen Frankreich aufzuhalten.

Der Erfolg seiner Verteidigung gegen den Islam, welcher für die ganze westliche Christenheiten ein Albdruck war, trug jedenfalls sehr zum Ansehen Karl Martells bei, so daß er keine Gegner fand, als er 751 die merowingische Dynastie stürzte.

Verfall der Merowinger

Die Herrscher waren seit Dagobert geistig schwach und körperlich mit Erbkrankheiten belastet (von 690–715 hatte kein König das Man-

Zierblatt. Pergament, 21,5 × 32 cm. Würzburg, Universitätsbibliothek (M. p. th. f. 67 [f. 2 recto]).
Vgl. Seite 237

Das vielgestaltige Wort. Symbol der vier Evangelisten in einem frühkarolingischen Evangeliar. Miniatur auf Pergament. Höhe 26 cm, Breite 23 cm. Trier, Domschatz. (Cod. 61, Folio 5 verso).

Vgl. Seite 237

nesalter erreicht) und hatten so zum großen Teil ihre Autorität verloren. In der Zeit, da die königliche Macht fehlte, hatten einige Provinzen sich unabhängig gemacht, z.B. war Aquitanien von 675–680 ein eigenes Herzogtum geworden.

Ende der merowingischen Dynastie

Es war so 751 für Karl Martell nicht schwer, den letzten Herrscher Childerich III. abzusetzen und zusammen mit seinem Sohn nach vorherigem schmachvollen Abschneiden der Haare in der Abtei St. Bertin gefangen zu setzen.

Aufstieg der Karolinger

Kaiserkrönung

Der Aufstieg der Dynastie setzte sich fort mit der Krönung Karl Martells (754), mit den siegreichen Feldzügen Karls des Großen gegen die Sachsen und Langobarden, mit seiner triumphalen Fahrt nach Rom im Jahre 774, die für ihn mit dem Aufsetzen der Kaiserkrone in der Weihnachtsnacht des Jahres 800 in St. Peter – wobei die Formel für die byzantinischen Kaiser angewandt wurde – ihren Abschluß fand.

Verschmelzung Galliens

Zu dem wachsenden Ansehen kam die Verschmelzung des Reiches; Aquitanien z.B. wurde in verschiedenen Feldzügen von 760–768 durch Pippin den Kurzen zurückerobert und nach der Übergabe von Saintes neu gegliedert, das Germanien der Sachsen durch Karl den Großen von 778 bis 804 unterworfen. Auch die unterschiedliche und verwickelte Gesetzgebung, denn jedes Volk hatte sein eigenes Recht, wurde Gegenstand der einsichtsvollen Umarbeitungen, die in den »Kapitulanen« zum Ausdruck kamen.

Die protokarolingische Architektur

Das 8. Jahrhundert hat uns in Frankreich und in Westdeutschland keine wirklich monumentalen Werke hinterlassen. Die wichtigsten in den letzten Jahrzehnten errichteten Bauten sind zerstört und die einzigen Zeugnisse davon geben Ausgrabungen, Beschreibungen und einige unsichere Zeichnungen.

Die berühmte Abteikirche St. Denis war von König Dagobert II. gegen 630 errichtet und von Pippin dem Kurzen um 750 wieder aufgebaut worden. Der Grundriß mit drei Schiffen auf Säulen, Apsis und einem sehr geräumigen Querschiff wurde beibehalten. Gegen die Fassade hin stand vielleicht ein weniger als 3 m breiter, sehr schmaler Säulenhof oder Narthex. An der Vorderseite befand sich außen ein Turm, der unklugerweise im 9. Jahrhundert von Wilhelm dem Eroberer erhöht (oder wiederaufgebaut) wurde und einstürzte.

Die Säulen ruhen auf großen, mit Relief verzierten Basen. Eine von Viollet le Duc entdeckte zeigt kräftige Blätter und Trauben, eine andere von Mac Crosby gefundene vierblättrige Rosetten und flache

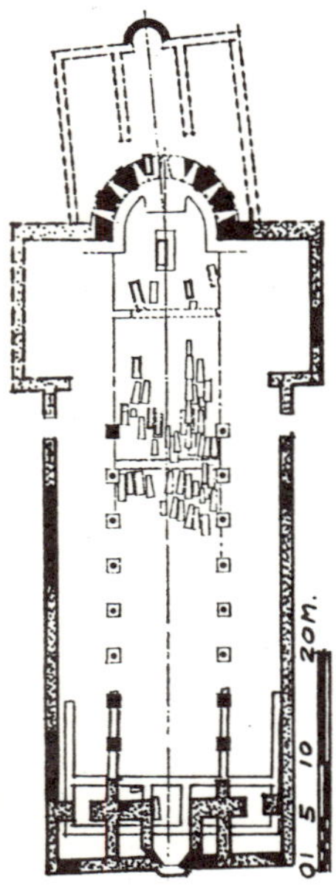

Fig. 80 – St. Denis. Plan der Ausgrabung

Blüten. Ein von Formigé ausgegrabenes Kapitell hat die Form eines umgekehrten Kegels mit großen Eckblättern in zartem Relief, zwei riesige flache Voluten und umlaufende Rosetten mit verflochtenen Margeriten.

Die »Krypta« von St. Laurent in Grenoble war wahrscheinlich eine Begräbniskapelle, denn der umliegende Bereich hat Gräber und Inschriften des 5. und 6. Jahrhunderts freigegeben. Der Bau ist noch in gutem Erhaltungszustand, aber die Restaurierungsarbeiten von 1848 bis 1854 haben ihn kostbarer Teile beraubt, die in den alten Bestandsaufnahmen des Architekten P. Manguin erscheinen; es handelte sich um Rankenmuster aus Stuck, auf einem der besseren Haftung wegen gerillten Untergrund.

Grenoble, St. Laurent

B.A. 3

Der Grundriß bildet ein Rechteck mit vier herausragenden Nischen in Form eines lateinischen Kreuzes. Der Zugang erfolgte über zwei seitliche Eingänge, die heute mit Treppen versehen sind.

Die Decke ist tonnengewölbt und von kleinen Säulen getragen. Diese zahlreichen, aber kleinen Stützen (20) waren das entscheidende Merkmal der Anlage. Um sie besonders aufwendig zu gestalten, versah sie der Architekt mit schweren Kämpfern über den Kapitellen und darüber legte er noch horizontale Steinplatten mit Unterbrechungen an den Apsiden und Türen.

Die Hauptapsis und das Tonnengewölbe setzten hoch oberhalb eines Widerlagers an. An der Vorderseite des Presbyteriums ist dieses Widerlager mit zwei Säulchen geschmückt, die eine zweite Reihe bilden.

Die Apsiden haben Gewölbe mit Lünetten, deren schwierige und seltene Konstruktion die Kunst der Baumeister zeigt: diese Wölbung war über einem Holzgerüst aufgeführt, dessen Spuren man noch sieht.

Die Kapitelle haben zart modellierte Blätter mit gewelltem Rand, kurze und stark verjüngte Blattranken und Rosetten in kräftigem Relief. Die Kämpfer sind geschmückt mit in Voluten endenden Kreuzen, Lämmern, Tauben und Ranken (letztere erinnern an die »langobardischen« mit den ineinandergeschobenen Füllhörnern), die aus geriefelten Henkelgefäßen aufwachsen.

Wenn auch das ganze ornamentale Repertoire einerseits noch wegen der »symbolischen« und byzantinischen Anklänge (Tauben, Kreuze, Vasen, Ranken) und wegen der noch weichen Behandlung des Blattwerks und der Rosetten den Stil des 8. Jahrhunderts verrät, so bietet es andererseits schon karolingische Merkmale, z. B. die kräftigen und kurzen Blattranken und verschiedene Einzelheiten, die sich von denen der Kirche in Germigny de Près (um 800) kaum unterscheiden.

Auch die eigenartige Anhäufung von kleinen Säulen und Gewölben

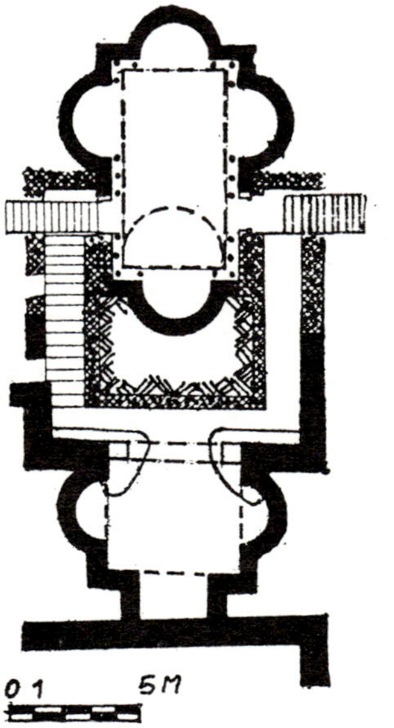

Fig. 81 – St. Laurent, Grenoble. Kapelle mit Grabungsbefund

Fig. 82 – Poitiers, Baptisterium mit Grabungsbefund ▶

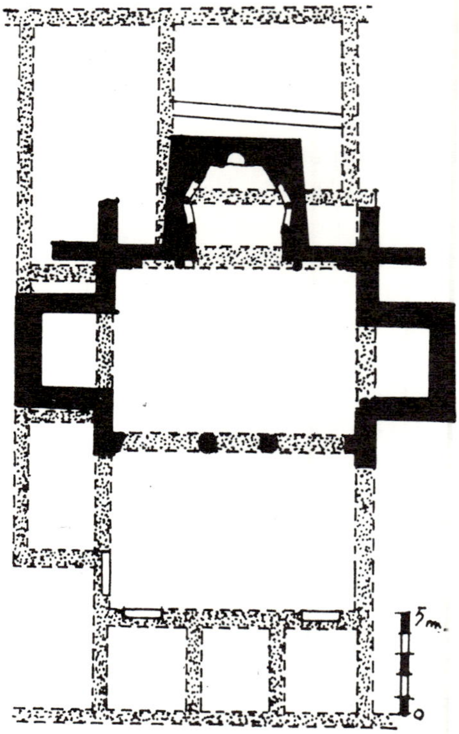

entspricht dem frühkarolingischen Stil. Eine Datierung innerhalb des letzten Viertels des 8. Jahrhunderts, wie schon von meinem Freund Hubert vorgeschlagen, ist die wahrscheinlichste.

Kürzlich erfolgte Grabungen haben die Reste einer älteren und geräumigeren »Memoria« mit kleeblattförmigem Presbyterium im Westen des heutigen Bauwerks freigelegt.

Poitiers, Baptisterium

Ein weiteres französisches Baudenkmal, dessen interessantesten Teil ich in das 8. Jahrhundert datieren würde, ist das Baptisterium von Poitiers. Vor dem heutigen Bau stand schon ein anderer aus der Anfangszeit des Christentums, der bei den Ausgrabungen von 1890–1897 freigelegt wurde. Zum Vorschein kamen die Grundmauern einer Art Vorhalle, geteilt in drei kleine Räume, und man stellte fest, daß der untere Teil der Mauern in dem jetzigen Raum mit dem Taufbecken noch ein Rest des alten Gebäudes war.

In der ersten Bauphase lag vor dem Raum für das Taufbecken ein

Evangeliar von Cuthbrecht. Pergament, 310 × 238 mm. Wien, Österreichische Nationalbibliothek (Cod. 1224, Folio 71 verso). Vgl. Seite 240

Initiu
euan
geli
ihu
xpi
fili
di

anderer, offensichtlich ein Nebengelaß für die Katechumenen. Das ursprüngliche achteckige Becken zum Untertauchen wurde 1803 freigelegt und ist heute zu sehen.

Das hochmittelalterliche Bauwerk entwickelte sich nur in dem Taufraum durch die Hinzufügung zweier seitlicher (vielleicht rechteckiger, jetzt halbkreisförmig erneuerter) Apsidiolen, durch eine innen polygonale, außen trapezförmige Apsis im Osten und durch Stützpfeiler B.A. 12 in den Ecken. Der obere Teil wurde aufgestockt und »ex novo« prachtvoll gestaltet.

Die Mauern dieser hochmittelalterlichen Anlage verraten in der Tat außerordentliche Raffinesse. An den beiden Fassaden im Osten und Westen unterbrechen in Höhe der Fenster Ziegelreihen diejenigen aus Kalkstein, an den Giebelschrägen wechseln Halbkreise aus Stein mit Vierpässen aus gebranntem Ton ab und weitere Stücke gebrannten Tons sind hier und da zur Dekoration verwendet.

Der ornamentale Schmuck ist reich an sehr sorgfältig mit dem Meißel gearbeiteten Reliefs: in der Fensterzone befinden sich niedrige Lisenen, über denen ein Gesims mit abwechselnd halbkreis- und »mitraförmigen« Giebelfeldern läuft; an den großen Ost- und Westgiebeln gibt es weitere dreieckige Felder und eine Art Ädikula, alles reich mit Ornamenten verziert.

Das Innere ist schon nach karolingischer Art wie in Germigny de Près (um 800) angelegt mit einer freien Folge von Blendbögen und bogenförmigen Öffnungen, Bögen und Apsiden, bereichert durch Spoliensäulen an den Ansätzen und durch Gesimsstreifen, die sich der ver-B.A. 1 schiedenen Höhe der Säulen anpassen. Blendbögen auf kleinen Säulen schmücken auch das Innere der Apsis.

Im oberen Teil sind die Bogenfenster durch einen Gesimsstreifen vereint und zwischen je zwei Fensteröffnungen befindet sich ein dreieckiges Giebelfeld, so daß sich ein der Außenseite entgegengesetzter Rhythmus ergibt.

Man kann neben den römischen oder hochmittelalterlichen Spolienkapitellen einige gleichartige bemerken, die eigens für den Bau angefertigt worden sind; es sind die der kleinen oberen Arkaden innen, die einigen Stuckkapitellen in Germigny de Près ähnlich sehen; sie weisen an den Ecken breite Blätter mit eingeschnittenem Rand und einer leicht modellierten Oberfläche sowie feine korinthische Blattranken auf; in der Mitte des Abakus ist ein mit kleinen vertikalen Zungen geschmückter Würfel. Von ähnlicher Art sind die Marmorkapitelle in den Ecken des kleinen Raumes und die Kompositkapitelle mit spiralförmigen Voluten der die größere Apsis flankierenden Säulen.

In dem Repertoire der architektonischen Ornamente kündigt sich bereits die karolingische »renovatio« an: man bereichert die Gesimse des Hauptraumes und der beiden Seitenkapellen, das halbrunde Tympanon in der Mitte der östlichen und westlichen Blendgalerien mit kleinen Konsolen, die dreieckigen seitlichen Giebelfelder der gleichen Galerie und die Kalksteinkapitelle der oberen Bogenstellung im Inneren mit Perlstäben. Zwischen diese Motive römischer Erfindung mischen sich andere, schon ausdrücklich karolingische: vielblättrige Margeriten in Kreisen (sechsspeichige Räder aus Kreisbögen) mit dreilappigen Blättern in den Ecken; ein Repertoire ähnlicher Art kann man auf den Stuckfragmenten von Malles, Disentis oder Germigny de Près wiederfinden.
Aufgrund dieser Motive, und wenn man darüber hinaus das Vorhandensein einiger Anklänge an Tierornamentik berücksichtigt, empfiehlt sich eine Datierung um die Mitte des 8. Jahrhunderts.
Der ungewöhnlich reiche Schmuck des Äußeren in Verbindung mit den hinzugefügten drei Apsidiolen führt aber zu der Vermutung, ob der Bau im 8. Jahrhundert nicht als »himmlisches Jerusalem« mit Altären für die drei Erzengel gedacht war.
Es besteht auch die Möglichkeit, daß die heutigen romanischen Fresken andere, ältere wiederholen, die die Apokalypse mit Christus zwischen den Engeln, den Greisen und den vier Rittern darstellten. Auch im Baptisterium von Novara sind kürzlich romanische Fresken mit der Darstellung der Apokalypse gefunden worden.

Lorsch

ABB. SEITE 198

Die erste Gründung des Klosters fand 763 durch den Grafen Cancor statt und umfaßte eine Saalkirche mit rechteckigem Presbyterium und einen Kreuzgang, der von Räumen für die Mönche umgeben war.

Gründung

Die zweite wichtige und reiche Gründung fand in den Jahren 772–773, im Zusammenhang mit großen Schenkungen, auf Wunsch Karls des Großen statt. Die neue Kirche entstand etwa 600 m von der alten entfernt und wurde 774 geweiht. Von 784 bis 804 errichtete Abt Richbod den Kreuzgang, die Umfassungsmauer des Klosters und die »ecclesia triplex«. Von 876 bis 882 wurde das Mausoleum hinter der Apsis erbaut, in welchem Ludwig der Deutsche bestattet wurde; in den Jahren 951–972 deckte Abt Gerbod das »paradisum totum« mit Blei und baute die »Kanzeln« vor den Türen des »Paradieses«.
Gegenwärtig haben sich noch einige Spuren der Kirche, des »Westwerks« und der ebenfalls mit einem Turm versehenen Vorkirche erhalten, aber es herrscht Unsicherheit über die Anlage im einzelnen und die Zeitstellung (man weiß nur, daß das Presbyterium dem des Klosters von 763 ähnlich ist).

Kapelle St. Michael

Das Interesse der Wissenschaft richtet sich hauptsächlich auf die Kapelle des hl. Michael in dem langen vorderen Säulenhof. Sie war ursprünglich im unteren Stockwerk mit drei großen Arkaden auf jeder Seite geöffnet, so daß ein dreifacher Durchgang entstand; im ersten Stock ist ein rechteckiger Raum, zu dem man durch zwei seitliche Wendeltreppen gelangte.

Der äußere Schmuck ist besonders schön; von einem Hintergrund zweifarbiger Steine, die sorgfältig zu Mustern zusammengesetzt sind, heben sich zwei architektonische Gliederungen ab; die untere hat Halbsäulen mit Kompositkapitellen, bei denen die Behandlung der Blätter ähnlich ist wie an den Basen von St. Denis. Darüber läuft anstelle des Gebälks ein Streifen mit Blattwerk von ähnlicher Zeichnung wie jenes an dem karolingischen Flabellum Carrand in Florenz. Die obere Gliederung besteht an jeder Fassade aus neuen kleinen »mitraförmigen« Bögen auf Lisenen, die bis zur Mitte kanneliert sind und jonische Kapitelle mit zwei Streifen aus flachem Eierstab tragen. In der oberen Kapelle waren ursprünglich gemalte Architekturen: Lisenen auf einem hohen Sockel und hohes, in Streifen gegliedertes Gebälk. Die sehr große Feinheit der äußeren Dekoration läßt an einen Bau aus dem Kreis des »himmlischen Jerusalem« und besonders an eine Kapelle für den Engelkult denken, wie auch aus der Weihung an St. Michael und aus der Lage des Oratoriums im Obergeschoß hervorgeht. Wir haben schon auf die bekannte Tatsache hingewiesen, daß, da die Engel im himmlischen Bereich leben, sie ihre Kulträume auf Bergen, oder, wenn diese fehlten, im obersten Stock der Kirchen hatten. Die genaue liturgische Bedeutung des zwischen den langen Säulengängen des »Paradieses« gelegenen Gebäudes können wir nicht sicher feststellen; war es ein Abbild des »himmlischen Jerusalem« oder stellte es dessen von St. Michael bewachte Pforte dar? Oder war es nur eine Kapelle an erhöhtem Ort für ihn oder alle drei Erzengel?

Eine Zuweisung an das letzte Viertel des 8. Jahrhunderts scheint sich immerhin aus der übereinstimmenden Aussage der stilistischen und liturgischen Merkmale zu ergeben.

Ursprung und Entwicklung des »Westwerks« im römischen Gebiet

Die Entwicklung der Kultanlagen im Westen fand zu Beginn des 9. Jahrhunderts ihren Abschluß, als die Altäre der Erzengel in einem massiven Turmbau vor der Kirche angeordnet wurden.

Der Plan von St. Gallen (um 820) zeigt uns die Altäre für die Erzengel auf der Spitze der Türme an der Fassade als Verteidiger der geistigen Festung, und die Translatio S. Adelphi bezeugt, daß kurz vor 899 in Remiremont die »*sacellum et altare archangeli Michaelis*« von außen in das Innere der Kirche verlegt wurden.

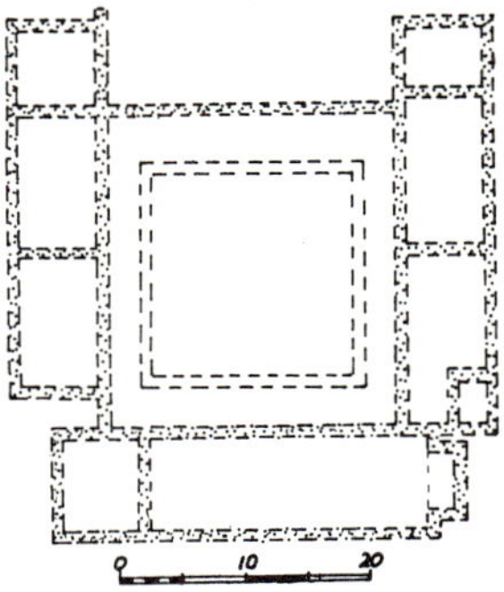

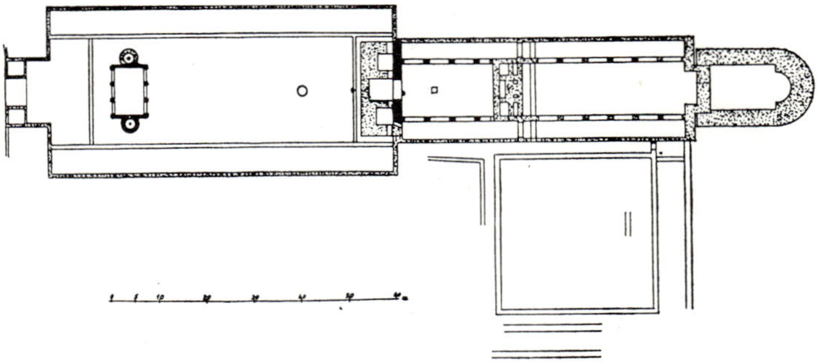

Fig. 83, 84 – Lorsch. Links: Plan der ersten, 763 gegründeten Abtei; rechts: Klosteranlage

Die Inschrift von Corvey (873-885) beweist schließlich, daß hier im 9. Jahrhundert das gesamte Westwerk als ein von den Engeln verteidigtes »himmlisches Jerusalem« (civitatem) angesehen wurde. Ein Malereifragment mit Apokalypsedarstellung wurde in diesem Bau gefunden (Heitz).

Die Architektur des 8. Jahrhunderts in der Schweiz

In der heute französischen Schweiz war die Tradition der einfachen Saalkirchen mit Apsis und zwei seitlichen Räumen noch lebendig.
Die erste Kirche in Romainmôtier war von diesem Typus, aber die Vorderseite der Apsis war durch zwei Mauerzüge und einen Bogen verengt wie bei S. Maria in Castelseprio und bei dem ersten Wiederaufbau des Presbyteriums am Dom von Mailand.
Wahrscheinlich geht dieser erste Bau auf das Kloster zurück, welches gegen 636 von Herzog Chramnelène mit aus Luxeuil herbeigerufenen Mönchen gegründet wurde.
Ein anderes, aber größeres Bauwerk von gleicher Form, das zusammen mit dem ersten unter der heutigen romanischen Kirche von A. Naef ausgegraben wurde, müßte jenes sein, das Papst Stefan II. 753 auf der Reise zu Pippin dem Kurzen geweiht hat.
Eine im Bau gefundene Platte des Ambons mit einem reichen, aus zwei Akanthusbüscheln aufwachsenden Kreuz (Endvoluten, vertikaler Akanthusstengel, Kreuzarme aus Bandwerk mit Kugeln) und einem sehr unregelmäßigen Rand entspricht in der Tat dem Stil der Mitte des 8. Jahrhunderts.

Saalkirchen mit zwei Apsiden

Die für das 8. Jahrhundert typische Anlage war jedoch die Saalkirche mit mehreren Apsiden, zweien oder dreien. Zwei eng miteinander verbundene Apsiden hatte die kleine unter S. Martino in Mendrisio ausgegrabene Kirche; der Grundriß der Nischen war von stark überdehnter Hufeisenform und ihre Tiefe zeigt, daß sie für die Geistlichen

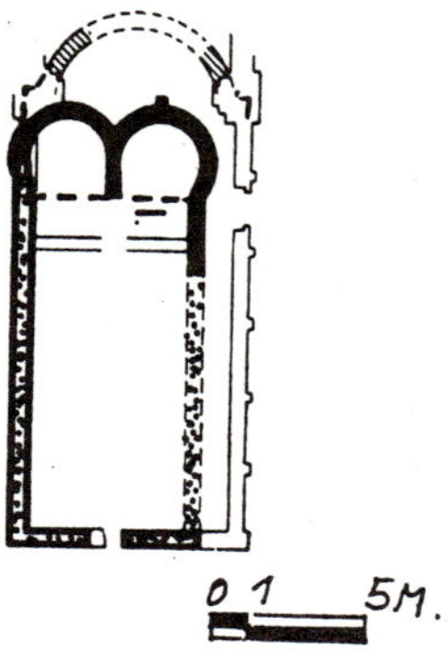

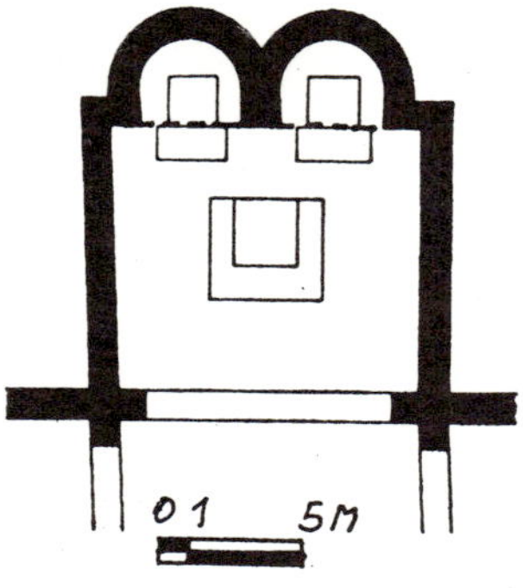

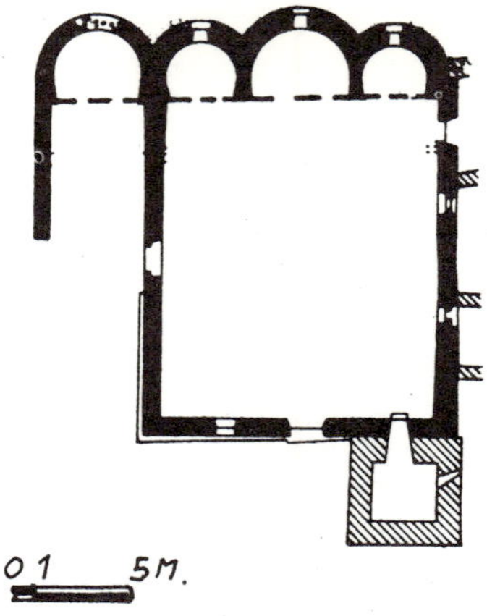

Fig. 85 – Mendrisio, S. Martino
Fig. 86 – Mittelzell auf der Insel Reichenau. Saalkirche
Fig. 87 – Müstail, St. Peter

und die Sänger bestimmt waren wie die herausragenden Presbyterien des 6. Jahrhunderts; die »schräge« Anordnung dieser Apsiden erklärt schließlich die tatsächliche Form der Apsiden von S. Salvatore in Brescia, über die die Ausgrabungen keine Gewißheit brachten. Eine weitere Saalkirche mit Zwillingsapsiden, vor 799, wurde in Mittelzell auf der Insel Reichenau ausgegraben.

Saalkirchen mit drei Apsiden

Viele Kirchen hatten dagegen drei Apsiden. Von denen, die heute noch stehen, ist St. Johann in Münster aus der Zeit um 800 mit einer von Blendbögen verzierten Außenseite die bedeutendste. Dieses wichtige Bauwerk liegt jenseits der uns gesetzten zeitlichen Grenze, aber möglicherweise sind weitere Analogien zu berücksichtigen: Zum Beispiel St. Peter in Müstail und die »Ecclesia Resurrectionis« in Schaffhausen.

Die Kirchen von Disentis

Der Komplex von Disentis, der aus zwei Saalkirchen mit drei Apsiden, St. Maria und St. Martin, und einer kleinen Kapelle (St. Peter) besteht, gehört gewiß dem 8. Jahrhundert an; denn alle drei sind schon in einer Schenkungsurkunde des Bischofs Tello von 766 erwähnt: *Tres ecclesiae sanctae Mariae . . . seu Santi Martini . . . seu Sancti Petri . . . constructas . . . in loco qui dicitur Desertina . . .*

Die drei Bauten wurden durch die Grabungen von 1906 freigelegt und unter St. Martin fanden sich die Reste einer früheren Kirche (622–670) mit Spuren einer runden Krypta (in welcher der Märtyrer Placidus begraben sein müßte) und viele Stuckfragmente.

Die unter dem Fußboden gefundenen Stuckfragmente wurden zum großen Teil gesammelt und werden in Kisten in einem Raum des

Fig. 88 – Kloster von Disentis

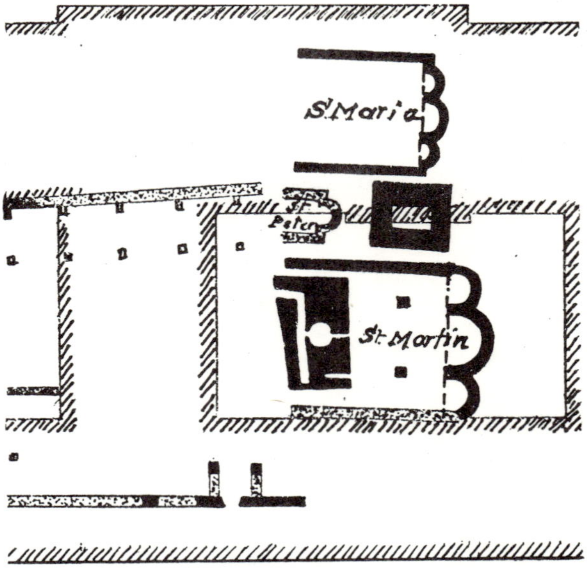

Klosters aufbewahrt. Mehr als siebzig Köpfe und zahlreiche Hände und außerdem Teile von Archivolten. Diese sind mit dreiteiligen Akanthusknöpfen, Pelten und Wolfszahn bemalt. Die Körper sind auch bemalt und an den Köpfen sind Haare und Lippen nur durch Bemalung, nicht aber modelliert, wiedergegeben.

Die Miniaturmalerei

Die für die Pracht des Hofes typische karolingische Miniaturmalerei gehört nicht mehr zu unserem Thema, so daß wir unsere Untersuchungen auf die sie vorbereitenden Strömungen und auf ein einziges protokarolingisches Manuskript mit Miniaturen, nämlich das Sacramentarium von Godescalc, beschränken müssen.

Das Sacramentarium von Gellone

ABB. SEITE 211

Das Sacramentarium von Gellone (Bibl. Nat. Lat. 12048) gehörte zum gleichnamigen Kloster, aber im Text wird mehrmals die Abtei von Rebais zitiert (Diözese von Meaux, Seine et Marne), die heute als der wahrscheinlichste Entstehungsort angesehen wird.

Die Buchstaben des Textes, Halbunzialen und Minuskeln des späten 8. Jahrhunderts unterscheiden sich von den bogigen, wie wir sie aus Luxeuil und aus der »oratio dominica« des Sacramentariums Gelasianum kennen, aber die sich auf die Anfangsbuchstaben beschränkende Ausschmückung hat sich weiter entwickelt. Wir finden, jeweils rot und grün auf gelben Hintergrund gemalt, Vögel und Fische, Schwäne mit langem Hals, Kaninchen, Enten, Wildschweine wieder; manchmal sind die Tierkörper bunt wie ein Orientteppich, aber doch mit einem Gefühl für die natürlichen Formen und mit einem bemerkenswerten »Humor« wiedergegeben; die Hunde schnappen, die schwarzen Adler erheben sich mit einem Lamm in ihren Krallen und einer Schlange

im Schnabel, ein Hahn scharrt und pickt; manchmal sind mehrere Fische zu einem Buchstaben zusammengefügt, aber in anderen Fällen sind sie individuell wiedergegeben, gepackt von einer Hand. Mit den Tiermotiven wechseln kleine heilige Figuren ab: Engel, Maria mit Kreuz und Räuchergefäß und auch das Kruzifix mit dem nur mit einem Lendentuch bedeckten Christus und die Evangelisten.

Einige Dinge scheinen vom Inselstil beeinflußt zu sein. Das Gewand der Maria ist mit »Key-patterns« bedeckt und manche Anfangsbuchstaben sind mit roten Pünktchen umrahmt; in der Hauptsache jedoch ist das Manuskript selbständig und könnte zwischen 750-790 datiert werden.

Pentateuch von Tours

ABB. SEITE 214

Eine besondere Behandlung verdient eine rätselhafte Handschrift, der sogenannte Pentateuch von Ashburnham (Bibl. Nat. Paris, N.A. 2334), der bis gegen 1842 in der Bibliothek von Tours aufbewahrt wurde; allgemein wird er einer spanischen oder nordafrikanischen Werkstatt zugewiesen und Nordfrankreich, wo er sich ursprünglich befand, gewöhnlich nicht in Betracht gezogen.

Die neunzehn ganzseitigen Miniaturen der Handschrift beschreiben manchmal nur eine einzige Begebenheit (so z.B. die beiden mit der Sintflut, Blatt 9) oder bilden einen Zyklus (von Adam und Eva bis zur Tötung Abels, Blatt 6), Jakob und Esau (Blatt 25), das Leben Josefs (Blatt 40 und 44) usw.

Die kräftigsten Farben sind oft für die Hintergründe flächig verwendet (purpurrot, grün, lila), während die Architekturen weiß gehalten sind, die schon »mittelalterlich« aussehenden Figuren sind in lebhafter Bewegung wiedergegeben; die Szenen sind ohne rechte Ordnung und lassen weder die Handlung der Personen, noch ihre Rangordnung unmittelbar erkennen; diesen fehlt der noch hellenistische Wohlklang in der Haltung, die manche byzantinischer Kunstwerke auszeichnet, aber auch die urtümliche Kraft, wie sie für die römische Kunst in Afrika typisch ist.

Manche Zyklen und perspektivisch gesehene Säulenbauten rufen die Miniaturen des Psalters von Utrecht ins Gedächtnis, und mit Recht ist die Meinung hervorgebracht worden, daß auch der »Pentateuch von Tours« sich von einem sehr alten, vielleicht hebräischen Vorbild ableitet; das wird nahegelegt durch Gegenüberstellungen des Textes mit dem »Mitraschim« und durch Übereinstimmungen mit den Ge-

Evangeliar von Kremsmünster. Pergament, 30 × 20 cm. Stift Kremsmünster. (Cim. I, Folio 110 recto). Vgl. Seite 240

mälden in der Synagoge von Dura, aber auch durch Besonderheiten der Bekleidung, wie die hohen weiblichen Frisuren, die denen aus Palmyra ähnlich sind.

Die Ausführung ist immerhin westlich und scheint ins späte 7. oder in das beginnende 8. Jahrhundert zu gehören. Die herzförmigen Blätter, die an den Ecken vom Rand abstehen, haben Entsprechungen in den protokarolingischen und (in viel komplizierteren Formen) in den Inselhandschriften, die Palaeografie des Textes ist aus großen Anfangsbuchstaben und Minuskeln von einem dem Karolingischen verwandten Typ gemischt.

Das Sacramentarium von Godescalc

ABB. SEITE 215

Das gut in das Jahr 781 datierte Sacramentarium von Godescalc genügt als Beispiel für den ganz neuen künstlerischen Geist der kulturellen Kreise am Hof Karls des Großen.

Zu Beginn der Handschrift ist der segnende Christus abgebildet; auf der Szene der »Fons vitae«, die von byzantinischen Vorbildern stammt, umgibt eine der Natur nachgebildete Fauna das von Gold glänzende Taufbecken. Ein Rahmen mit Arabesken und Vergoldungen faßt die Szene ein und verleiht ihr einen bisher nicht gekannten Reichtum und Adel.

Auf der Titelseite nimmt die Schrift den ganzen Raum innerhalb eines Rahmens aus zartem goldenem Flechtwerk ein. Der Einfluß der Insel zeigt sich klar in den großen, aus Leisten und Arabesken fein zusammengesetzten Buchstaben, aber hier herrscht ein größeres Format, eine größere Vornehmheit. Die Buchstaben haben keine ausgefallenen Formen, sondern ahmen römische Kapitale nach, die Farben sind nicht lebhaft und voller Kontraste, sondern fein abgestimmt; goldene und braune Töne haben sich von einem purpurfarbenen Grund ab.

Westgermanien. St. Bonifatius

Westgermanien, das schon weitgehend im Laufe des 7. Jahrhunderts zum Christentum bekehrt war, wurde dem neuen Glauben endgültig von St. Bonifatius gewonnen; dieser stammte aus Devonshire, kam 716 zu St. Willibrord nach Friesland und war bis zu seinem Tode (754) als geachteter Verfechter der römischen Kirche tätig. Wie aus seinen Briefen hervorgeht, bemühte er sich um eine große Anzahl geistlicher und weltlicher Bücher für seine missionarische und kulturelle Tätigkeit und wurde von anderen, ebenfalls von den Britischen Inseln stammenden Missionaren unterstützt.

Würzburg

In Würzburg gründeten der Ire Kilian (689) und der Angelsachse Burkhard (der 743 von St. Bonifatius gerufen wurde) Klöster, die lange bestanden und viele Handschriften sammelten. Manche von ihnen werden noch in der Universitätsbibliothek aufbewahrt, einige sind aufgeführt als »Scottice scripti«.

Manuskripte lokalen Stiles. Würzburg, M. p. th. f. 69

Die Manuskripte zeigen jedoch nicht den insularen Charakter, den wir erwarten könnten; auf der berühmtesten Handschrift, den Episteln des hl. Paulus (M.p.th.f. 12), hat die Kreuzigung alle Eigenschaften einer eigenständigen Schöpfung; wenn überhaupt, ist sie mit fränkischen verwandt. Der Bildtypus ist merkwürdig. Innerhalb eines Bogens ist der gekreuzigte Christus mit dem »colobium«, dem langen Gewand, dargestellt. Zu den Seiten sind die beiden Schächer kleiner und in ganz unwirklicher Weise wiedergegeben, zu den Füßen ist das Schiff der Kirche, von dem sich im Flug die Seelen der Auserwählten und (mit schwarzen Flügeln) Verdammten erheben. Der Bogen mit den Rosetten und die beiden Vögel auf den Kreuzarmen finden Vorläufer im Sacramentarium Gelasianum (7. Jahrhundert); an Bandornamentik kommen abwechselnd Flechtwerk oder einfache Schleifen auf »fränkische Art« vor. Der Stil des Werkes hat viel von volkstümlicher Kunst und die fein abgestimmten Farben von Gelb bis Braun enthüllen einen naiven und gleichzeitig starken »Kunstwillen«.

ABB. SEITE 220

M. p. th. f. 67

Noch geistreicher und von den auf der Insel vorkommenden Formen weiter entfernt ist die Seite mit den abstrakten Ornamenten im Kodex M. p. th. f. 67, der wahrscheinlich aus dem Heilandskloster stammt. Auf dieser Seite herrschen germanische und fränkische Elemente vor, wie die Raubtiere in den oberen und die eigenwilligen Verschlingungen in den unteren Ecken, die in kleinen, mit Akanthus verzierten Blättern enden. Das vorherrschende Gelb entspricht dem der eben beschriebenen Kreuzigung.

Von der Insel beeinflußte Manuskripte

Aus dem gegen 750 in der Werkstatt von Echternach, dem von St. Willibrord gegründeten Kloster, geschriebenen Trierer Evangeliar kann man gut ablesen, was aus der Verpflanzung des insularen Stiles auf germanischen Boden entstanden war und was die Voraussetzungen der karolingischen Miniaturmalerei bildete.

ABB. SEITE 223

Auf der berühmten, vom Künstler signierten Seite (»Thomas scripsit«) sind die vier Evangelistensymbole in einer einzigen monströsen Gestalt verschmolzen, die nicht aus rein abstrakten Linien besteht, wie die Vorbilder des 7. Jahrhunderts jenseits des Ärmelkanals, die aber auch nicht auf Perspektive oder Modellierung besonderen Wert legt. Auch der Rahmen aus dynamischem oder mit Tierornamentik durchsetztem Flechtwerk hat, obwohl er Inselvorbildern nacheifert, oft nicht mehr deren feine Anmut oder gut ausgewogene Symmetrie. In den Canones hat ein anderer Künstler die mittelmeerischen Vorbilder benutzt und dabei architektonische Bestandteile, wie Säulenbasen, in spiralförmige Arabesken und die mystischen Vögel zu den Seiten der Kapitelle in Hähne verwandelt; ähnliches findet man in

den karolingischen Manuskripten der »Adagruppe« wieder.
Auch die Anfangsbuchstaben verraten Vorbilder von den Inseln (mit Spiralen, Punkten, verflochtenen Tieren) und vom Kontinent (eingedrehte Blätter, Vierfüßler, Fische vom »merowingischen« Stil).

Reliquiar aus Chur. Chur, Domschatz. Vgl. Seite 241ff.

Tassilokelch von Kremsmünster. Vermutlich ca. 777. Kupfer mit Silberplatten. 27 cm hoch. Stift Kremsmünster. Vgl. Seite 241

Evangeliar von Cuthbrecht (Wien, Nationalbibliothek 1224)

Weitere von der Inselkunst beeinflußte Handschriften gibt es in Österreich. Das Evangeliar von Cuthbrecht wurde wahrscheinlich in Salzburg zur Zeit des irischen Bischofs Vergilius (743–784) oder bald danach gemalt unter dem Einfluß des von ihm geschaffenen kulturellen Mittelpunktes, der bis in die Steiermark und nach Kärnten ausstrahlte.

ABB. SEITE 227

Das Werk enthält viele dem Repertoire der Inseln entnommene Elemente, im besonderen dynamisches Flechtwerk (das für sich bestand oder den Untergrund bildete), aber die Tiere sind meist mit einem Realismus wiedergegeben, der in deutlichem Gegensatz steht zu der auf den Inseln üblichen Stilisierung. Oft sind die Tierkörper »gedehnt«, d.h. ihre Proportionen sind überlang, aber manchmal sind sie naturgetreu und mit einer »vis comica« wiedergegeben, was eher auf merowingischen Einfluß zurückgeht. So erscheinen Kaninchen, Ziegen, gutmütige Drachen. Eine leicht groteske, wenn auch offensichtlich ungewollte Wirkung geht von den Evangelisten aus, die zusammen mit ihren Symbolen von arabeskengeschmückten Bögen oder von verschieden ornamentierten Feldern umgeben sind.

Evangeliar von Kremsmünster

ABB. SEITE 234

In dem Evangeliar von Kremsmünster, das ebenfalls in der Gegend von Salzburg gemalt wurde, haben wir eine um einige Jahrzehnte spätere Kopie, in der jedoch ein anderer, typisch westlicher Stil zum Ausdruck kommt. Bei dieser Umgestaltung zieht der schon karolingische Künstler neuen Nutzen aus den Themen. In einem Bogen mit rhythmisch wiederkehrenden Knoten schnappt der gut durchgebildete Löwe von St. Markus wütend zu.

Die Tönung in dunklen kontrastierenden Farben entspricht nicht der Prachtentfaltung der eigentlich karolingischen Künstler, die mit Gold und Silber auf edlem purpurfarbenen Hintergrund verschwenderisch umgingen.

Stelen von Hornhausen

Auch in der Bildhauerkunst des 8. Jahrhunderts gab es eigenwillige Schöpfungen. Am bekanntesten sind die Bilder der Stelen von Hornhausen (die von manchen ins 7. Jahrhundert datiert werden) mit einem lanzen- und schildbewehrten Reiter und, in dem Feld darunter, einem Flechtornament mit langschnäbeligen Tieren.

Stele von Gondorf

Dagegen stammt die Stele, die in Schloß Gondorf an der Mosel gefunden wurde, wahrscheinlich aus der zweiten Hälfte des 8. Jahrhunderts. Sie stellt eine bärtige Gestalt ohne Nimbus dar, die ein Buch in der Hand hält. Zwei Tauben sind symmetrisch zu den Seiten des Kopfes in einem Kreis angeordnet. Ein Rahmen aus Perlstab umgibt außen das Rund und in den Ecken sind vier Tierprotome abgebildet. Der Kopf und die Zähne scheinen von einem Wolf zu stammen, aber das Maul endet in einem gedrehten Schnabel nach angelsächsischem

Stil. Die Mittelfigur im Rund sowie der Streifen aus Perlstab und die obere kleine Rosette mit dreiteiligen kreuzförmigen Akanthusblättern sind aus dem byzantinischen Musterschatz stammende Elemente, die durch die karolingische »renovatio« umgewandelt wurden. Eine Datierung in die zweite Hälfte des 8. Jahrhunderts ist am wahrscheinlichsten.

Goldschmuck

Der Goldschmuck entwickelte sich im 8. Jahrhundert der germanischen Tradition entsprechend sehr stark in den fränkischen Ländern und auf den Britischen Inseln, aber die feinsten und kostbarsten Stücke sind fast alle verschwunden, aus Habgier zerstört. Die noch vorhandenen haben in der Tat oft nur bescheidenen Metallwert.

Reliquiar aus Chur

ABB. SEITE 238

Im Dom von Chur gibt es ein Reliquiar aus vergoldetem Kupfer in Form eines kleinen Sarkophages mit sehr spitzem Dach; auf der einen Hauptseite sind »dynamische« Flechtbänder, die neun »cabochons« – geschliffene bunte Steine – einschließen, und auf der anderen ein Rand aus ähnlichem Flechtband und ein Mittelfeld mit vier Halbkreisen aus gerippten Bändern, die in Schlangenköpfen enden und sich in der Mitte zu einem entsprechenden ganzen Kreis schlingen. Oben ist jetzt ein Streifen aus byzantinisierenden Akanthuspalmetten aufgenagelt, der von einem anderen Reliquiar stammt. Auf den Seiten sind weitere dynamische Flechtbänder, die in stilisierten Köpfen und Körpern von Raubtieren enden, und im Giebel stehen sich zwei unbeholfene Pfaue gegenüber.

Die dynamischen Flechtbänder sind nicht so regelmäßig wie die irischen, sondern folgen in ihrer unordentlichen und bizarren Mannigfaltigkeit dem germanischen Stil. Das Werk ist um 750 entstanden.

Tassilokelch

ABB. SEITE 239

Sehr viel feiner ist der – laut Inschrift am Fuß – von dem bayrischen Herzog Tassilo III. und Herzogin Liutpirc (777–788) der Abtei von Kremsmünster geschenkte Kelch. Er ist aus Kupfer gegossen, ziseliert und vergoldet und hat Auflagen aus nielliertem Silber; diejenigen auf der Koppa stellen den segnenden Heiland und die vier Evangelisten dar, die auf dem Fuß vier Heilige.

Die die Figuren umgebenden Streifen bestehen aus dynamischer, von der Inselkunst beeinflußter Flechtbandornamentik; die dreieckigen Felder sind mit Tierornamentik gefüllt; die Muster und der Keilschnitt dieser Tierflechtbänder entsprechen einer skandinavischen Technik, und man hat die Motive mit denen des dänischen Kruges aus Fejo verglichen; in der Tat erkennt man einen immer auf andere Weise wiederholten »Hund«, der mit Pfoten, Schwanz und Zunge ein Geflecht bildet, dessen eigenwillige Abwandlung und reiche Phantasie in Zeichnung und Linienführung typisch germanisch und nicht

Santa Comba de Bande. Vgl. Seite 244

zur Inselkunst gehörig erscheint.

Das christliche Spanien im 8. Jahrhundert

Wie man sich erinnert, wurde die Iberische Halbinsel seit 711 von islamischen Truppen besetzt und nur der nördliche Teil blieb von der Invasion verschont, aber da er von Flüchtlingsscharen und bewaffneten Soldaten durchzogen wurde, gab es dort wenig Gelegenheit für ein friedliches Kunsthandwerk.

Ein König, Pelagius, wurde schnell gewählt. Der Hof etablierte sich 735 in Cangas de Onis und errichtete auch auf einem »dolmen« eine kleine kreuzförmige Kirche. 805 war dort noch die Hauptstadt, aber danach wurde sie nach Pravia und später nach Oviedo verlegt; Alfons II. (791–842), der Gründer, stiftete diese neue Stadt, die mit Wasserleitungen und einem königlichen Palast mit Bädern versehen und von neuen Mauern um die Kirche herum verteidigt wurde.

Sichere Monumente des 8. Jahrhunderts kann man in Spanien nicht

Santa Comba de Bande. Vgl. Seite 244

mehr nachweisen und einige auf diese Zeit bezogene Kirchen haben sich als später erwiesen.

S. Comba de Bande

ABB. SEITE 242/3

Offenbar gehört das Kirchlein der Santa Comba de Bande in Galizien an das Ende des 9. Jahrhunderts. Es ist kreuzförmig und mit einem Tonnengewölbe sowie einem Kreuzgewölbe über der Vierung bedeckt. Die Bögen sind hufeisenförmig. Die Entstehungszeit scheint eindeutig aus einem Dokument des Jahres 982 hervorzugehen. Dieses besagt, daß 872 Fürst Alfons II., König von Leon, bestimmte Gebiete an einen gewissen Oduarius »digno bellatori« mit der Verpflichtung gegeben habe, sie zu schützen. Dieser Don Oduarius verteilte seinerseits einen Teil dieser Güter an andere und überschrieb einem Vetter, dem Diakonus Odoynus, einen Besitz in der Nähe des Flusses Limia mit der Verpflichtung, zwei baufällige Kirchen wiederherzustellen; eine davon, die der Märtyrerin S. Comba geweihte, muß die unsere sein. In der Tat ist sie in der Bauweise ähnlich wie S. Zeno in Bardolino am Gardasee, die aus der zweiten Hälfte des 9. Jahrhunderts stammt.

Quintavilla de las Viñas

Die kleine Kapelle von Quintavilla de las Viñas scheint dagegen vom Beginn des 10. Jahrhunderts zu stammen. Sie war eine dreischiffige, ebenfalls mit Gewölbe versehene Basilika, aber nur das Querschiff steht noch. Außen laufen in den Mauern aus großen Steinen Reliefstreifen mit verflochtenen Sternen, stilisierten Pflanzen und Tieren; in den Triumphbogen sind – heute berühmte – Figurenbildnisse eingelassen. Das mit der Sonne trägt eine Weihinschrift der frommen und bescheidenen Gründerin »Flammola«. P. Perez de Urbel hat in ihr die Frau von Gonzales Telles erkannt, die 912, 915 und 929 in Schenkungsurkunden erwähnt wird. Die Kirche scheint also aus diesen Jahren zu stammen und manche Monogramme bestätigen das vielleicht.

Das politisch und wirtschaftlich noch primitiv organisierte Irland

In Irland standen im 8. Jahrhundert noch sehr aktive Klöster in Blüte, aber leider entsprachen dem religiösen Glauben und den künstlerischen Ideen im Land weder ein politisches Gewissen noch das Vorhandensein ziviler »Mächte«. Die Insel blieb in zahlreiche unabhängige »tuath« gegliedert und dem »obersten König« fehlte eine wirkliche Autorität; so hatten die Wikinger und Dänen leichtes Spiel, als sie die Insel von 790 an plünderten und sich dort niederließen. Die Bevölkerung blieb im 8. Jahrhundert noch in Stände mit besonderen Privilegien aufgeteilt: der Adel (Landbesitzer), die Untergebenen und die aes-dana, d. h. die Gebildeten, auf die wir schon hingewiesen haben. Die Wirtschaft entsprach dieser Aufgliederung, da sie sich auf Viehzucht gründete, die in »rath«, d. h. in Gutshöfen zusammengefaßt war. Auf diesen wohnten auch die Eigentümer (boaire), die in sechs verschiedene Stufen, je nach der Zahl ihrer Tiere, gegliedert waren.

Dies erklärt die absolute Einfachheit der irischen Architektur im 7. und 8. Jahrhundert. Sowohl die »rath« wie auch die Klöster setzten sich aus Ansammlungen von Hütten innerhalb einer runden Umfriedung zusammen, die ihrerseits manchmal von anderen konzentrischen Einfriedigungen umgeben war.

Von Einfriedigungen umgebene Gutshöfe und Klöster

Jede dieser Einfriedigungen bestand aus einem Erd- oder Steinwall und einem Graben und manchmal aus einem äußeren Pfahlzaun. Diese Anlagen entstanden zum Schutz gegen Diebe und wilde Tiere, nicht aber gegen organisierte militärische Überfälle; oft lagen die Siedlungen in der Mitte von Seen und Sümpfen auf künstlichen Inseln. Die Kirchen, so wenig man von ihnen weiß, hatten einfachste Grundrisse und bestanden aus kleinen Sälen ohne Mittelstützen (6 – 10 – 12 m Länge).

Holzkirchen

Manchmal bestanden sie aus Holz, das wohl bemalt war. Um uns eine Vorstellung von ihrem Äußeren zu machen, können wir den Tempel auf der Seite mit der Versuchung im Buch von Kells heranziehen. Er zeigt ein hohes Zeltdach mit (vielleicht auf Schindeln gemalten, vielleicht ausgeschnittenen) Ornamenten. Die Dachschrägen (First und Dachsparren) enden oben in aufgerichteten und gekreuzten (oder besser mit einer Klammer verbundenen) Tierköpfen, die an ähnliche Verzierungen etruskischer Hütten erinnern. Ein Streifen aus »key-patterns« läuft oben unter dem Dachfirst und ein zweiter, sehr reich mit Tierornamentik verzierter, begleitet die Dachrinne. Die Wand hat bunte Verzierungen, die Vorhänge nachahmen.

FIG. 89

Kirchen aus Stein

Die aus Stein errichteten Kirchen mit rechteckigen Grundrissen waren oft von einem falschen Gewölbe bedeckt wie die prähistorischen »navetas« auf den Balearen: In diesem Fall war der Aufbau ohne Mörtel, und die Wände begleiteten das Aufsteigen des Gewölbes mit einer Neigung nach innen. In den mit Mörtel gebauten Kirchen waren die Mauern dagegen senkrecht und dünner und in der Regel mit Verstrebungen in den Ecken versehen; das Dach war sehr spitz.

Kloster Nendrum (Down)

Oft erhoben sich die klösterlichen Gemeinschaften auf Inseln. Das in Nendrum in der Nähe von Downpatrick ausgegrabene Kloster wurde wohl um die Mitte des 7. Jahrhunderts gegründet und bestand bis 974, als der Abt Sedra O'Deman im »eigenen Haus verbrannt wurde«.
Es hatte zwei konzentrische Einfriedigungen (und Reste einer ziemlich

Book of Kells. Initialen. Um 700. Dublin, Trinity College (Folio 29 recto). Vgl. Seite 250ff.

Fig. 89 – Hypothetische Rekonstruktion der altirischen Kirche aus dem Buch von Kells

viel größeren dritten). In der Mitte war ein Kirchlein mit zwei rechteckigen Räumen (Narthex und Kultsaal?) und einem runden Turm. In dem äußeren Umfassungsring lagen die Fundamente von vier runden Hütten. In einer fand man Reste von Bronzeguß und eine Form für Schmucknadeln. Ein anderer rechteckiger Bau aus Steinen und Lehm wurde für eine Schule gehalten. Hier entdeckte man Schiefertäfelchen mit Entwürfen von dekorativen Mustern und einigen Buchstaben, ein Fragment eines Zirkels und eiserne »Griffel«, von denen einer zum Schreiben auf Wachstafeln bestimmt war, Kohlenreste bezeugen die Zerstörung durch Brand.

Inishmurray

Andere Inseln hatten Klosteranlagen ähnlicher Art. Ebenfalls im Meer, weit von der Küste entfernt, lag Inishmurray (Sligo), das von einer großen Trockenmauer von 5 m Dicke und 45–58 m Durchmesser umgeben war; Reste von steinernen Hütten und Kirchen und eine große Zahl von Stelen wurden gefunden, auf die verschiedene Muster, z. B. einfache Kreuze und geschweifte mit Flechtwerk geritzt sind: Inish Cleratum, im Norden von Clonmacnoise, lag dagegen von einer riesigen runden Einfriedigung umschlossen in einem See.

Skellig Michael

Eine Gruppe typischer Klosterbauten ist noch in Skellig Michael (Kerry) auf einem sehr hohen Felsen erhalten geblieben. Es handelt sich um fünf roh zugerichtete und ziemlich geräumige (5–8 m Durchmesser) Scheinkuppeln. Ihre Höhe, die manchmal 6 m erreicht, läßt

Book of Kells. St. Lukas. Um 700. Dublin, Trinity College (Folio 32 verso). Vgl. Seite 252

Fig. 90 – Nendrumkloster bei Downpatrick

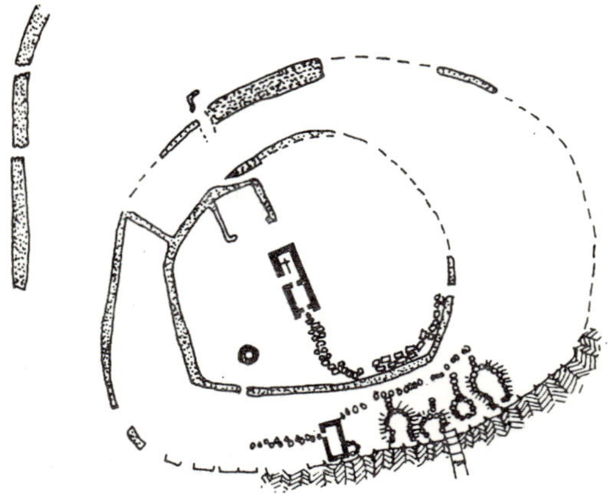

das Vorhandensein einer Zwischendecke möglich erscheinen. Neben der Kirche, in Form eines umgekehrten Schiffes steht ein Steinkreuz; ein weiteres winziges Oratorium liegt am Rand des Abgrundes.
Die unzugängliche Lage der frühen Anlage erklärt ihre Erhaltung und die Weihung an den hl. Michael; diese ganz allein unter dem Himmel stehenden Hütten sind sehr bezeichnend für den mystischen Geist der alten Mönche, die in ihrem Wunsch nach Unendlichkeit den griechischen Brüdern der Meteoraklöster verwandt sind.

Unzulänglichkeit der Überreste in Armagh und Glendalough

In den großen Klosteranlagen gab es scheinbar eine Vielfalt dieser (von zwei oder drei Personen bewohnten) Zellen, die sich in einer Weise zusammenfügten, wie manche große Dörfer primitiver Völker im Altertum oder in der Neuzeit, aber leider fehlen archäologische Zeugnisse für die wichtigsten Klöster; was Armagh betrifft, so kann man nur aus der Anordnung der Wege auf den Verlauf der Einfriedungen schließen; von Glendalough, das von St. Kevin gegen Ende des 6. Jahrhunderts gegründet wurde, sind nur Mauerzüge der Einfriedung und Reste von Kirchen aus verschiedener Zeit übriggeblieben. Vom Kloster Iona, wo das Leben des St. Columbanus geschrieben und vielleicht das Book of Kells begonnen wurde, hat man nur Spuren von Hütten und einige nicht mehr an Ort und Stelle befindliche Kreuze ausgegraben.

Iona

Kathedrale von Glendalough

Wenig oder nichts ist von den nichtklösterlichen Kirchen des 8. Jahrhunderts zurückgeblieben; als Beispiel dafür hat Henry die baufällige Kathedrale von Glendalough (Wicklow) genannt.
Wahrscheinlich wurde sie gegen Ende des Jahrhunderts errichtet, in romanischer Zeit erweitert und vielleicht in den Außenmauern aufgestockt. Ein Teil der West- und Nordwände gehören dem ersten Bau

an, der einen rechteckigen Grundriß hatte und ziemlich geräumig war (9,50 × 16 m). Der untere Teil der alten Wände besteht aus Reihen großer quadratischer Blöcke: Sie bilden, weiter vorkragend, den Türrahmen. Zwei Strebemauern ragten in den Ecken der Fassade heraus; sie waren sehr mächtig und hatten keinen Verband mit den dazwischenliegenden Mauern.

Die nicht-monumentale irische Kunst

Die Bescheidenheit der irischen Architekturmonumente im 8. Jahrhundert kann nicht als allgemeiner Maßstab genommen werden. Der Geist des Landes war den »monumentalen« Ausdrucksformen wie dem Streben nach »Macht« und »materieller Eroberung« abgeneigt, aber der »Kunstwillen« und der »christliche Geist« der Bevölkerung auf der »Grünen Insel« waren außerordentlich stark und beeinflußten den ganzen europäischen Kontinent tief.

Irische, vor dem 9. Jahrhundert entstandene Miniaturen, Bildhauerarbeiten und Goldschmuck von außerordentlicher Schönheit sind uns erhalten geblieben.

Miniaturmalerei

Die Anfänge der Miniaturmalerei und das Buch von Durrow haben wir schon erwähnt und von dem Buch von Kells, dem berühmtesten und schönsten der irischen Handschriften, werden wir bald sprechen, aber für die dazwischenliegende Zeit ist es schwierig, Bestimmtes zu sagen, auch weil bei vielen bezeichnenden Werken Zweifel an der »englischen« Herkunft bestehen.

St. Gallen Ms. 51

Auch für das Evangeliar von St. Gallen (Ms. 51) bleibt diese Unsicherheit bestehen, obwohl man weiß, daß das von Gallus, dem Jünger des St. Columbanus, gegründete Kloster lange mit Hibernien verbunden blieb und bei den Miniaturen der Handschrift die besonders bei den irischen Künstlern beliebten Spiralen im Überfluß vorhanden waren.

Berühmt ist in diesem Kodex die Seite mit dem Kruzifix nach orientalischer Art (Christus mit dem »colobium«, zwei Engel, Schwamm- und Lanzenträger), die mit dem Jüngsten Gericht und die mit dem unrealistischen Evangelisten zwischen Feldern mit Flechtwerk, Spiralen und christlichen Symbolen. Die Proportionen der großen Monogramme (der Größe nach in der Mitte zwischen Lindisfarne und Kells) empfehlen eine Datierung um die Mitte des 8. Jahrhunderts. Aus der gleichen Zeit scheinen das Buch von Mc-Regol mit Seiten von monumentaler Schrift und, in kleinerem Format, das »Buch von Dimma« zu stammen.

Book of Kells

ABB. SEITE 246, 251

Das Book of Kells ist ein eindrucksvoller Band (35 × 27 cm) und die Herstellung seiner 339 Blätter aus dickem Pergament muß sich über Jahre hin erstreckt haben. Man nimmt an, daß es im späteren 8. Jahr-

Book of Kells. Ornament. Um 700. Dublin, Trinity College (Folio 33 recto). Vgl. Seite 252

hundert in Iona (dem berühmten 563 gegründeten Kloster) begonnen und nach der Zerstörung dieser klösterlichen Gemeinschaft durch die Wikinger (802 oder 805) vom Abt Cellach nach Kells gebracht und hier vollendet wurde.

Die Schrift ist eine Majuskel von großer Schönheit, wenig klar jedoch und mit schlecht aufgeteilten Zwischenräumen zwischen den Worten. Der Text ist reich an Fehlern und Widersprüchen, aber das Ganze ist von einer unvergleichlichen Monumentalität, da die impulsiven Künstler mehr als die Genauigkeit der Worte die großartige Gesamtwirkung der Seite anstrebten. Die ausgemalten Buchstaben folgen in den Reihen der Schrift mit einer verwirrenden Vielfältigkeit aufeinander und sogar die Korrekturen bieten einen Vorwand zu Verzierungen. Es ist unmöglich, die verschiedenen Künstlerpersönlichkeiten auseinanderzuhalten. Wenn auch die Mitwirkung von Meistern und zweitrangigen Gehilfen offensichtlich ist, so bleibt das Werk doch im Grunde, auch wegen seiner Feinheit, ein einheitliches Ganzes.

Die Miniaturen, die eine ganze Seite einnehmen, sind sehr häufig und umfassen nicht nur die herkömmlichen Blätter (Canones, »Kreuz« aus abstrakten Ornamenten, Evangelisten, ihre in Felder verschiedener Form vereinten vier Symbole), sondern auch nicht zur insularen Überlieferung gehörende Bilder; die Jungfrau mit dem Sohn zwischen vier Engeln, die Versuchung Christi, seine Gefangennahme.

ABB. SEITE 246 Außerdem sind die ersten Seiten der Evangelien mit riesigen Gebilden von Buchstaben in einem sehr reichen ornamentalen Zusammenhang geschmückt und nehmen so den Charakter von selbständigen graphischen Kunstwerken an; eine ähnliche Komposition schließt den Satz Matthäus XVII, 38 ein, der die Kreuzigung Christi beschreibt.

Zweifellos ist die reiche Ausgestaltung der Bilder auch von der mittelmeerischen und fränkischen Kunst beeinflußt. Die Jungfrau zwischen vier Zeremonienengeln ist byzantinischen Prototypen nachgebildet und die Einfügung menschlicher Figuren in das Flechtwerk und die Tierornamentik bezeugt ein neues Interesse für die antropomorphen Themen, während die reichen Seiten, die nur einen Buchstaben in einen großen Rahmen setzen, von den Werken der karolingischen Hofmalerei beeinflußt zu sein scheinen, die sich besonders zu Ende des 8. Jahrhunderts durchsetzte. Das Werk bleibt jedoch typisch für den Inselstil und beweist, daß Irland seine schöpferische Kraft keltischen Ursprungs während des ganzen 8. Jahrhunderts bewahrt hat. Es ist wahr, daß einige Bilder eine »barocke« Überschwenglichkeit des Ornamentes aufweisen, aber andere bezeugen noch dieselbe Phantasie und die gleiche mathematische Präzision in der Ausführung wie die ersten Inselkunstwerke: so die kreuzförmig angeordneten Felder, die sehr fein mit Spiralen und Tierornamenten verziert sind.

Steinkreuze

Die Steinkreuze sind für die Bildhauerkunst charakteristisch. Sie wurden in großer Zahl in den Klöstern aufgestellt und auf dem Klosterplan im »Buch von Mulling« sind einige davon eingezeichnet; diese Miniatur zeigt eine runde Einfriedung mit acht Kreuzen, die außen an den vier sich diametral gegenüberliegenden Punkten standen und den vier Evangelisten sowie den vier Propheten geweiht waren. Weitere Kreuze sind im Inneren mit Hinweisen auf Christus, die Apostel und die vier Engel. Das für den Hl. Geist ist auf der Einfriedigung angegeben. Von Henry zitierte Abschnitte religiöser Literatur erwähnen das »fromme Kloster« von Disert-Betlech, »welches von einem Kreis von Kreuzen umschlossen war«, das von Clonelagh »mit den zahlreichen Kreuzen« und das von Cormac, der »eifrigen Stadt mit den hundert Kreuzen«.

Die irischen Kreuze aus früher Zeit sind heute nicht allzu häufig und nur noch an der nach England hin liegenden Küste oder in der Mitte der Insel vorhanden; an der atlantischen Küste gibt es keine.

Sie sind im allgemeinen 3,50–4 m hoch; nur die ältesten haben einfache vorspringende Kreuzarme, die anderen in der Regel auch einen charakteristischen Ring. Man hat sie von den Grabplatten herleiten wollen, in die Kreuze von verschiedener Fom eingeritzt sind, aber diese großen ausgebildeten und verzierten, aus einem Sockel emporwachsenden Kreuze stehen nicht mit Gräbern in Zusammenhang, sondern waren Kultdenkmäler; ihre Vorbilder sollte man eher in den symbolischen Kreuzen suchen, die in der frühen christlichen Welt allgemein verbreitet waren.

Wir haben schon darauf hingewiesen, daß im 5. und 6. Jahrhundert die Gold- und Edelsteinkreuze Symbol des Triumphes des göttlichen Opfers waren und daß sich im 7. Jahrhundert nach und nach die Darstellung Christi am Kreuz durchgesetzt hatte, die im Konzil in Trullo von 692 eine aufsehenerregende Anerkennung erfahren hatte, aber auch, daß die Reaktion der Rigoristen in der Zeit des Bildersturms dem anikonischen Kreuz wieder zu außerordentlicher Beliebtheit verholfen hatte, indem man sogar jede Figurendarstellung unterließ und das einfache Kreuz den Gläubigen zeigte.

Irisches Hochkreuz. Klosterbezirk Clonmacnoise. Vgl. Seite 256

Kruzifix von Athlone. Vergoldete Bronze. St. John's bei Athlone. Mitte des 7. Jahrhunderts, Dublin, National Museum of Ireland. Vgl. Seite 258

Kreuze mit Ornamenten

Wir müssen annehmen, daß die irischen Kreuze auf ähnliche, sehr alte, aus Gold und Edelsteinen zurückgehen, die nicht glatt und mit bunten Steinen besetzt gewesen sein müssen wie die byzantinischen, sondern bedeckt mit Glasfluß und Filigran in Flecht- oder Spiralmustern oder »Key-patterns«, seltener wohl auch mit Tierornamentik. So sehen in der Regel die irischen Kreuze des 8. Jahrhunderts aus. Duvillaun (Mago), Gallen (Offaly), Tona (Schottland), Kilrea (Kilkenny), Ahenny (Tipperary), Killieran (Kilkenny) usw. Die De Paor haben gezeigt, daß auf den Kreuzen von Ahenny Nachahmungen von Bronzebuckeln (zum Verdecken von Nägelköpfen) und an Metalltechnik erinnernde Nahtstellen vorkommen.

Viele von ihnen haben auch eigenartige halbkugelige Vorsprünge, die sich von den Glasfluß-Knöpfen der Goldschmiedekunst abzuleiten scheinen, und man fragt sich sogar, ob nicht in manchen Fällen Farbe auf die Steine aufgetragen war.

Figurendarstellungen

Einige Kreuze haben neben abstrakter und Tierornamentik auch figürlichen Schmuck. Er ist in Felder aufgeteilt, die den Sockel bedecken oder am Kreuz selbst angebracht sind. Manche haben ausschließlich Figurenszenen.

Moone

Eine an Zahl und Vielfältigkeit der Szenen relativ verwickelte Bilderfolge befindet sich auf dem Kreuz von Moone (Kildare), das noch aus dem 8. Jahrhrhundert zu sein scheint. Neben den Szenen der Kreuzigung und der Flucht nach Ägypten finden wir Themen, die im koptischen Ägypten verbreitet waren, wie die Eremiten St. Paul und St. Antonius und die Versuchung des heiligen Antonius. Alle diese Figuren sind auf ein niedriges und breites Schema zurückgeführt, das sehr einfach in Flachrelief wiedergegeben ist; auf dem Sockel sind die zwölf Apostel in völlig gleicher Weise in drei Reihen übereinander dargestellt wie die 96 Figuren, die die Turiner Miniatur des Jüngsten Gerichtes (9. Jahrhundert) einrahmen.

Das irische Kreuz in seiner vollen Entfaltung in Form und Bildschatz, der manchmal dazu dient, irische Heilige darzustellen, findet man erst später; bei dem von König Flann (gest. 913) errichteten »Kreuz der heiligen Schriften« von Clonmacnoise ist auf der einen Seite des Kreises das Jüngste Gericht, auf der anderen die Kreuzigung dargestellt. Offenbar gab es auf den Kreuzen selbst in alter Zeit keine realistischen

Clonmacnoise
ABB. SEITE 254

Lindisfarne-Evangeliar, Initium. Miniatur. Um 700. London, British Museum. Vgl. Seite 259ff.

und gut proportionierten Darstellungen von Christus; die Stele von Davillaun (Mayo) hat zwar einen nackten Christus am Kreuz in Ritztechnik, aber es handelt sich um eine plumpe und wahrscheinlich späte Arbeit.

Goldschmuck

Das großartige »Kunstwollen« der Iren kommt auch in den Goldsachen voll zum Ausdruck, von denen zwei Werke vom Beginn des 8. Jahrhunderts besonders berühmt sind. Der Kelch von Armagh und die sogenannte Tara Brooch.

Kelch von Armagh

Der silbergetriebene Kelch ist belebt durch umlaufende Streifen aus feinsten Goldornamenten, dünnem »dynamischem Bandwerk« und Tierornamentik aus Filigran, Buckeln und Knöpfen aus Glasfluß von typisch irischer Form. Die unvergleichliche Feinheit der Ausführung macht aus dem Stück ein Meisterwerk.

Tara Brooch

Ebenso verfeinert ist die »Tara Brooch«, ein Bronzering von etwa 10 cm Durchmesser, mit einer langen Nadel. Auf der gegossenen Bronze sind Zellen mit kleinen »Feldern« aus dynamischem Flechtwerk in Goldfiligran oder mit Tieren. Vogelköpfe in frühgermanischem Stil springen vor; die Rückseite ist nur mit Tierornamentik in »Kerbschnitttechnik« verziert; die Knöpfe mit Glasfluß in den herkömmlichen Farben Blau und Grün beleben das Kunstwerk, das von unvergleichlicher Schönheit und Präzision ist.

Kruzifix von Athlone

ABB. SEITE 255

Das Kruzifix von Athlone zeigt den mit dem »colobium« bekleideten Christus und die von der mittelmeerischen Ikonografie bekannten Figuren auf »hibernische Art« übertragen. Spiralen und »Key-patterns« verwandeln die Körper und Gewänder in ein Muster »abstrakter Geometrie«, die der des »Buches von Kells« und mancher Kreuze entspricht.

Die Beziehungen zur koptischen Kunst

Es wäre falsch, unsere Betrachtungen über Irland abzuschließen, ohne daran erinnert zu haben, daß manche seiner künstlerischen Schöpfungen und im besonderen die dynamischen Flechtbänder allgemein auf koptischen Einfluß zurückgeführt werden und dies schon seit der weit zurückliegenden Publikation der gemalten »dynamischen Flechtbänder« von Bawit durch Clédat.

Es ist nie bezweifelt worden, daß es Beziehungen zwischen dem irischen und dem östlichen Mönchstum (und besonders dem koptischen) gegeben hat, wie auch die Handelsbeziehungen zwischen den Inseln und Ägypten zweifellos bestanden haben, aber damit ist noch nichts über ein Abhängigkeitsverhältnis für die »Gewebe aus Knoten« gesagt, das ebensogut auch im umgekehrten Sinne denkbar wäre. Die Datierung von Bawit und von anderen Monumenten ist noch strittig.

Unter diesen Bedingungen überrascht die Hartnäckigkeit einiger nordischer Gelehrter, mit der sie den Ägyptern die Erfindung von Motiven zuschreiben, die doch auf einem der byzantinischen »Koiné« gänzlich fremden Geist beruhen und ganz im Gegenteil eine besondere Leistung des Nordens und besonders der Inselwelt sind.

England und die Vorherrschaft des Königtums Mercia

In den verworrenen politischen Verhältnissen der Königreiche, aus denen sich England im Hochmittelalter zusammensetzte, gab es oft Grenzverschiebungen, das Untergehen eines Staates in einem anderen, aber immer hatte einer von ihnen die politische und geistige Vorherrschaft: zuerst Kent, dann im 7. Jahrhundert Northumberland; schließlich im 8. Jahrhundert Mercia.

Die Vormachtstellung dieses Reiches begann mit den Siegen Ethelreds (675–710) über Kent, danach über Wessex und Northumberland, erfuhr einen kurzen Niedergang unter seinen Nachfolgern, wurde aber dann von Ethelbold (716–757) und Offa (758–796) befestigt.

Die Erfolge Ethelreds wurden auch unterstützt durch das Wirken des von Papst Vitalianus nach Canterbury gesandten Bischofs Theodorus von Tarsos. Theodorus, der sehr wohl die zukünftige Bedeutung des Königreiches Mercia voraussah, gewährte diesem durch Gründung von neuen Bischofssitzen seine Unterstützung. Ethelbold gelang es, Northumberland zu besiegen und Wessex für kurze Zeit zu unterwerfen; daraufhin legte er sich den Titel »König der Mercianer« und der »Südangeln« zu. Offa befestigte und vergrößerte seine Machtstellung, so daß sich die Päpste an ihn als »König der Engländer» wandten.

Das Fehlen von Architekturdenkmälern

Die Architektur hat weder in Mercia noch in Northumberland gesicherte und bezeichnende Monumente hinterlassen. Wenn wir uns eine Vorstellung von dem erreichten künstlerischen Niveau auf der größten britischen Insel machen wollen, müssen wir uns der Miniaturmalerei und den großen Steinkreuzen zuwenden.

Evangeliar von Lindisfarne

Das Evangeliar von Lindisfarne, einem Kloster Northumberlands, ist gut datiert durch ein »colophon« des 10. Jahrhunderts, das es auf Bischof Eadfrith (698–721) bezieht.

ABB. SEITE 257, 260, 264

Das prachtvolle und fast unversehrte Manuskript enthält Seiten mit monumentaler Schrift, deren Anfangsbuchstaben in ihrer Größe zwischen denen von Durrow und Kells liegen und reich mit zierlichen »dynamischen« Flechtbändern, Spiralen und stilisierten Tieren verziert sind.

Andere, ziemlich unpassend »Teppiche« genannte Seiten sind von einem großen Kreuz eingenommen. Dieses erkennt man gut, wenn man sich die verschiedenen Formen der auf die Inselgrabsteine geritzten Kreuze vor Augen hält. Die sehr sorgfältig gezeichneten Orna-

Lindisfarne-Evangeliar, p. 26 verso. Um 700. Miniatur. London, British Museum. Vgl. Seite 259 ff.

Fig. 91 – Seite aus dem Evangeliar von Lindisfarne. Schema nach R. Bruce Milford

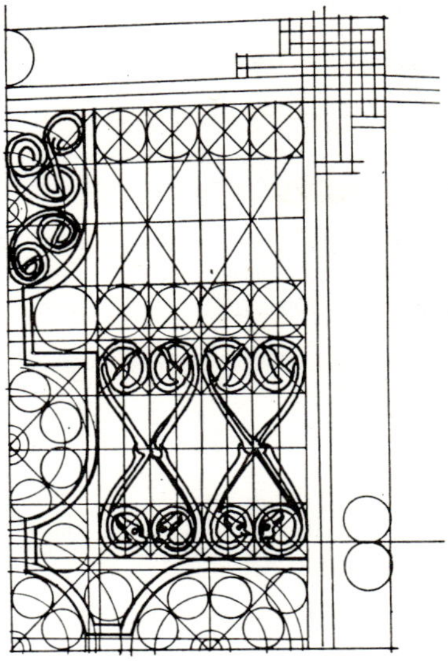

mente in den Kreuzfeldern oder auf dem Untergrund bestehen aus dynamischen bunten Flechtbändern, die recht kompliziert sind oder aus Tierornamentik von ziemlich eigenwilligem Stil. In sich wiederholende Felder fügen sich die Körper gemäß einer Vorzeichnung (nach R. Bruce Milford besteht sie aus Kreisen und geraden Linien) symmetrisch ein; dort entfaltet sich ein leichtes aus Pfoten, Schwänzen und Hälsen gebildetes Muster. Trotz der scheinbaren Vielfalt besteht ein »realistischer Grund«: die Tiere gehören nur zwei Gattungen an, die Vögel sind im Profil gesehene Kormorane (Nr. 559) und die Vierfüßler Hunde (Nr. 499).

Die Verbindung mit der Wirklichkeit und die humoristisch verschlüsselte Erklärung der Tierwelt scheinen auf kontinentalen (vielmehr fränkischen) Einfluß zurückzugehen, aber andere Kunstströmungen sind sehr wohl in den Miniaturmalereien des wunderbaren Codex vorhanden. Aus allen perspektivisch und in Verkürzung wiedergebenen Evangelisten liest man, obwohl sie flach koloriert sind, den mittelmeerischen und byzantinischen Ursprung heraus; das Bild des Johannes unter dem Adler (imago aquilae) trägt sogar eine monumentale griechische Inschrift (O AGIOS IOHANNES). Die ikonografische Quelle dürfte (eher als der Vorläufer des »Codex Amiatinus«) ein unbekannter Archetypus sein, auf den auch das Evangeliar von Kopenhagen (um 980, Bruce Milford) zurückgeht.

Ein weiteres Manuskript englischen Ursprungs, der dem fortgeschrittenen 8. Jahrhundert angehörende Codex Aureus in Stockholm zeigt *Codex Aureus in Stockholm*

ABB. SEITE 265 noch deutlicher den kontinentalen Einfluß. Geschrieben in Canterbury in Kent, seinerzeit Reiseziel der »römischen« Bischöfe, enthält es Evangelistendarstellungen mittelmeerischen Einflusses mit Figuren innerhalb von Bögen auf Marmorsäulen, die mit Vorhängen verziert sind und oben die entsprechenden realistisch wiedergegebenen Symbole tragen.

Die insularen Stilelemente sind jedoch sehr wohl vorhanden, sei es bei den Canones, sei es bei den Evangelisten. Ornamentale runde Scheiben sind am Auflager der Bögen und machen dessen architektonischen Wert zunichte, und eine dichte Verzierung aus leichten dynamischen Flechtbändern und Spiralen überzieht Lisenen und Archivolte.

Der karolingische Einfluß, der neben der Inselkunst wirksam wird, ist am Blattwerk und bei den ganzseitigen Miniaturen an der Art der Komposition zu erkennen.

Evangeliar von Lichfield

Das nur fragmentarische Evangeliar von Lichfield (um 740), von unbekannter Herkunft, ist auf der Seite mit den Kreuzornamenten in Qualität und Zeichnung mit dem Buch von Lindisfarne verwandt, jedoch entwickelter im Stil. Die plumpen Bilder der Evangelisten und ihre Symbole sind allerdings sehr schematisch, wie auf den ältesten Inselhandschriften.

Bildhauerkunst

Die figürlichen Darstellungen, die sich den rein ornamentalen an die Seite stellten, sind für die frühe angelsächsische Bildhauerkunst bezeichnend.

Sarg des St. Cuthbert

Die Reste des hölzernen Sarges von St. Cuthbert (gest. 698) sind richtig mit dem Sarkophag des Grabes von Poitiers verglichen worden, da sie auf der Langseite in einer einfachen Umrandung Figuren von Engeln und auf dem Deckel Christus zwischen vier Evangelisten zeigen.

Altarschrein

Ebenso klar ist der Stil der getriebenen Silberplatte eines Tragaltars, der gleichfalls von St. Cuthbert stammt. Diese hat keine Figurendarstellungen, sondern eine Scheibe mit dynamischen, ziemlich dichtem Flechtwerk in der Mitte, die von den Buchstaben einer rätselhaften Inschrift umgeben ist. In den Ecken befinden sich plumpe Voluten. All das stimmt völlig mit dem Inselstil des 8. Jahrhunderts überein und auf das allgemeine künstlerische Bild dieser Zeit sind auch jene Muster aus Ranken, die aus »ineinandergesteckten Füllhörnern« emporwachsen,

Bildhauerarbeiten in Britford und Bakewell

abgestimmt, wie z. B. die von langobardisch-byzantinischem Typus an den Pilastern der Kirche in Britford (Wiets) oder in geringerem Maße die am Fuß des Kreuzes von Bakewell (Derbyshire).

Ganz abseits der Bildhauerkunst des europäischen Festlandes und Irlands im 8. Jahrhundert stehen jedoch die großen angelsächsischen

Figurenkreuze.

Figurenkreuze und ihre Datierung

Ihre wahrscheinlichste Datierung ist die von Collingwood (1927) vorgeschlagene, welche die frühesten dem zweiten Viertel des 8. Jahrhunderts zuschrieb, aber auch so bleiben sie problematisch, da in jener Zeit und auch im 7. Jahrhundert in Europa keine vergleichbaren Monumentalskulpturen vorhanden sind.

Die beiden berühmtesten sind die von Bewcastle (Cumberland) und Ruthwell (Dumfriesshire).

Bewcastle

Das Kreuz von Bewcastle hat eine einfache Szenenfolge; auf einer Seite sind drei wie Nischen gebogene Felder mit Johannes dem Täufer und dem göttlichen Lamm, dem segnenden Christus, der auf zwei Tieren steht und dem vom Adler (oder Taube!) begleiteten Evangelisten Johannes. Die Nischen mit den Figuren erinnern an eines der beiden schon beschriebenen Ambon-Fragmente von Ravenna; der segnende Christus mit der Gesetzesrolle ist ähnlich wie die Propheten von S. Apollinare Nuovo, und das Agnus Dei führt uns in eine ikonografisch weit zurückliegende Zeit.

Auf den beiden seitlichen Streifen sind nach der auf den Inseln üblichen Weise wechselnde Felder mit verschiedenen Mustern aus dynamischen Flechtbändern (Knoten oder komplizierte und feinste Gewebe), Schachbrettmustern oder Pflanzenornamenten. Diese letzteren erinnern an geläufige Motive des 8. Jahrhunderts (gebogene Stengel mit Trauben, alles in doppelter symmetrischer Anordnung) und sind freie Stilisierungen von Bäumen und Blättern. Auf der Rückseite befindet sich ein einfacher Zweig mit Blättern und dazwischengesetzten Vögeln. Die Wiedergabe des Stengels erinnert an die »ineinandergeschobenen Füllhörner«.

Die Runeninschrift der Hauptseite ist verschieden gedeutet worden.

Datierung um die Mitte des 8. Jahrhunderts

Der Meinung derer, die das Werk auf Alcfrid (654–664) zurückführen, steht die von R. I. Page und Henry gegenüber, die das Kreuz zwischen 750 und 850 in ungefährer Übereinstimmung mit Collingwood datiert haben; für diese Datierung fehlt es jedoch nicht an Bestätigungen; wie schon Baldwin Brown vermerkte, zeigt das Kreuz des 740 begrabenen Bischofs Acca von Hexham in dem erhaltenen Teil ein Muster aus doppelten Ranken und Trauben, das mit dem eben erwähnten aus Bewcastle übereinstimmt.

Evangeliar von Lindisfarne, St. Johannes. Pergament-Miniatur. Um 700. London, British Museum. Vgl. Seite 259ff.

imago aequilae
O AGIOS
IOHANNES

Codex Aureus, Evangelist Matthäus. Pergament, Höhe 39,4 cm, Breite 31,8 cm. Canterbury um 750. Stockholm, Königliche Bibliothek (A 135, Folio 9 verso). Vgl. Seite 261f.

Das Fragment des Kreuzes von Acca hat Beziehungen auch zu dem von Ruthwell in der Form des abschließenden Kreuzes (ein Teil, der in Bewcastle fehlt).

Kreuz von Ruthwell

Das Kreuz von Ruthwell ist reich an Bildern; die Figuren stehen in rechteckigen Feldern auf beiden Seiten, und man erkennt die wichtigsten Begebenheiten aus dem »Zyklus der Theotokos« (Verkündigung, Heimsuchung, Flucht nach Ägypten und vielleicht die Geburt – die Platte ist sehr beschädigt); zwischen diesen Feldern sind Szenen aus den Evangelien: Christus auf zwei Tieren stehend wie in Bewcastle, die Heilung des Blinden, die kniende Magdalena, die Kreuzigung mit Sonne und Mond, Lanzen- und Schwammträger. Außerdem findet man die Begegnung zwischen St. Paulus und St. Antonius und dem Evangelisten Johannes.

Wie schon erwähnt, sehen in Moone die in ihren Proportionen unwirklichen Figuren wie grob aus Pappe geschnitten aus, aber in Ruthwell wirken sie in ihrer feierlichen und gesammelten Haltung sehr lebendig. Man kann auch hier daran erinnern, daß eins der beiden Ambonfragmente von Ravenna eine Figur in rechteckigem Feld aufweist.

Die Harmonie der byzantinischen Vorbilder ist noch in den Figuren der beiden großartigen angelsächsischen Kreuze gegenwärtig, gegenwärtig aber ist auch ein anderer, schon mittelalterlicher und europäischer Geist; diese Bilder nehmen die »romanische Monumentalität« um Jahrhunderte voraus.

Auch die Ranken auf den Seiten mit ihren auf verschiedene Weise in die Wellenlinien der verspielten Reben eingefügten kleinen Tiere sind ähnlich wie die romanischen und gotischen und entfernen sich weit von den ruhigen Rankenmustern der klassischen Kunst.

Das Kreuz von Ruthwell datiert man in die Nähe des Kreuzes von Bewcastle; auch räumlich liegen sie übrigens nicht weit voneinander entfernt. Den größeren Bilderreichtum und die größere plastische Sorgfalt bei dem Kreuz von Ruthwell hat man als Ausdruck einer besonderen schöpferischen Kraft an einem frühen Stück verstehen wollen, aber auch als Zeichen für ein späteres Stadium der stilistischen Entwicklung; eine Entscheidung ist schwierig.

Immerhin bezeugen die beiden Werke zusammen mit den Bruchstücken anderer Figurenkreuze, wie z. B. Reculver (Kent), Easby (M. R. Yorks), Rothbury (Northumberland), daß Großbritannien im Europa des 7. und 8. Jahrhunderts auf geistigem und künstlerischem Gebiet bahnbrechend gewesen ist und erklären, daß die Ehre, die man Alcuin und anderen »Angeln« am Hof Karls des Großen bewies, wegen der Bedeutung ihres Mutterlandes auf geistigem Gebiet sehr wohl berechtigt war. Andererseits beeinflußte auch der karolingische Stil die angelsächsische Kunst, wie z. B. der kleine Silberbecher des Ormisda (um 800) mit seinen Pflanzen und Vögeln in feinstem Relief beweist. In der Kunst der nördlichen Länder entwickelte sich so zu jener Zeit ein geistiger Austausch, dem ganz Europa folgte, das jetzt auch auf dem Gebiet der Kunst sein eigenes unabhängiges und kraftvolles Dasein zu leben begann.

ERLÄUTERUNGEN ZUM BILDANHANG

1 – Poitiers. Baptisterium (Innenaufnahme). 8. Jahrhundert. Archives Photographiques, Caisse Nationale des Monuments Historiques, Paris. Vgl. Seite 228

2 – Spoleto, San Salvatore (Innenaufnahme). 6.–7. Jahrhundert. Gabinetto Fotografico Nazionale, Rom. Vgl. Seite 130f.

3 – Grenoble. St. Laurent (Innenaufnahme). 8. Jahrhundert. Archives Photographiques, Caisse Nationale des Monuments Historiques, Paris. Vgl. Seite 225f.

4 – Poitiers. Mellebaudus-Grab. 8. Jahrhundert. Archives Photographiques, Caisse Nationale des Monuments Historiques, Paris. Vgl. Seite 148

5 – Brescia. San Salvatore. Stuckverzierung in den Arkaden. 8. Jahrhundert. Foto A. Luisa, Brescia. Vgl. Seite 207

6 – Rom. Santa Sabina. 5. Jahrhundert. Foto Anderson, Rom. Vgl. Seite 16

7 – Rom. Santa Agnese fuori le mura. 7. Jahrhundert. Foto Anderson, Rom. Vgl. Seite 122

8 – Rom. San Lorenzo fuori le mura. 7. Jahrhundert. Foto Anderson, Rom. Vgl. Seite 122

9 – Benevent. Santa Sophia. Soprintendenza ai Monumenti, Napoli. Vgl. Seite 210f.

10 – Beauvais. »Basse Oeuvre«. Foto P. Verzone. Vgl. Seite 40

11 – Ravenna. San Giovanni Evangelista. 5. Jahrhundert. Foto Anderson, Rom. Vgl. Seite 14

12 – Poitiers. Baptisterium. 8. Jahrhundert. Archives Photographiques, Caisse Nationale des Monuments Historiques, Paris. Vgl. Seite 228

13 – Ravenna. Sarkophag des Erzbischof Felix. 7. Jahrhundert. Foto Istituto d'Arte Ravennate e Bizantine. Vgl. Seite 196

14, 15 – Fragmente vom Ambon von Ravenna. 8. Jahrhundert. Museo Nazionale, Ravenna. Vgl. Seite 129

16 – St. Dizier. Cenotaph. 7. Jahrhundert. Foto J. Hubert. Vgl. Seite 152

17 – Jouarre. Sarkophag von St. Angilberta. 7. Jahrhundert. Foto De Bernardi. Vgl. Seite 150

18 – St. Dizier. Sarkophag. 7. Jahrhundert. Foto J. Hubert. Vgl. Seite 152

19 – Fragment von einem Altar aus dem 5. oder 6. Jahrhundert, gefunden in der Kirche Saint Germain, Genf. Musée d'Art et d'Histoire, Genf. Vgl. Seite 109

20 – Jouarre. Krypta St. Paul. Sarkophag der hl. Theodechilde. 7. Jahrhundert. Foto De Bernardi. Vgl. Seite 147, 150

21 – Rekonstruktion des Altars von St. Germain, Genf. Stuck. Musée d'Art et d'Histoire, Genf. Vgl. Abbildung 19 und Seite 109

1

2

3

4

5

6

7

8

9

10

11

12

+HIC·TVMV
LVS·CLAVSVM
SERVAT·COR
PVS DN
IOHANNIS
SCISSIMI
AC·TER·BE
ATISS·ARCHIEP
13

14

15

16

17

18

19

20

21

ZEITTAFEL

TALIEN	GALLIEN UND RHEIN-PROVINZEN	SPANIEN	BRITISCHE INSELN
25–457 Byzantinische Vorherrschaft unter der nergischen Führung der heodosianischen Dynastie.	425–460 Allmähliches Aufgeben des rheinischen Limes vor den eindringenden Germanen.	425–470 Ungünstige Lebensbedingungen in dem durch die vorangegangenen Kriegszüge verwüsteten Land.	425–460 Irland wird zum Teil christlich. England wird teilweise von den Kaiserlichen aufgegeben.
58–476 Niedergang des Vestreiches unter einer chwachen byzantinischen Vorherrschaft.	460–520 Schrittweise Besetzung Galliens durch die Germanen und Entmachtung der alteingesessenen Oberschicht.	470 Eindringen der ersten Westgoten in Spanien.	460–520 Endgültiger Abzug der Römer aus England, Landung der Teutonen.
76–483 Militärische Vorachtstellung unter der Herrschaft des arianischen, ber toleranten Odoakers.			
88–526 Theoderich in talien: Die arianischen Goten errichten in Ravenna nd in den wichtigsten tädten kirchliche Anlagen: eue katholische Kirchenbauten werden behindert.	520–600 Erstarkung der merovingischen Macht und des Einflusses der Bischöfe in zahlreichen aufgegebenen Städten.	507 Die Westgoten verlassen Septimanien und ziehen in großer Zahl nach Spanien.	520–600 St. Columbanus gründet verschiedene Klöster in Irland, Iona in Schottland (563) und geht auf das Festland, wo er weitere wichtige Klöster gründet (Jouarre, St. Gallen, Bobbio); er stirbt 615. Besonders im Süden Englands hält der Zustrom germanischer Völker an.
26–535 Amalasunta egünstigt Byzantiner und atholiken; kirchliche Propaganda der Byzantiner.			
35–554 Krieg und Besetzung des Landes durch die yzantiner.		550 Die Byzantiner besetzen Südspanien.	
54–568 Die Byzantiner stigen ihre politische Macht und ihren politischen nd kulturellen Einfluß.			
68–700 Eindringen der angobarden; die Byzantiner rteidigen mit der Flotte nige Hafen- oder Lagunenädte und Rom mit einem tsprechenden Hinterland; ese Städte werden zu yzantinischen Inseln«.	600–700 Verschiedene kulturelle Mittelpunkte in Nordgallien und Aquitanien.	600–714 Im Jahr 714 wird Spanien vom Islam überflutet. Die Christen flüchten in den nördlichen Teil der Halbinsel.	600–700 Missionstätigkeit des Hl. Augustinus in Kent (597); die Bevölkerung der größten britischen Insel bekehrt sich zum Christentum.

ZEITTAFEL

ITALIEN	GALLIEN UND RHEIN-PROVINZEN	BRITISCHE INSELN
		600–700 Eine noch »primitive« Kultur in Irlan Im Königreich Northumbe land (ab 626) kultureller u künstlerischer Höhepunkt bis zum 8. Jahrhundert.
700–800 Die Päpste brechen auch als Folge der Gegensätze, die durch den Ikonoklasmus entstehen, nach und nach die Beziehungen zu den Kaisern des Ostreiches ab und schließen sich an die Franken an. Den Langobarden gelingt es, Ravenna zu besetzen (751), aber sie werden 774 von Karl dem Großen vertrieben.	700–800 Die mächtig gewordenen Karolinger stürzten 751 die merovingische Dynastie und vereinten danach den Staat; Karl Martell wurde 754 zum König gekrönt. Ganz Europa beginnt nun sein eigenes Leben durch Verbindungslinien im Inneren und nicht mehr über die Mittelmeerhäfen zu gestatten. Am Ende des 8. Jahrhunderts wird nicht nur die Politik, sondern auch die Wirtschaft in Europa auf neuen Grundlagen aufgebaut.	700–800 Staatliche und wirtschaftliche Verhältniss bleiben in Irland primitiv. England erlebt eine Blüte seinen Königreichen, besonders in Northumberland und Mercia.
800 Krönung Karls des Großen in Rom und Geburt des karolingischen Reiches, des neuen politischen und kulturellen Organismus in Europa.		

LITERATURHINWEISE

ARCHITEKTUR

Egger, R., Frühchristlichen Kirchenbauten im Südlichen Norikum, Wien 1916

Chapham, A. W. F. S. A., English Romanesque architecture before the Conquest, Oxford 1930

Krautheimer, R., Le basiliche cristiane antiche di Roma, Vatikanstadt 1937ff.

Verzone, P., L'architettura dell'Alto Medio Evo nell'Italia Settentrionale, Mailand 1942

Lehmann, F., Der frühe deutsche Kirchenbau, 2. Auflage, Berlin 1950

Brusin, G., Zovatto, P. L., Monumenti Paleocristiani di Aquileia e di Grado, Udine 1957

De Angelis D'Ossat, G., Studi Ravennati, Ravenna 1962

Fischer, E. A., The greater Anglosaxon churches, London 1962

Krautheimer, R., Early Christian and Byzantine architecture, Harmondsworth 1965

Taylor, H. M. und *J.*, Anglosaxon Architecture, Cambridge 1965

Oswald, F., Schaefer, L., Sennhauser, H. R., Vorromanischer Kirchenbau, 1. Lieferung, München 1966

MALEREI, MOSAIK, IKONOGRAPHIE

Wilpert, J., Die römischen Mosaiken und Malereien, Bd. VII, Freiburg i. Br. 1917

Ricci, C., Tavole storiche dei mosaici di Ravenna, Rom 1930ff.

Grabar, A., Martyrium, Paris 1946

Morey, C. R., Early Christian Art, Princeton 1953

Bovini, G., Mosaici di Ravenna 1956

Heitz, C., Récherches sur les rapports entre architecture et liturgie, Paris 1963

MINIATUR

Zimmermann, Vorkarolingische Miniaturen, Berlin 1916

Micheli, L. G., L'enluminure du Haut moyen âge et les influences irlandaises, Brüssel 1939

Grabar, A. und *Nordenfalk, C.*, Le haut moyen âge, Genéve 1957

KUNSTGEWERBE, GOLDSCHMUCK, GERMANISCHE KUNST

Salin, B., Die altgermanische Tierornamentik, Stockholm 1904

Romilly, Allen J., Celtic art in pagan and christian times, London 1904

Van Scheltema, A. F., Die altnordische Kunst, Berlin 1924

Zeiss, H., Die Grabfunde aus dem spanischen Westgotenreich, Berlin, Leipzig 1934

Baum, J., La sculpture figurale en Europe à l'époque merovingienne, Paris 1937

Fuchs, S., Die langobardischen Goldblattkreuze aus der Zone südwärts der Alpen, Berlin 1938

Werner, J., Münzdatierte austrasische Grabfunde, Berlin-Leipzig 1939

Bain, G., Celtic Art, Glasgow 1944

Fuchs, S. und *Werner, J.*, Die langobardischen Fibeln aus Italien, Berlin 1950

Jessup, R., Anglo-Saxon Jewellery, London 1950

NACHSCHLAGEWERKE UND ZEITSCHRIFTEN

»Congressi internazionali d'archeologia cristiana«, Roma 1900ff.

Cabrol, F. und *Leclercq, H.*, Dictionnaire d'archéologie Chrétienne et de Liturgie, Paris 1907ff.

–, »Felix Ravenna«, 1911ff.

–, »Germania«, Berlin 1917ff.

–, »Rivista d'archeologia cristiana«, Rom 1924ff.

Hodgkin, F., Italy and her invaders, 2. Auflage, Oxford 1928

Pirenne, H., Mahomet et Charlemagne, 1. Auflage, Brüssel 1935

Åberg, N., The occident and the orient in the art of the VII Cent., I–III, Stockholm 1943–47

–, Cahiers Archéologiques, Paris 1945ff.

–, Atti dei congressi internazionali sull'alto medioevo (an verschiedenen Orten erschienen) 1948ff.

Guyer, S., Grundlagen mittelalterlicher abendländischer Baukunst, Einsiedeln 1950

Baldwin, Smith E., The Dome, Princeton, 1950

Åberg, N., Corsi di cultura sull'arte ravennate bizantina, Ravenna 1955ff.

–, »Enciclopedia universale dell'arte«, Venedig-Rom 1958ff.

Van der Meer, F., Atlas de l'antiquité chrétienne, Paris-Brüssel 1960

Elbern, Victor H. (Hrsg.), Das erste Jahrtausend, 3 Bde., Düsseldorf 1962

Gerke, F., Spätantike und frühes Christentum, Baden-Baden 1967

ITALIEN

Åberg, N., Die Goten und Langobarden in Italien, Upsala 1923

Haseloff, A., La scultura preromanica in Italia, München-Bologna 1930

Schaffran, E., Die Kunst der Langobarden in Italien, Jena 1941
Verzone, P., L'arte romanica in Liguria, Turin 1945

GALLIEN, SCHWEIZ UND RHEINPROVINZEN

Åberg, N., Die Franken und Westgoten in der Völkerwanderungszeit, Upsala 1922
Hubert, J., L'art préroman, Paris 1938
Garntner, J., Histoire de l'art en Suisse, Neuchâtel 1941
Hubert, J., Les origines de l'art français, Paris 1947
Mâle, E., La fin du paganisme en Gaule, Paris 1950

SPANIEN

Historia de Espagña (Menendez Pidal), III, (verschiedene Autoren), Madrid 1940
Ars Hispaniae, Band II (Huguet, B. und Schlunk, H.), Madrid 1947
Puig, J., *Cadafalch, J.*, L'art visigothique et ses survivances, Paris 1961

BRITISCHE INSELN

Baldwin, Brown, The arts in early England, 2. Auflage, London 1924ff.
Åberg, N., The Anglo-Saxons in England, Upsala 1926
Porter, A. K., The crosses and culture of Ireland, New Haven 1931
Kendrick, T. D., Anglo-Saxon Art, London 1938
Nash-Williams, V. E., The early Christian monuments of Wales, Cardiff 1950
De Paor, Antica Irlanda cristiana, Mailand 1959
Henry, F., L'art irlandais, Paris 1963

VERZEICHNIS DER FARBTAFELN

QUELLENNACHWEIS ZU DEN ABBILDUNGEN

Cambridge, The Master and Fellows of Corpus Christi College 182
Chur, Domschatz 238
Dublin, National Museum of Ireland 255
Dublin, Trinity College 166, 246, 247, 251
Florenz, Biblioteca Laurenziana 174
Florenz, San Marco 186
Stift Kremsmünster 234, 239
London, British Museum 175, 257, 260, 264
Monza, Domschatz 140, 141, 144
Paris, Bibliothèque Nationale 151, 178, 179, 202, 211, 214, 215
Paris, Musée de Cluny 163, 166
Stockholm, Königliche Bibliothek 265
Trier, Domschatz 223
Vatikan, Apostolische Bibliothek 105, 155, 158
Wien, Österreichische Nationalbibliothek 227
Würzburg, Universitätsbibliothek 219, 222

Die Aufnahmen stellten uns freundlicherweise zur Verfügung: E. Böhm, Mainz, S. 198; Leif Geiges, Freiburg, S. 254; The Green Studio, Dublin, S. 170, 246, 247, 251; Atelier Niko Haas, Trier, S. 223; Hans H. Hofstätter, Baden-Baden, S. 195; R. Kammel, Rastatt, S. 56; A. Luisa, Brescia, S. 93, 101, 132, 133, 140, 141, 144, 194; J Remmer, München, S. 243, 242; Foto Scala, Florenz, S. 25, 126, 174, 186, 190; Sears & Sons, Cambridge, S. 182; M. Seidel, Mittenwald, S. 163, 166; J. Skeel, Pluckley (Kent), S. 175; P. Verzone, Turin, S. 3, 39, 53, 77; Theo Vonow, Chur, S. 238. Die übrigen Vorlagen wurden uns von den betreffenden Museen zur Reproduktion überlassen.

VERZEICHNIS DER ZEICHNUNGEN

Die Vorlagen für die Figuren wurden vom Autor zur Verfügung gestellt.

REGISTER

(Die Kursivzahlen beziehen sich auf die Bilder und Bildunterschriften)

INHALTSVERZEICHNIS